# Algarve

*Zeit für das Beste*

Highlights – Geheimtipps – Wohlfühladressen

»Europa weiß wohl, wo Portugal liegt, doch ich wage weiterhin zu bezweifeln, dass dieses Europa weiß, was Portugal ist.«

José de Sousa Saramago



BRUCKMANN

Algarve
Zeit für das Beste
Rolf Osang
Kay Maeritz
BRUCKMANN

**Seite 1:** Mértola am Rio Guadiana.
**Vorangehende Doppelseite:** Ria de Alvor – eine verträumte Lagunenlandschaft.
**Oben:** Strandrestaurants bei Faro.
**Mitte:** Gemütliches Alcoutim.
**Unten:** Üppige Flora und Fauna.

# INHALTSVERZEICHNIS



## SOTAVENTO



## FARO & LOULÉ



## DIE ZENTRALALGARVE



## DIE WESTLICHE ALGARVE

## DIE WESTKÜSTE



## DAS LANDESINNERE



## REISEINFOS

**Oben:** Mittelalterliches Aljezur.
**Mitte:** Odeceixe an der Westküste ist ein besonders schönes Atlantik-Dorf.
**Unten:** Die Klippen bei Praia de Monte Clérigo in der Abendsonne.

# DIE TOP TEN

## ARRIFANA (S. 226)

An den Klippen nördlich der unscheinbaren Castelo-Ruinen von Arrifana zerschellen die Wellen. Südwärts blickt man hinab auf eine Halbmondbucht, die von aufrollenden Wellenkämmen durchzogen ist. Hier tummeln sich Surfer und Bodyboarder. Auch für Hobbyfotografen ist es ein Paradies.

## DAS DOPPELKAP VON SÃO VICENTE (S. 210)

Das Cabo de São Vicente bildet mit dem benachbarten Ponta de Sagres die Südwestspitze Europas. Wie ein Victory-Zeichen ragen die beiden Landzungen kilometerweit in den Atlantik. Die legendären Kaps bieten überwältigende Naturschauspiele. Ein weiteres Highlight am Kap ist der Leuchtturm, der früher ein ganzes Dorf war.

## PONTA DA PIEDADE (S. 184)

Von Wind, Wellen und Wetter zurechtgemeißelt, ragt westlich von Lagos diese über 2 km lange Gruppe von Felsformationen aus dem Atlantik. Mit Fischerbooten kann man in Grotten und Höhlen hineinfahren und in Felskathedralen dem Echo lauschen. In winzigen Buchten zwischen den Naturskulpturen lässt es sich herrlich baden.

## DIE HÄNGENDEN TÄLER BEI CARVOEIRO (S. 136)

Laut Gesetz muss überall Platz für einen Weg unmittelbar am Ufer- bzw. Klippenrand freigehalten werden. So kommt es, dass vom Praia da Marinha bis zum Praia de Centianes ein Pfad entstand, der die Wanderer mit atemberaubenden Ausblicken auf das Meer überrascht. Außerdem ist Carvoeiro ein besonders beliebter Ferienort. Das liegt daran, dass in seiner Nähe einige der schönsten Abschnitte der Felsalgarve zu finden sind, zum Beispiel der Algar Seco.

## QUINTA DO LAGO (S. 110)

Der See von Quinta do Lago ist umrahmt von Millionärsvillen. Kein Wunder: Die Schönheit der Landschaft ist überwältigend. Hier gelangt man über Europas längste Holzbrücke zu jenem Sandgürtel, der 60 km weit bis Cacela Velha reicht und die Lagune Ria Formosa vom Meer abschirmt. Hier kommen auch Vogelbeobachter auf ihre Kosten.

## PALÁCIO DE ESTÓI (S. 90)

Nur 8 km nördlich von Faro entstand Ende des 18. Jahrhunderts im Auftrag des Visconde de Carvalhal der Palast von Estói. Das Rokokoschlösschen und ein zugehöriger Park lagen jahrelang im Dornröschenschlaf. Jetzt ist wieder Leben eingekehrt, elegantes Leben, das seinesgleichen in ganz Portugal sucht. Denn der verwunschene Palast wurde in eine edle Herberge umfunktioniert.

## CIDADE VELHA DE FARO (S. 78)

Die Algarve hat in ihrem Herzen eine zweite Metropole: eine mittelalterliche. Die Cidade Velha de Faro geht auf römische Ursprünge zurück, wurde von den Mauren ausgebaut und von den Christen erobert. Ihre reiche Geschichte ist in einem einzigartigen Stilmix stimmungsvoll erhalten geblieben.

## RIA FORMOSA NATIONALPARK (S. 70)

Der Formosa-Lagunen-Nationalpark wird von fünf Düneninseln gebildet, drei davon sind mit der Fähre oder einem Solarboot von Olhão und Faro aus zu erreichen. Bei der Fahrt dahin kann man die faszinierende Wasserwelt der Ria genießen. Auf den Inseln lässt sich einerseits das traditionelle portugiesische Fischerleben entdecken und andererseits das typische Urlauberleben auskosten.

## BUMMELN DURCH TAVIRA (S. 52)

»Venedig der Algarve« mag weit übertrieben erscheinen, aber die ehemalige Metropole der Algarve hat einen ganz eigenen und sehr stillen Charme, dem immer mehr Urlauber erliegen. Die romatische Stadt lässt sich bequem binnen weniger Stunden durchschlendern. Den besten Ausblick hat man vom Castelo de Tavira aus.

## SERRA DE MONCHIQUE (S. 238)

Auf zwei schmalen Nebenstraßen lässt sich im Zickzack der über 780 m hohe Picota-Berg erklimmen. Unterwegs kann man die älteste Korkeiche der Welt umarmen. Dafür braucht es allerdings sieben Leute. Oben angekommen findet man sich in einer Bergwelt wieder, aus der man atemberaubende Ausblicke auf die Südküste der Algarve erhält.

**Oben:** Praia da Falésia bietet wunderschöne Landschaftsmotive.
**Unten:** Schmiedeeiserne Balkongitter und Straßenlampen gehören zum Stadtbild, wie hier in Loulé.
**Rechts:** Fischerboote bei Tavira.

# Kennen Sie die Algarve?

Viele Weltstars lieben die Algarve, weil sie sich hier so geben können, wie sie wollen. Denn man ist nicht, was man trägt, man ist, was man ist. Diese Ungezwungenheit ist Teil des Lebensgefühls an der Algarve, von dem die vielen ausländischen Besucher besonders entzückt sind. Freiheit, die ich meine – hier spürt man sie hautnah. Egal, ob man das erste Mal die Algarve besucht oder jährlich wiederkommt: Alle Besucher der Algarve lassen sich von den Schönheiten der Natur berauschen und staunen über die Strände, die sich auf einer Strecke von über 200 km aneinanderreihen. Es ist eine Kette, die von Ost nach West verläuft, um am Cabo de São Vicente einen Haken zu schlagen. Ab hier zieht die Küste in Richtung Norden. Das markante Kap ist Europas südwestlichste Ecke. Hier donnern Atlantikwellen gegen majestätische Klippen. Ihre Gischt steigt meterhoch auf. Und wenn hinter der Gischt die Sonne untergeht und den Westhimmel entflammt, sind das Anblicke, die einen schweigen lassen.

Die Algarve ist eine Wunderwelt, nur zweieinhalb Flugstunden von Deutschland entfernt und noch in Europa gelegen. Dass diese Region auch eine Brücke zum maurischen Afrika darstellt, bemerkt der Besucher sehr schnell. Maurische Einflüsse finden sich im Essen, in der Architektur und der Musik, in den Gesichtszügen und der Mentalität vieler Einheimischer sowie den Namen vieler Orte. Hier gibt es so viel zu entdecken und zu erkunden, dass Hilfe nötig ist. In dem persönlichen Algarve-Führer mit 50 Highlights findet sich das Besondere und Schöne der Algarve. Er gibt Geheimtipps und nennt Wohlfühlhotels. Damit wird das Buch zu einem guten Freund und Begleiter der Urlaubszeit.

# Steckbrief Algarve

**Lage:** Algarve ist die südlichste Provinz Portugals. Im Norden wird sie von der Nachbarprovinz Alentejo begrenzt, im Osten vom Grenzfluss Rio Guadiana. Im Süden wie im Westen umschließt der Atlantik die Region, die sich auf ca. 155 km Breite von Ost nach West und bis max. 50 km von Süd nach Nord ausdehnt.

**Fläche:** ca. 5000 km²

**Küste:** Wegen der vielen Buchten misst die Uferlänge über 300 km.

**Hauptstadt:** Faro

**Flagge:**

**Amtssprache:** Portugiesisch

**Einwohner:** ca. 450 000, im Sommer kann die Zahl auf über 2 Millionen ansteigen

**Währung:** Euro

**Zeitzone:** MEZ minus 1 Stunde

**Geografie:** Die Algarve lässt sich in drei charakteristische Zonen unterteilen: Die dicht bevölkerte Küstenregion Litoral, bestehend aus dem östlichen Sotavento und dem westlichen Barlavento, den Bergregionen der Serra de Monchique und Serra do Caldeirão sowie dem Agrargebiet des Barrocal.

**Staat und Verwaltung:** Portugal ist zentral verwaltet, alle wichtigen Entscheidungen zur Politik und Verwaltung werden in Lissabon getroffen. Faro ist die Distrikt-Hauptstadt. Die 16 *concelhos* haben eine wichtige Bedeutung für die Verwaltung. Der Bürgermeister und der Stadtrat werden alle vier Jahre neu gewählt, wobei die beiden wichtigsten Parteien PSD und PS die meisten Bürgermeister stellten. Seit Herbst 2013 ist die sozialistische PS am Ruder.

**Wirtschaft und Tourismus:** Früher spielte die Fischkonserven-Industrie eine bedeutende Rolle. Sie musste dem Tourismus weichen und heute gibt es keinerlei Industrie, was dazu führt, dass Luft- und Wasserqualität vorbildlich gut sind. Landwirtschaft spielt nur noch eine untergeordnete Rolle.

**Religion:** Über 90 % der Bevölkerung ist römisch-katholisch.

**Bevölkerung:** Von den registrierten 450 000 Einwohnern leben über 90 % im Küstenraum, die Zahl ist ständig steigend. Das Hinterland verliert ständig an Einwohnern, fast 50 % in den letzten 30 Jahren. Der Anteil der Ausländer variiert von Kreis zu Kreis und liegt bei ca. 15 %. Viele Ausländer haben Villen und Apartments, leben aber oft nur drei bis sechs Monate in der Algarve. Für die Wirtschaft sind diese Anwohner von ebenso großer Bedeutung wie die Touristen.

# Urlaub in der Algarve

Ja, es packt einen, wenn man an einer der Klippen von Europas schönster Küste steht. Im Barlavento zeigt die Algarve an zahllosen Stellen, warum sie diesen Superlativ verdient. Man nennt diesen etwa 100 km langen Abschnitt »Fels-Algarve«. Bizarre Felsformationen leuchten im warmen Licht der Sonne und umrahmen die winzigen oder in Hufeisenform großzügig dahin gestreckten Buchten. In der Uferregion gedeiht hartblättrige Macchie. Dazwischen wachsen gelb blühende Büsche und wilde Feigenbäume. Hier und da zeigen Schirmpinien mit weit ausladenden, leuchtend grünen Hauben, warum sie so heißen. Die Vegetation bedeckt die leicht wellige Landschaft wie ein Teppich, der am Klippenrand abbricht. Der abrupte und gezackte Klippenrand trennt das Festlandgrün vom dunklen Blau des Meeres und dem hellen des Himmels.

Einen ganz anderen, nämlich stark mediterranen Charakter offenbart die Küste im östlichen Bereich, dem Sotavento, auch »Sand-Algarve« genannt. Auf nahezu 70 km Länge ist ihr und der Metropole Faro die Lagune Ria Formosa vorgelagert. Einige Strände der Ria sind etliche Kilometer lang, der Sand ist golden bis fast weiß. Bei Flut wirkt die Lagune wie ein blausilbriger See, abgegrenzt vom Meer durch einen goldenen Sandgürtel, der nur an wenigen Stellen aufgebrochen wird. Bei Ebbe zieht das Wasser durch eine der vielen breiten oder schmalen Rinnen ab. Wie ein riesiger Schwamm sieht nun die ständig sich wechselnde Ria aus. Hier herrscht Ruhe vor. Das Piepsen der Wasservögel, das ferne Rauschen der Brandung jenseits der Sandbank, zirpende Grillen und vielleicht das Rufen von Leuten, die nach Muscheln suchen, stören den Rhythmus der Zeitlosigkeit keineswegs.

**Links:** Typische ALgarve-Vegetation.
**Oben:** Oberhalb des Praia da Marinha verläuft ein toller Wanderweg.
**Unten:** Jeder Strand mit Flagge hat eine Lebensretterstation.

**Oben:** Brücken über dem Rio Gilão nördlich von Tavira.
**Mitte:** Viele Orte, wie Aljezur an der Westküste, sind von Äckern und Feldern umgeben.
**Unten:** Schöne Anblicke, wie hier in Alcoutim, finden sich an jeder Ecke.



Sand, Strand, Sonne – das lockt Menschen an und lässt das Landesinnere selbst in der Hochsaison wie verlassen wirken. Korkeichen- und Eukalyptuswälder überziehen die Hügelketten. Wo die Landschaft kultiviert wurde, wie in Teilen der Serra de Monchique, haben die Menschen die Landschaft umgestaltet, haben sie terrassiert und die Stufen mit Granitquadern abgesichert.

In weiten Schleifen steigen die Terrassen an den Bergen auf, damit kleine Felder entstehen. Hier gedeihen Zitrusfrüchte, Kartoffeln, Mais und Gemüse. Die zähe Emsigkeit, die dieser Ackerbau verlangt, sieht man den Bergleuten des Hinterlandes an.

## Klima

Und was vergoldet diese Ruhe? Die Sonne ist es. Das Klima der Algarve ist das Beste in ganz Europa. Denn hier scheint die Sonne an über 300 Tagen im Jahr. Der Atlantik mildert die Sommerhitze und entzieht auch dem Winter seine beißende Kälte. Schnee gibt es alle hundert Jahre mal, und selbst auf dem mit 902 Metern höchsten Berggipfel nur alle zehn Jahre. Schuld daran ist der Golfstrom, der an der Algarve-Küste auf Europa stößt. Außerdem halten die Küstengebirge Serra de Monchique und Serra do Caldeirão die Regenwolken aus Nordwest ab. Kein Wunder also, dass die Algarve auch in der Nebensaison angesagt ist. Denn im Frühjahr – in der Algarve heißt das ab Februar – blüht die gesamte Region auf. Im Oktober nimmt alles einen goldenen Schimmer an und im November ergrünt die Natur binnen weniger Tage, nämlich dann, wenn es die ersten Regenfälle seit Monaten gibt. Die Nebensaison ist für die meisten Golfer aus aller Welt sogar die Hauptsaison.

# Essen und Trinken

Um das Magische der Algarve zu entdecken und sich vom Algarve-Virus anstecken zu lassen, lohnt es sich, den Sachen auf den Grund zu gehen. Am besten macht man das in einem guten Restaurant und von einer schönen Unterkunft aus.

Mit dem Atlantik vor der Haustür und Bauernhöfen im Hinterland können die Köche der Algarve aus dem Vollen schöpfen: Fisch und Meeresfrüchte ohne Ende, Fleisch, knackiges Obst und frisches Gemüse. Jeder Küstenort ist ein Fischerort, zumindest gewesen. In Albufeira an der Praia dos Pescadores, am Strand der Fischer, liegen noch immer ein paar bunte Boote gemütlich auf der Seite, so als wollten sie sich von einer schweren Fangfahrt erholen. Heute werden sie jedoch nur noch für Bootstouren verwendet. In vielen anderen Orten kann man noch tagtäglich die Fischer bei ihrer Arbeit sehen: wie sie Netze flicken oder Köder in die Fangkörbe legen, wie sie gerade mit ihrem Boot zurückkehren und die Ladung löschen.

Portugiesen lieben Fisch. An Arbeit fehlt es den Fischern deswegen nicht. Die Nachfrage ist riesig: Mit über 60 kg pro Kopf und Jahr ist der Konsum viermal so hoch wie in Deutschland. Kein Wunder, denn die Palette an Frischem ist schier unerschöpflich: *polvo* (Oktopus), *choco* (Sepia-Tintenfisch), *lula* (Kalmar), Sardinen und *carapau* (Stöcker) sind die Favoriten. *Corvina* (Adlerfisch) und Dorade, Wolfsbarsch, *cherne* (Zackenbarsch) und *tamboril* (Seeteufel) sind die edleren Sorten. In Dörfern wie Ferragudo oder Fuzeta wandert der Fang gleich auf die andere Seite der Kaistraße, nämlich in die Küchen der Restaurants. Manchmal wird er auch sofort oberhalb des Hafenwassers, auf dem Feuerplatz, der die Kaimauer schmückt,

**Oben:** Die Portugiesen lieben gegrillte Sardinen und als Besucher sollte man sie unbedingt probieren.
**Unten:** In Loulé, aber auch in allen anderen Städten, gibt es einen Mercado Municipal für frisches Obst, Gemüse, Fisch und Fleisch. Ein Besuchs-Erlebnis der eigenen Art!

**Oben:** Im Hochsommer schmecken die gegrillten Sardinen am besten.
**Mitte:** Die Haute Cuisine findet man vor allem in den Küchen der nobleren Hotels.
**Unten:** Vor der ehemaligen Markthalle in Tavira gibt es viele Cafés.

zubereitet. Dann durchzieht ein unverkennbarer Grillgeruch die Umgebung – nicht nur, wenn Sardinen aufgelegt werden, die dank ihres hohen Fettgehalts besonders stark duften. Im Grillen sind die Portugiesen Weltmeister. Begehrt sind auch Krustentiere, die hier in über 60 Arten vorkommen, darunter *zapateira* (Taschenkrebs), *santola* (Große Meerspinne), *lavagante* (Hummer), *lagosta* (Languste), *lagostim* (Kaisergranat), *camarão grande* (Riesengarnelen) und die *camarão*, die gewöhnlichen Garnelen. Bei den Muscheln sind die *amêijoas* (Venusmuscheln) und die *berbigões* (Herzmuscheln) besonders beliebt. Wenn Ebbe vorherrscht, sammeln die Einheimischen auch *conquillas* (Dreiecksmuscheln) und *mexilhãos* (Miesmuscheln). *Vieira* heißt die legendäre Jakobsmuschel. *Ostra*, die Auster, schmeckt entgegen landläufiger Annahmen in den Sommermonaten am besten. Auch Schnecken werden gern gegessen, besonders *búzio* (Purpurschnecke) und *lapa* (Napfschnecke).

## Traditionelle Gerichte

In den *marisqueiras*, den Fischrestaurants, ist die angebotene Ware in der Regel immer sehr frisch und wird in Kühltheken präsentiert. Der Gast kann sich seinen Fisch selbst aussuchen. Die Zubereitung erfolgt dann direkt vor seinen Augen. Wen wundert es da, dass die Algarve für Freunde frischer Fischgerichte in der Tat ein Mekka darstellt. Billig ist dieser Speisespaß nicht mehr – aber immer noch erheblich günstiger als in deutschen Restaurants. Probieren sollte man unbedingt *arroz de polvo* (Reis mit Oktopus) und *atum de cebolada* (Thunfisch in Zwiebelsoße). Der Kabeljau ist eine weitere Spezialität Portugals. Er wird in zwei Varianten angeboten: getrocknet und gesalzen. Weit verbreitet ist auch die Gazpacho. Das ist eine kalte

Gemüsesuppe, deren Hauptzutaten Tomaten, Gurken und Knoblauch sind. Sehr erfrischend!

## Das Geheimnis

Was dem Chinesen der Wok, ist dem Algarvio die *cataplana*. Beide sind rund, doch hat das traditionelle Kochgerät der Algarve einen Deckel und sieht wie eine fliegende Untertasse aus. In Wahrheit ist es ein Gartopf, ein Voreiter des Schnellkochtopfs. In der *cataplana* wird schonend gegart. So bleiben Vitamine und Nährstoffe erhalten. Wie die Paella oder Pizza, so ist auch das *cataplana*-Essen eigentlich ein Arme-Leute-Essen. Es kommt einfach alles in den Topf, was das Meer, der Garten und der Stall hergeben. Übrigens sind die *cataplana*-Töpfe aus Messingblech ein hübsches Mitbringsel – ein nützliches noch dazu!

Zwei Hauptmerkmale prägen die algarvische Küche: Ein Merkmal ist der maurische Einfluss. Besonders bei den Süßspeisen ist das Erbe der maurischen Küche unverkenntlich. Mandeln, Feigen, Orangen und Johannisbrot spielen eine tragende Rolle. Eine ungemein süße Rolle! Das andere Merkmal ist das Simple. Frische und hochwertige Zutaten ersetzen oft aufwändige Zubereitungen.

Im Landesinneren wird viel Fleisch verzehrt, Schweinefleisch vor allem. Favorit ist das besonders schmackhafte Fleisch der *porca preta*, der schwarzen Sau. Die Tiere werden im Freien gehalten und wachsen wie Wildschweine auf. Sie ernähren sich einzig von Eicheln. Außerdem sind Zicklein, Lamm, Wildhase und Rebhuhn begehrt. Die Fleischgerichte werden meist mit Kartoffeln oder Reis mit Karotten serviert. Während man es im Hinterland traditionell deftig mag, setzt sich an der Küste immer mehr die internationale Küche durch. In Almancil ist das füh-

**Oben:** Der portugiesische Kaffee, der Galão, ist ein Espressokaffee mit viel Milch.
**Mitte:** Der Chefkoch Hans Neuner zaubert im Vila Vita auf 2-Sterne-Niveau diese Gerichte.
**Unten:** Die Columbus-Bar in Faro.

**Oben:** Weintrauben wachsen überall in der Algarve. Aus ihnen wird geschmackvoller Wein hergestellt. **Unten:** Wie hier in Aljezur wird noch immer in traditionellen Küchen gekocht.

rende Lokal eine Pizzeria im Besitz einer der namhaftesten Kunstmalerinnen des Landes, Teresa Calem. Aber keine Sorge: die portugiesisch-algarvische Küche spielt die Hauptrolle, und in keinem Ort fehlt es an guten Restaurants.

Generell gilt folgende Regel: Wo sich besonders viele Einheimische wohl fühlen, ist das Essen klasse. Und weil die Menschen hier so freundlich sind, kommt man nicht nur mit Portugiesisch, sondern auch mit ein paar Brocken Englisch, Französisch oder Spanisch durch. Auch Deutsch lernen immer mehr junge Leute.

## Algarve-Wein

Reben haben schon die Römer und vor ihnen die Karthager angebaut. Der Wein gärte in mannshohen Amphoren, eine Technik, die von einigen Weinmachern heute noch angewendet wird. Anfang der 50er-Jahre entstanden große Winzergenossenschaften, *cooperativas*, von welchen die größte, die Adega Cooperativa de Lagoa, heute noch existiert und nun durch die Verbindung mit Kunst eine neue Blüte erfährt. Algarvischer Wein ist im Aufwind begriffen. Dafür sorgte kein anderer als Sir Cliff Richard. Der Popstar kaufte vor einiger Zeit ein Weingut bei Albufeira und begann mit einem Team professioneller Enologen Weine zu produzieren, die bald Furore machten.

## Flora und Fauna

Kommt man aus Spanien und durchquert dann die Algarve, eröffnet sich einem ein Wechselspiel in der Vegetation. Die Landschaften wechseln wie Kalenderblätter. Kaum hat man einen Hügel überwunden, öffnet sich ein neuer Landschaftstyp. Und es ist grün, viel grüner als in Spanien.
Die grandiose Küste – ob die wilde im Westen oder

die liebliche im Süden – ist die schönste Europas, keine Frage. An manchen Orten ragen gleich dahinter hässliche Betonbauten auf. Gott sei Dank hat die ungezügelte Bauwut wegen der Finanzkrise einen totalen Stopp erfahren und man besinnt sich auf das, was die Algarve so reich macht: nämlich ihre Natur. Nicht nur die Küste bietet Naturschönheiten ohne Ende, sondern auch das Hinterland mit Bergen und Hügeln, Tälern und Terrassen, mit Wäldern und Wiesen. Überall führen stille Wege hindurch.

Dafür sorgt auch der Eukalyptusbaum. Er findet aber leider immer mehr Gegner, weil er dem Boden so viel Wasser entzieht und auf Dauer den Grundwasserspiegel sinken lässt. Außerdem liegt er wie ein Teppich über den Hügeln des Hinterlandes und versteckt Täler und Felsen. Doch wo Korkeichenwälder vorherrschen, wo fast urwaldähnliche Wälder sich ausbreiten – und davon gibt es zahlreiche – ist die Natur heil. Der Artenreichtum an Bäumen und Büschen ist groß, vor allem in der Serra de Monchique, die dank höherer Niederschlagsmengen als Blumengarten der Algarve gilt. Hier wachsen wilde Rhododendronbüsche und zahlreiche Orchideen, die jeden Kenner entzücken. Thymian und Oregano verbreiten ihre Düfte. Im Herbst und Winter schießen zahllose Pilze aus dem warmen Boden. Serra de Monchique, das ist Natur pur.

Was die Fauna betrifft, muss man sagen, dass es kaum Rotwild gibt. Dafür haben die Jäger gesorgt. Aber Wildschweine fühlen sich in den Korkeichenwäldern und den Hügelgebieten, die von Zistrosen überzogen sind, wohl. Es gibt sie zu Tausenden, zu Gesicht bekommt man sie aber nur selten, da sie ungemein scheu sind. Am meisten tut sich in der Luft. Flamingos lieben die Salinengebiete und Störche die Flusstäler. Am Rio Arade stehen sie oft zu Hunderten am Ufer, klappern mit den Schnä-

**Oben:** In den Dünenlandschaften wachsen rare Pflanzen.
**Mitte:** Am Rio Guadiana kann man Schwarzstörche beobachten.
**Unten:** Im Weingut Herdade dos Grous begibt man sich in eine Welt voller Natur.

beln und geben ein Freiluftkonzert. In den Rias Alvor und Formosa kommen über 200 verschiedene Arten von Wasservögeln vor. Und haben die Geier mal Lust zum Weitflug, kommen auch sie in riesigen Schwärmen an. Sie fressen sich satt und steigen dann wieder auf eine stattliche Höhe an, um in die Heimat zurückzugleiten. Wenn dann 300, 400 Riesenvögel in der Luft zu sehen sind, hält man den Atem an.

In Sagres findet Ende September/Anfang Oktober das Birdwatching Festival statt. Vogelbeobachter aus ganz Europa fliegen ein, um die hier vorkommenden 170 Vogelarten, darunter zahlreiche Zugvögel, zu sehen und zu fotografieren. Dazu zählen mehrere Falkenarten, Adler, Geier (v. a. Königsgeier, Schwarzgeier) und schwarze Störche sowie zahlreiche selten gewordene Spezies. Infos findet man auf www.birdwatchingsagres.com.

## Kunst und Kultur

Als Kultur verstehen viele Menschen all das, was der Mensch hervorbringt, während Natur dasjenige bezeichnet, was so ist, wie es ist. In der Algarve kann man den Begriff Kulturlandschaft neu entdecken, denn hier mischen sich das von der Natur und das vom Menschen (vor allem in Beton) Geschaffene bisweilen unsensibel und hässlich, oft aber auch in wunderbarer Harmonie. Durch den Zuzug von vielen Künstlern aus aller Welt, angelockt vom tollen Klima und dem oft diamantscharfen Licht, hat die Kunstszene in den letzten Jahren einen starken Aufschwung erlebt. Den besten Überblick bietet die mit 2300 m² größte private Kunstgalerie Portugals, die Galeria Arte Algarve in Lagoa, wo bis zu 50 Künstler ihre Werke gemeinsam bei drei Monate dauernden Ausstellungen zeigen. Mitte August findet hier 2014 erstmals auch die Kunstmesse »Summer Art Fair« statt.

**Oben:** Immer mehr Störche halten sich ganzjährig in der Algarve auf.
**Mitte:** Typisch für das Barlavento sind die verschachtelten Häuser und Gässchen im Stadtbild.
**Unten:** Die mehrfarbigen handbemalten Kacheln (Azulejos) sind eine portugiesische Tradition.

Musikalisch ist Portugal für den Fado berühmt geworden. Von einer Gitarre begleitet, singen die Künstler von Schicksalen, der Liebe und zerbrochenen Träumen. Der Fado ist in Lissabon und Nordportugal zuhause. Man kann ihn aber auch an der Algarve hören. Verbreiteter sind die brasilianischen und afrikanischen Rhythmen. Das liegt an den vielen Emigranten, die von Mosambik und Angola vor den Bürgerkriegen flüchteten und nun die Algarve mit ihrer Musik bereichern.

## Geschichte und Politik

Kurz zur Politik Die Algarve bildet eine von sieben Regionen in Portugal. Sie umfasst ein Gebiet von etwa 5000 km² und besteht aus 16 Munizipien, wovon bei der Wahl im Jahr 2013 die sozialistische PS Partido Socialista über 36% der Stimmen erhielt und die zuvor führende PSD (vergleichbar mit der deutschen CDU) auf 24% zurückfiel. Die Munizipien = Landkreise (Concelhos) unterstehen den Ministerien in Lissabon. Faro ist die größte Stadt und Verwaltungssitz der Region. Die Finanzkrise der jüngsten Jahre hat dazu geführt, dass in Portugal nun radikal gespart wird. Das ist auch in der Algarve spürbar. Derzeit setzt Ernüchterung ein.

Soviel weiß man: Karthager, Phönizier und Griechen legten die Grundsteine der Algarve-Orte. Aber woher, wann genau und warum sie kamen, das entzieht sich unserer Kenntnis. Artefakte belegen, dass sie gerne Hummer und Wildschwein aßen. Abgesehen davon, hatten sie es v. a. auf die Edelmetalle abgesehen: Gold, Silber und Kupfer wurden in offenen Minen im Hinterland ausgegraben. Man schmolz die Metalle vor Ort, das edle Resultat wurde dann weggeschafft. Am Meer entstanden Hafenorte und kleine Siedlungen, während die Minen mitten in der Provinz zu finden

**Oben:** Leuchttürme gehören zur Küstenlandschaft der Algarve.
**Unten:** Bei der alten Fischmarkthalle von Alvor werden Fische direkt am Wasser ausgenommen.

# Geschichte im Überblick

**700–475 v. Chr.** Kelten stoßen bis in den äußersten Südwesten Europas vor.

**500 v. Chr.** Karthager, Phönizier und Griechen siedeln im Gebiet Algarve. Orte wie Lagos, Alvor, Albufeira und Tavira entstehen. Die Seeleute aus dem östlichen Mittelmeerraum legen Häfen an und handeln mit Edelmetallen. Als Ergebnis des Zweiten Punischen Krieges wird das Gebiet an Rom abgetreten.

**218 v. Chr.–5. Jh. n. Chr.** Römische Herrschaft. Die Region erhält eine Verwaltung. Straßen werden gebaut, Latifundien gegründet. Wichtigstes Handelsgut sind Fische und Fischpasteten.

**ab 409** Sueben aus Nordeuropa dringen im Norden ein und formen ein Königreich. Alanen und Vandalen nehmen den Römern die Provinz Lusitania ab. Die mittel- und nordeuropäischen Völker vermischen sich mit einheimischen Stämmen.

**585** Die Westgoten entreißen den Sueben, Vandalen und Alanen das Königreich. Es bleibt der römische Verwaltungsstil erhalten. Obwohl diese Epoche über 200 Jahre andauerte, gibt es nur wenige sichtbare Spuren davon.

**711** Die Mauren, im Atlasgebirge Nordafrikas lebende Bergstämme, die im 7. Jahrhundert islamiert wurden, überfallen die Iberische Halbinsel und nehmen sie ein. Europas Südwesten wird islamisch.

**ab 717** Die Reconquista (Rückeroberung) durch Christen setzt ein. Heinrich von Burgund ist einer der französischen- und deutschen Ritter, die daran teilnehmen. Er wird zum Stammesvater der ersten portugiesischen Königsdynastie.

**1143** Der Sohn von Heinrich entreißt den Mauren zahlreiche Burgen und erhält die Unabhängigkeit von Spanien, die der Papst 1179 bestätigt.

**1249** Afonso III erobert die Provinz Algarve, benannt nach Al-Gharb, der »Provinz im Westen» vom Kalifat in Córdoba. Als entscheidende Schlacht erweist sich die Eroberung der Burg von Faro.

**ab 1418** Prinz Heinrich der Seefahrer wird Gouverneur der Algarve und Anführer des reichen Christusordens. Er finanziert die Entdeckung neuer Länder, die dank der Navigation und der Entwicklung des neuen Segelschiffs, der Karavelle, erst möglich wird. Lagos wird zum Zentrum der Aktivitäten.

**1492** Christopher Kolumbus, ausgebildet als Kapitän in Lissabon, entdeckt Amerika und hält es für Westindien.

**1495–1521** Manuel I begründet das portugiesische Handelsimperium. Dank maritimer Entdeckungen in Afrika, Amerika und Asien wird Portugal zum reichsten Land Europas.

**1498** Vasco da Gama erreicht Indien.

**1500** Pedro Álvares Cabral entdeckt Brasilien.

**1521** Auf Drängen Spaniens setzt in Portugal die Inquisition ein. In Handel, Wissenschaft und Verwaltung führende Juden verlassen das Land.

**1578** Der jugendliche König Sebastian I startet von Lagos aus einen Kriegszug gegen Marokko. Er kehrt nie zurück. Mit ihm sind fast 30 000 Soldaten verschollen. Portugal ist am Ende und der Nachbar Spanien übernimmt nach einer Übergangszeit im Jahr 1580 endgültig die Herrschaft.

**ab 1580** Portugal wird von anderen Nationen als spanische Provinz attackiert, vor allem von Engländern. In wenigen Jahren verliert Portugal wichtige Teile seines Imperiums, z. B. in Asien. Es ist ein langer Weg bis zur Unabhängigkeit. In der Zwischenzeit haben Holland und England die portugiesischen Handelszentren in Indien und im gesamten asiatischen Raum an sich gerissen. Portugal kann nicht mehr an seine Goldene Epoche anknüpfen.

**1640** Aufstand in Lissabon. Portugal wird wieder unabhängig.

**1755** Ein schweres Erdbeben und der anschließende Tsunami zerstören Lissabon und nahezu die gesamte Algarve. Der Minister Marquês de Pombal baut wieder auf. Vila Real de Santo António am Grenzfluss zu Spanien wird zum Vorzeigemuster des portugiesischen Willens der Unbesiegbarkeit.

**ab 1820** Liberale Bewegungen führen zur konstitutionellen Monarchie mit liberaler Verfassung.

**1822** Brasilien wird unabhängig.

**1908** Attentat auf König Carlos I und seinen Sohn.

**1926** Ein Militärputsch endet die 1910 ausgerufene 1. Republik. António de Oliveira Salazar (1889–1970) wird Finanzminister.

**1933** Oliveira Salazar ruft den Estado Novo aus, den »Neuen Staat«. Dieser entpuppt sich als faschistisches System. Die Geheimpolizei PIDE, geprägt nach deutschem Vorbild, lässt die Diktatur unangefochten walten.

**1939–1945** Während des Zweiten Weltkriegs bleibt Portugal neutral. Zehntausende von Juden fliehen via Lissabon in die Freiheit.

**1974** Die legendäre »Nelkenrevolution« beendet Oliveira Salazars Diktatur.

**1986** Portugal wird Mitglied der Europäischen Gemeinschaft.

**ab 1986** Die Algarve erlebt einen ungeheuren Boom und wird zu einem der beliebtesten Ferienziele Europas.

**2004** In Portugal wird die Europäische Fußballmeisterschaft ausgetragen. Die deutsche Elf trainiert in der Algarve, wo jedes Jahr zahlreiche Premier-League-Mannschaften Quartier beziehen.

**2010** Die Finanzkrise erschüttert das Land. Der Ministerpräsident José Sócrates versucht mit einem riesigen Sparpaket die Schäden einzudämmen.

**2013** Der Tourismus boomt. Mit über 5% Anstieg im Vergleich zu 2012 sind die Hotels gut ausgelastet. Den Tourismus-Oskar erhält die Algarve für die schönsten Strände Europas.

## AUTORENTIPP!

### DIE FÜNF SCHÖNSTEN STRÄNDE

**Praia da Bordeira mit Praia do Amado**
Ein herrlicher Weg führt von einem Superstrand zum anderen, Kite- und Wellensurfer sind in ihrem Element. Und alle Liebhaber purer Natur auch. Beim Dorf Carrapateira an der N 120. Beide Strände sind beschildert.

**Praia do Camillo**
Über eine steile Treppe geht's hinab zu diesem Strandidyll, eingenistet in die majestätisch schöne Klippenkette Ponta da Piedade bei Lagos.
An der N125, Richtung Sagres, beim Ortsende von Lagos abbiegen, ist beschildert.

**Praia do Castelo**
Westlich von Albufeira ist das Ufer ein Gemenge aus Felsen und Stränden, oft winzig klein und gut versteckt. Für Familien ein Heidenspaß! In Guia zum Meer abbiegen, ausgeschildert

**Die Strandinseln Armona und Culatra**
Die Fahrt mit der Fähre von Olhão aus ist ein Vergnügen der besonderen Art. Und dann: Muscheln sammeln, baden, die Zeit vergessen… Nur mit der Fähre erreichbar.

**Praia Cacela Velha**
Am Ende der Ria Formosa hat man den Atlantik vor sich, die Lagune hinter sich, und das schönste Dorf der Ostküste noch dazu.





waren. Ein gutes Beispiel ist die *Mina Cova dos Mouros* bei Vaqueiros, etwa 40 km nördlich von Tavira gelegen. Die Römer bauten diesen Handel aus und erschlossen das Land mit Straßen, organisierten eine solide Verwaltung und legten Großgrundbesitze (sog. Latifundien) an. Sie pflanzten Wein und errichteten erste Fabriken für die Gewinnung von Sardinen- und Thunfischpatés. Unter der Herrschaft der Westgoten änderte sich wenig, das römische System lebte fort.

Ganz anders das Regime der ab 711 einfallenden Mauren: Jetzt erst wurde das Land gründlich kultiviert. Das heutige Silves entfaltete sich zu einer Prachtstadt, vergleichbar nur mit Granada. Die Algarve erwachte zu reichem Leben. Mit ihrer Bewässerungstechnik durch Schöpfbrunnen (*noras*) entlockten die Mauren dem kargen Algarve-Boden ungemein Süßes: Es wurden Orangen, Zitronen und Feigen gepflanzt, auch Mandel- und Johannisbrotbäume gediehen.

Im 13. Jahrhundert schaffte die Rückeroberung des portugiesischen Bodens von der maurischen Fremdherrschaft die Grundlage für ein neues Königreich. Fast 100 Jahre später als im Norden des Landes wurde die Algarve von den Christen zurückerobert. Der Regent in Lissabon nannte sich nun »Herrscher über Portugal und Algarve«.

Mit dem Wegzug der Mauren verarmte die Provinz. Erst mit Prinz Heinrich änderte sich der Verlauf der Geschichte erneut: Als gerade mal 18-Jähriger bewährte er sich beim ersten Angriff der Christen gegen die Mauren auf afrikanischem Boden. Er nahm Ceuta mit ein, wurde von seinem Vater, dem König, zum Ritter geschlagen und zum Großmeister des mächtigen Christusordens (Nachfolgeorganisation der Templerritter) ernannt. Heinrich nutzte diese Machtstellung und das damit verbundene Kapital. Er scharte Mathematiker und Astrologen um sich, v. a. Juden und Araber, und sammelte Wissen. Sein Ziel war es, Portugal aus der Umklammerung zu befreien. Im Osten und Norden von Spanien umflankt, im Süden und Westen vom Atlantik, sah er nur einen Ausweg: Das Meer. Er begründete die moderne Navigation, das freie Orientieren auf hoher See. Er wollte den alten Legenden von Atlantis nachgehen, unbekannte Inseln und Länder finden. Und er wollte die Westküste Afrikas enthüllen, um zu dem Punkt zu gelangen, wo der schwarze Kontinent endet und den Weg in Richtung Osten, in Richtung Indien freigibt. Das Gold, in dem Venedig glänzte, wollte er nach Portugal holen. Nur 30 Jahre nach seinem Tod wurde Amerika entdeckt. Die Neuzeit nahm in der Algarve mit diesem Renaissance-Mann ihren Anlauf.

König Manuel I, auch der Glückliche genannt, konnte bald aus dem Vollen schöpfen, verwandelte sich doch sein relativ kleines Land zum reichsten und mächtigsten Europas. Das Imperium erstreckte sich bis Brasilien, China, Japan und die Philippinen. Auf Drängen des kastilischen Hofs (er war mit einer kastilischen Prinzessin verheiratet) führte er schließlich die Inquisition ein. Der Exodus der Juden führte zum Verlust der führenden Männer in Wissenschaft, Handel und Verwaltung. Als dann im Jahr 1578 der jugendliche König Sebastian von einem törichten Feldzug gegen Tanger nicht zurückkehrte, verlor Portugal seine Eigenständigkeit und wurde zu einer Provinz der neuen Weltmacht Spanien. Portugal wurde unbedeutend. Vierzig Jahre später gelang bei einer Revolte in Lissabon die erneute Unabhängigkeit. Während dieser Zeit hatten Holländer und Engländer ganze Teile des portugiesischen Imperiums an sich gerissen, vorwiegend in Fernost. Der Handel mit diesen Ländern machte nun England und Holland reich und Portugal arm. Erst als der

AUTORENTIPP!

**DIE FÜNF BESTEN GERICHTE**

**Schweinfleisch mit Muscheln**
Sie haben richtig gelesen. Die rustikale Mischung aus Herzmuscheln (Ameixoas), Schweinegulasch, Pommes und frischem Koriander ist ein herzhafter Genuss!

**Cataplana**
Im aufklappbaren Kupferkessel, der wie eine Mini-Untertasse wirkt, wird Reis gegart. Dazu gibt es Fisch und Scampi oder Hühnerfleisch. Das ehemalige-Arme-Leute-Essen hat sich zum Feinsten entwickelt.

**Frango Piri-piri**
Für die in pikanter Soße gegrillten Hähnchen gibt es wahre Pilgerstätten an der Küste und im Hinterland. Pommes und Salat dazu, kühler Rosé oder Bier – der Genuss ist perfekt!

**Caldeirada**
Ein kräftiger Fischtopf mit festkochenden Sorten, wie z.B. Teufelsfisch und Katzenhai. Manche Marisqueiras sind Mekkas für diese Spezialität.

**Atum Cebolada**
Eine dicke Scheibe frisches Thunfisch-Filet wird mit einer kräftigen Zwiebelsoße angereichert – ein köstliches Gericht!

**Oben:** Faro hat viele Gesichter, hier ein Haus im Jugendstil.
**Unten:** Mit der Rolltreppe geht es zum Praia dos Pescadores, dem Hausstrand von Albufeira.

Gold- und Diamantenfluss aus Brasilien im 18. Jahrhundert einsetzte, füllte sich das leere Staatssäckel wieder. Portugal kam erneut zu Reichtum.

Um 1820 sorgte der Bruderkrieg zwischen den Prinzen Manuel und Pedro zur Absetzung der absolutistischen Monarchie zugunsten einer konstitutionellen mit liberaler Verfassung. Das Aus der Monarchie kam mit der Ausrufung der 1. Republik im Jahr 1910. Nach einem Militärputsch führte Finanzminister Oliveira Salazar die Diktatur ein, die erst 1974 mit der sog. Nelkenrevolution ein unblutiges Ende fand. 1986 läutete die Aufnahme in die Europäische Gemeinschaft eine neue Epoche ein. Der in den 1970er-Jahren aufkommende Tourismus brachte vor allem in der Algarve und in Lissabon einen wirtschaftlichen Aufschwung, der erst mit der großen Finanzkrise 2011 erschüttert wurde und dank Brüsseler Rettungsschirm abgefedert werden konnte.

## Der wahre Heinrich

Prinz Heinrich (1394–1460) ist eine der wichtigsten Nationalfiguren Portugals. Ihm kann man überall begegnen: auf Menükarten, an der Via do Infante. Wäschereien und Restaurants, Autohändler und das Touristenamt werben mit ihm. Heinrich wird dann als melancholischer Mann mit Hut und Schal dargestellt. Dabei weiß man ganz genau, wer und wie der Prinz war, der die Neuzeit einläutete. Sein Mutter war Engländerin. Filipa hieß sie, Tochter des Duke of Lancaster. Das Englische sieht man ihrem Sohn an. Markant ist sein Kinn, an seinem Hals baumelt das goldene Kreuz des Christusordens, das auch die Segel aller Entdecker-Karavellen schmückte. Wenn man diesen Heinrich sehen will, dann geht man am besten ins Museu de Arte Antiga in Lissabon und schaut sich das Altarbild von Nuno Gonçalves an.

# Baustile und Epochen

1. November 1755, Allerheiligen. Ein Seebeben südwestlich von Sagres erschüttert halb Portugal. Lissabon stürzt ein und fast alle Steinhäuser der Algarve sowie Kirchen, Burgen und Brücken. Was noch steht, fällt kurz darauf einem verheerenden Tsunami zum Opfer. Das Auslöschen fast aller uralter Bauten sorgt bis heute dafür, dass zahlreiche Orte, z. B. Lagos oder Tavira, ein weitgehend authentisches 18.-Jahrhundert-Gesicht haben. Denn nach dem Beben wurde, finanziert durch den Gold- und Diamantenfluss aus Brasilien, vehement wiederaufgebaut. Vila Real de Santo António wurde besonders rasch und teils mit vorgefertigten Teilen im Renaissance-Stil hochgezogen, um Nachbar Spanien die Willenskraft und Leistungsfähigkeit der portugiesischen Nation vor Augen zu führen.

Die meisten Kirchen sind von einem bäuerlichen Barock, der in der Algarve eine anmutige Ausprägung angenommen hat. Dafür sorgen nicht zuletzt die blauen Fenster- und Türeinfassungen. Einige Portale stammen noch aus alten Zeiten, z. B. das »Knotenportal« in Monchique, das man dem Manuelinischen Stil zuordnet.

Der manuelinische Stil, auch Manuelinik genannt, ist ein prunkvoller Architekturstil, der nur im Portugal des 16. Jahrhunderts auftrat. Benannt ist er nach König Manuel I, der von 1495–1521 regierte. Die Manuelinik ist eine besondere Form der Spätgotik, die mit spanischen, italienischen und flämischen Stilelementen erweitert wurde. Es kamen auch noch maritime Ornamente, z. B. Schiffstaue und Knoten hinzu. Inspiriert wurde er natürlich durch die Reisen der Seefahrer wie Vasco da Gama und Pedro Álvares Cabral, deren Entdeckungen dem Land einen großen Reichtum erbrachten.

**Oben:** In Faro fördert man moderne Graffiti-Kunst und stellt alte Hauswände zur Verfügung.
**Unten:** Diese palastartigen Gebäude kann man ebenfalls in Faro finden.

RESTAURANTE O
D3254PM

Auch im Trockenen üben die bunten Fischerboote einen Zauber aus.

# SOTAVENTO

# 1 Der Rio Guadiana

## Ein Rio als Grenze

**Der 742 km lange Rio Guadiana entspringt in der spanischen Region Kastilien-La Mancha bei Ciudad Real auf etwa 600 m Höhe. Er fließt zunächst in westlicher Richtung, durchquert die autonome spanische Region Extremadura und wendet sich bei Mérida in Richtung Portugal. In seinem Mündungsbereich bildet er die seit über 900 Jahren unumstrittene Grenze zwischen den beiden Ländern und ist bis Mértola beschiffbar.**

Es fließen drei Hauptströme von Spanien nach Portugal: der Rio Guadiana, der Tejo und der Douro. Einer Legende nach waren sie einst Flussgeister, die einen Wettlauf zum Atlantik bestreiten wollten. Vorher legten sie sich aber noch einmal zur Ruhe. Der Rio Guadiana soll als erster aufgewacht sein, danach der Tejo. Der Douro, der am längsten geschlafen hatte, musste sich seinen Weg durch den steinigen Norden Portugals bahnen, wodurch sein rauher Charakter erklärt wird, während der Rio Guadiana sich die behaglichste Strecke aussuchen konnte. Er ist der südlichste der drei Hauptströme und schlängelt sich durch ein breites, fruchtbares Tal, vorbei an Orangen- und Olivenhainen, Gemüsefeldern und Wiesen. Bei Foz de Odeleite beginnt eine sehr schöne und wenig befahrene Uferstraße. Die eine Uferseite gehört zu Portugal. Am anderen Ufer liegt Spanien.

## Stauseen

Bis Mértola ist der Rio Guadiana beschiffbar. Das ist eine Länge von 72 km. Noch bis in die 1970er-Jahre hinein dampften große Kähne den Rio herauf, bis zum Ort Pomarão am Damm des Stausees

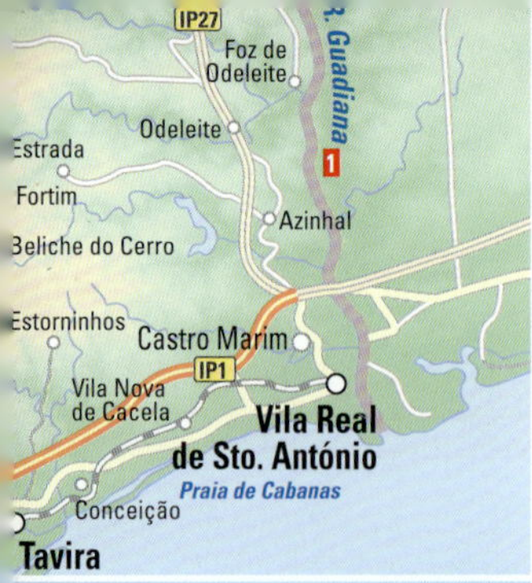

**Vorangehende Doppelseite:** Der Grenzfluss Rio Guadiana ist bis Mértola schiffbar.
**Mitte:** Der Rio fließt durch ein spärlich besiedeltes Hinterland.
**Unten:** Mértola liegt an einem steilen Uferhügel am Rio Guadiana.

Embalse del Chanza, der auf spanischer Seite liegt. Die Kähne kamen aus England, um Erze aus der 20 km entfernten Mine von São Domingos an Bord zu nehmen. Zurück in England wurden dann aus dem Schotter Kupfer, Gold und Silber herausgeschmolzen. Vor der riesigen Mauer des Staudamms ist der Rio so breit, dass die Kähne wenden konnten.

Heute sieht die Kaimauer von Pomarão verlassen aus. Der nahe Minenort São Domingos hat nämlich seine goldenen Zeiten hinter sich und wird immer mehr zum Geisterdorf. Die mit Steinerzen beladenen Kähne, die die Flut zur Fahrt flussaufwärts nutzten, sieht man nicht mehr. Es schippern nun Segeljachten vorbei, die Alcoutim als Ziel haben. Über die Staumauer des Embalse del Chanza führt eine Straße nach Spanien. Bis Mértola fließt der Rio Guadiana als ein von Ebbe und Flut bestimmter Strom durch ein breites fruchtbares Tal. Hier schließt sich die Provinz Alentejo an. Weiter flussaufwärts füllt der Rio den mit 250 $km^2$ Fläche und 1100 km Uferlinie bei über 85 km Länge größten Stausee Europas, den Lago Alqueva. Der riesige Stausee wurde 2002 fertiggestellt und ist seither eine wahre Attraktion für Südportugal.

## Alcoutim

Heute noch leben in der Rio-Region einige Menschen in einer Form, die sich seit Jahrhunderten unwesentlich veränderte. Auch Fernsehantennen und Autos ändern nichts am Stillstand. Auf Bänken sitzen die Leute zusammen und reden. Sie lassen sich von der Wintersonne aufwärmen oder vom Sommerschatten erfrischen. Es gibt viel Gelächter. Alcoutim ist das Verwaltungszentrum für den gleichnamigen sehr dünn besiedelten Landkreis am Rio Guadiana. Hier leben auf ca. 600 $km^2$ nur knapp 4000 Menschen.

**Oben:** In Alcoutim bietet die Hauptkirche herrliche Schnappschüsse.
**Mitte:** Ständig hat man die andere Flussseite vor Augen: Sanlúcar.
**Unten:** Das Hauptstädtchen des Landkreises Alcoutim hat gerade einmal 1000 Einwohner.

Der Ort wurde um 50 000 v. Chr. gegründet und breitet sich um das Castelo de Alcoutim aus, eine fast spielzeughaft kleine Burg aus dem 14. Jahrhundert. Sie diente der Grenzverteidigung. In der Vergangenheit gab es zahlreiche kriegerische Auseinandersetzungen mit dem Nachbarn Spanien. Im 17. Jahrhundert erfolgten am Castelo de Alcoutim noch Ausbauten für die Artillerie. Bevor die Burg 1973 als Liegenschaft von öffentlichem Interesse eingestuft wurde, wurde sie als Schlachthof genutzt. Die Anlage beherbergt heute das Burgmuseum, in dem auch archäologische Funde ausgestellt werden.

Zu Fuß lässt sich das Städtchen quasi im Handumdrehen entdecken. Es gibt nette Kneipen, und hat man Glück, schaukelt ein Fischer den Kunden im bunten Boot hinüber nach Spanien. Elegante und weniger elegante Segeljachten dümpeln auf dem Rio und strahlen eine wunderbare Ruhe aus. Wie auf einer Insel inmitten arider Kargheit fühlt man sich hier. Interessant ist die Kirche oberhalb vom Ort, die Ermida de Nossa Senhora da Conceição. Sie beherbergt ein Museum für sakrale Kunst. Die einschiffige Igreja Matriz, die Hauptkirche der

## MAL EHRLICH

### GRENZVERKEHR

In diesem Buch werden an einigen Stellen Plätze in der Provinz Alentejo vorgestellt, wenn sie nahe und von besonderem Interesse sind, wie z. B. Mértola oder Pulo do Lobo. In den Prospekten, die man bei den Tourismusbehörden oder in Hotels erhält, sind die unsichtbaren Provinzgrenzen, ja sogar die Grenzen der Verwaltungs-Infrastruktur eines Landkreises scheinbar unüberwindbar – man erfährt fast nur, was im eigenen Bereich los ist. Wenn man wissen möchte, was jenseits angeboten wird, muss man das selbst an Ort und Stelle erkunden.

**Oben:** Dörfliche Idylle bei Alcoutim.
**Mitte:** Alte Steinbrücke zwischen Alcoutim und Mértola.
**Unten:** Ausflugsschiffe verkehren zwischen Alcoutim und Vila Real de Santo António.

kleinen Stadt, wurde von 1538 bis 1554 erbaut. Sie schmückt ein schlichtes schönes Renaissanceportal des in Portugal bekannten Künstlers André Pilarte.

Bei aller Freude über die Schönheit der Natur: Den Jüngeren ist das Lachen vergangen: Sie hat es zum Überleben an die Küste oder nach Mitteleuropa verschlagen. Der Bürgermeister von Alcoutim beklagt, dass Dutzende von internationalen Investoren abgewiesen worden seien, obwohl sie vorbildliche Projekte des sanften Tourismus vorgelegt hatten. Das Resultat der Lissabonner Politik: In den letzten Jahren verließen 25 % der Bevölkerung – fast alle jüngeren Leute – die »Gegend ohne Zukunft«.

## Die Umgebung von Alcoutim

Wenn man Alcoutim verlässt und einen Kilometer in Richtung Norden wandert, kommt man zu einer modernen Brücke, die über das Flüsschen Cadavais führt. Auf einem Hügel erheben sich hier die Ruinen der maurischen Festung Castelo Velho aus dem späten 8. Jahrhundert, eine der ältesten Spuren maurischer Militär-Architektur in der Algarve. Sie entspricht einer ländlichen Burg der arabischen Epoche und diente zur Kontrolle des Schiffverkehrs und des Erzhandels.

Bäche und Flüsschen winden sich durch das Hügelland, dem Rio Guadiana entgegen. Man findet tiefe Wassergumpen und kleine Wasserfälle auf seinem Weg. Auch Störche fühlen sich hier wohl, darunter sogar einige schwarze, und viele andere Vögel. Im Ufergebüsch trällern Nachtigallen. Für Wanderer, die einsame Gegenden schätzen, sind die in den *ribeiras* (Flussufern) versteckten Zonen voll unvergesslicher Eindrücke. Man muss sie sich erobern, und das geht am besten zu Fuß oder auch mit dem Fahrrad.

AUTORENTIPP!

**AUSGRABUNGEN AM RIO**

Bei Laranjeiras zwischen Foz de Odeleite und Alcoutim wird gebuddelt. Archäologen aus Österreich stießen hier auf Reste einer Villa, die im 1. und 2. Jahrhundert v. Chr entstand. Es war die Zeit, als die Römer den Widerstand der aufständischen Lusitaner gebrochen und den Anführer, den legendären Viriato, getötet haben. Damals drückten die neuen Herren dem ganzen Subkontinent Iberia ihren Stempel auf: Verwaltung, Handel, Justiz und Verkehr, später auch die Religion. Der römisch-katholische Glaube wurde Mitte des 4. Jahrhunderts zur Staatsreligion erhoben. Wahrscheinlich gehörte die Villa einem Einheimischen, der durch den Handel mit den Römern zu Wohlstand kam und deren Kultur und Sprache annahm. Die Archäologen hoffen, wertvolle Marmorskulpturen zu finden. Derartige Funde werden im Museum in Alcoutim ausgestellt. Die Arbeiten werden einige Jahre andauern, man kann zuschauen und mit den Archäologen sprechen – auch auf Deutsch!

Im Museum von Alcoutim finden sich zahlreiche römische Skulpturen.

AUTORENTIPP!

**PULO DO LOBO**

Etwa 17 km nördlich von Mértola findet sich ein grandioses Naturschauspiel. Dazu sollte man die Stadt in Richtung Beja verlassen und dem Schild »Pulo do Lobo« (Wolfssprung) folgen. Die weiteren Hinweisschilder sind alle gut sichtbar. Unterwegs gibt es keine Geschäfte, also Getränke und Picknick mitnehmen. Beim Pulo do Lobo schiebt der Rio Guadiana seine Wassermassen durch ein breites Tal bis zu einer Stelle, wo sich das Flussbett trichterförmig verengt. Der Strom nimmt an Fahrt auf und wälzt sich einem Loch in der Landschaft entgegen, das keine fünf Meter breit ist. Die Wassermassen stürzen 13 m tief in eine Schlucht. Ein kilometerlanges Schieferbett tut sich vor dem Betrachter auf. In dieser Schlucht strömt der Rio Guadiana an senkrecht aufsteigenden Felswänden hinab bis nahe Mértola. Wahrscheinlich ist der Wasserfall durch den Einbruch einer Höhle unter dem Flussbett entstanden.

Im Fremdenverkehrsbüro, dem *turismo*, erhält man eine kostenlose Karte! Ab und zu finden auch Fahrten mit einem Boot zum Pulo statt – auch das erfährt man im *turismo.*

# Mértola und seine Burganlage

Wenn man ca. 20 km in Richtung Norden fährt, kommt man in den nächsten Ort. Mértola liegt ebenfalls am Rio Guadiana und ist eine kleine Stadt mit nur 3100 Einwohnern, ein Juwel, das sich an einem steilen Uferhügel zu einer großen Burganlage hochschachtelt. Selten sieht man Orte, die derart harmonisch in die Natur eingebunden sind. Mértola liegt in der flachen Alentejo-Landschaft, in der sich die Lehmtöne mit denen des Sandsteins abwechseln.

Die Stadtgeschichte reicht mehr als 3000 Jahre zurück. In der Stadt kann man vor allem maurische Relikte sichten und die Reconquista-Phase erkennen. Mértola wurde von Phöniziern gegründet, weil die Flut bis hierher reicht und Schiffe weit im Landesinneren das Handelsgut der Umgebung abtransportieren konnten.

Die Kirche gleich unterhalb der Burgmauer des Castelo de Mértola war original eigentlich eine Moschee. Die Christen zerstörten sie 1238 bei der Rückeroberung nicht, sondern stellten nur einen Altar und ein Kreuz auf. Damit war der Glaubenswechsel vollzogen. Interessant sind die Kapitelle, die alle unterschiedlich geschmückt sind. Die Aussicht vom Vorplatz der Kapelle ist wunderbar, genauso das Bummeln durch die Kopfsteinpflastergassen, die den Südosthang Mértolas durchziehen.

Keine 300 m sind es bis zur Stadtmitte. Hier findet man ein altes Marktgebäude, mehrere Cafés und Geschäfte. Die meisten Restaurants haben sich bei der Brücke angesiedelt, die den Rio Guadiana überspannt und von der aus der schönste Anblick Mértolas fotografiert werden kann.

# Infos und Adressen

## ALCOUTIM

### INFORMATION

**Posto de Turismo Alcoutim.** Rua 1° de Maio, Tel. 281 546 179, geöffnet Di–Sa 9–13 und 14–18 Uhr.

### ÜBERNACHTEN

**Guerreiros do Rio.** 10 km südlich. Aktivitäten wie Kajaktouren, geführte Wanderungen, Biketouren. Alle 26 Zimmer mit Panoramablick. Pool, Restaurant. Guerreiros do Rio, Tel. 281 547 065, www.guerreirosdorio.com.

**Estalagem do Guadiana.** Schöne Anlage, leider herunter gekommen, soll ab Sommer 2014 renoviert sein. Rua do Município 12, Tel. 258 813 513,.

### ESSEN UND TRINKEN

**Vila Velha** heißt ein kleines Restaurant beim Castelo. Mutter kocht, Vater serviert. Klasse traditionelle portugiesische Küche, sehr preiswert. Eine Reise in diese herrliche Umgebung lohnt sich! Rua da Misericordia 12.

### AKTIVITÄTEN

**Boote und Schiffe.** Mit Booten vom Kai in der Ortsmitte auf die andere Uferseite nach Sanlúcar übersetzen oder Touren unternehmen. Um die 2 € pro Person. Es gibt keinen festen Fahrplan.

**Bademöglichkeit.** In Alcoutim wurde ein hübscher kleiner Badestrand, der Praia Fluvial, angelegt. Einfach vom Zentrum aus über die Brücke laufen und dann links abbiegen. Von der Ortsmitte ist man in ein paar Minuten da.

**Fahrrad- und Kajakverleih.** In der Estalagem do Guadiana, siehe Übernachtung.

### SEHENSWÜRDIGKEITEN

**Castelo de Alcoutim.** Auf dem Hügel neben der Kirche thront das castelo von Alcoutim, eine portugiesische Kontra-Burg zur mächtigen Festung Sanlúcar am anderen Ufer. Geöffnet Winter: 9.30–17.30 Uhr, Sommer: 9.30-19 Uhr Eintritt 2,50 €

## MÉRTOLA

### INFORMATION

**Posto de Turismo Mértola.** Rua da Igreja. Tel. 286 610 109, geöffnet Mo–So 9.30–12.30 und 14–17.30 Uhr.

### ESSEN UND TRINKEN

**Tamuje.** Die beste Küche der wunderschönen Stadt gibt es in diesem gemütlichen kleinen Restaurant. Klasse Shrimps, die Carne Alentejana sind ein Muss. Rua Dr Serrao Martins, Tel. 286 611 115.

### ÜBERNACHTEN

**Residencial Beira Rio.** Zauberhafte Pension mit Panoramablick auf Rio und Stadt. Rua Dr. Afonso Costa, Tel. 282 611 190, www.beirario.pt.

**Hotel de São Domingos.** Vier-Sterne-Hotel mit 31 Zimmern, Pool, Restaurant und der Badesee gleich daneben. Rua Dr. Vargas, Minas de São Domingos, Corte do Pinto, Tel. 286 640 000, www.hotelsaodomingos.com.

Luxus im Hotel São Domingos bei Mértola.

### SEHENSWÜRDIGKEITEN

**Castelo de Mértola.** Geöffnet Di–So 9–17.30 Uhr. Eintritt frei; Besteigen des Turmes kostet 2 €.

**Antiga Mesquita und Igreja Matriz de Mértola.** Di–So 9–12.30 Uhr und 14–17.30 Uhr.

**Mitte:** Cockpit-Ausblick vom 902 m hohen Fóia-Berg bei Monchique. **Unten:** Überall im Hinterland wachsen majestätisch schöne Korkeichen.



# 2 Via Algarviana

## Natur pur erleben

**Wer das Wandern liebt, wird die Via Algarviana lieben. Der sorgfältig markierte Superweg durchquert die gesamte Region und verbindet den Grenzfluss Rio Guadiana mit dem Cabo de São Vicente. Dabei schlängelt er sich durch das unberührte Hinterland und lockt so nicht nur Wanderer an: Auch Radfahrer kommen hier auf ihre Kosten. Unvergessliche Erlebnisse und Begegnungen in und mit der Natur sind garantiert.**

Allmählich spricht es sich auch in Nordeuropa herum, dass man im Südwesten des Kontinents herrlich wandern und radfahren kann. Und das zwölf Monate im Jahr! Freilich können die Hochsommermonate für manche Leute zu heiß zum Wandern oder Biken werden. Ideal sind die Übergangszeiten. Der Frühling ist wegen der satt grünen und üppig blühenden Vegetation vielleicht am schönsten. Im Herbst kann man noch wunderbar wandern: Von September bis Anfang November herrscht meist immer noch gutes Wetter. Und im Herbst 2013 dauerte der Sommer bis November.

## Ein neuer Jakobsweg

Als der neue Jakobsweg wird die Via Algarviana gehandelt. Sie beginnt am Rio Guadiana in Alcoutim und ist die spannendste Wanderroute im Süden Europas. Die Trekkingtour schlängelt sich auf knapp 300 km Länge durch die weitgehend unberührte Natur des Hinterlandes, die geprägt ist von Wiesen, Wäldern, Bergen und Tälern. Über teils wildromantische Hirtenpfade gelangt man zu beschaulichen Dörfern, sei es in der Serra de Caldeirão oder der Serra de Monchique, und lernt die

# Die schönsten Routen

## VIA ALGARVIANA

**Geeignet für:** Wanderer, Radfahrer, Reiter, aber auch für Eselwanderungen
**Schwierigkeitsgrad:** gering bis mittel, je nach Abschnitt
**Länge:** 240 km
**Streckenbeginn:** Alcoutim
**Streckenende:** Cabo de São Vicente
**Wegbeschreibung:** durchgehend markiert, in Teilabschnitte von jeweils ca. 25 km unterteilt, die sich für Tagestouren anbieten
**Beste Jahreszeit:** ganzjährig begehbar, auch im Sommer, weil es oft durch kühlere Täler und schattige Wälder geht; am beliebtesten sind Frühling und Herbst. Immer gilt: Kopfbedeckung und Sonnenschutzcreme nicht vergessen!
**Infos:** geführte Wanderungen sind vor Ort zu buchen, z. B. bei Anabela Santos unter esantos@almaargem.org oder unter Tel. +49 289 412 959, www.viaalgarviana.org.
**Literatur:** »Via Algarviana« (Wanderführer portugiesisch/englisch). Der Führer wird von der Zentrale vertrieben. Exakte Karten kann man von der oben angegebenen Webseite herunterladen.

## ECOVIA

**Geeignet für:** Radfahrer und Wanderer
**Schwierigkeitsgrad:** gering
**Länge:** 214 km
**Streckenbeginn:** Vila Real de Santo António
**Streckenende:** Sagres
**Wegbeschreibung:** fast kontinuierlich am Ufer entlang, einige Teilabschnitte führen durch Städte hindurch; regelmäßig ausgezeichnete Informationen über Standort, Vegetation etc.
**Beste Jahreszeit:** ganzjährig befahrbar. Achtung: Starken Sonnenschutz, Kopfbedeckung und viel Trinkwasser nicht vergessen!
**Infos:** Detailinfos für Ecovia lassen sich bei www.ecoviasalgarve.org abrufen. Für die Routenkarten der einzelnen Streckenabschnitte wird man hierüber automatisch verbunden mit geo.algarve digital.pt.

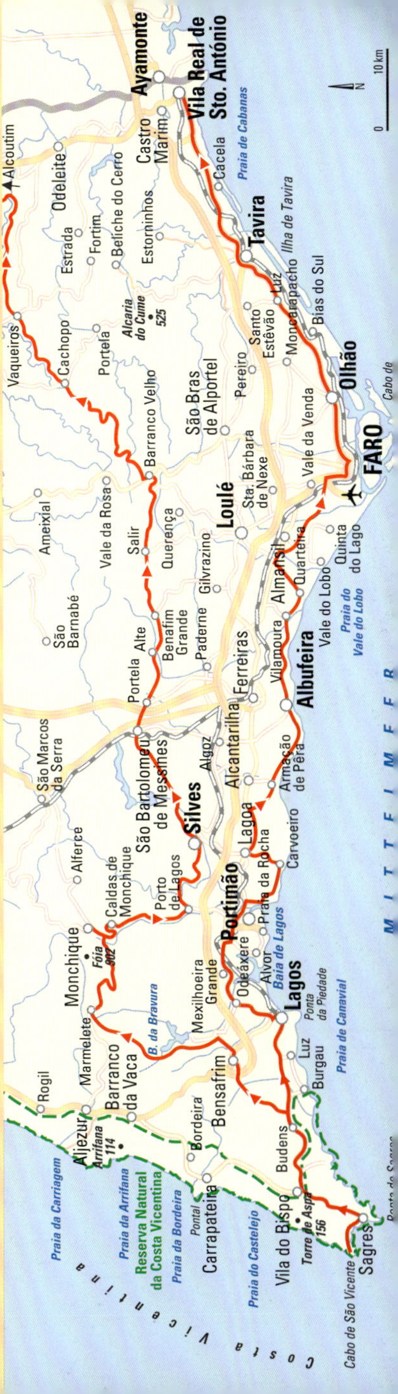

## AUTORENTIPP!

### BIKER AUFGEPASST!

2008 wurde die Biker-Route »Ecovia« fertiggestellt, leider ist sie heute in manchen Abschnitten arg vernachlässigt. Aus 140 km Luftlinie wurden 214 aufregende Velo-Kilometer, immer in Meernähe oder direkt am Ufer entlang: von Vila Real de Santo António bis Sagres. 25 % der Route befinden sich in städtischem Gebiet, der Rest führt quer durch die Provinz und drei Naturreservate. 12 % der Wegstrecke sind exklusiv für Biker und Walker. Der Rest ist Natur pur, und auf langen Strecken begegnet man keinerlei Autoverkehr. Der Weg ist perfekt ausgezeichnet: Man muss nur immer der 20 cm breiten blauen Linie am Straßenrand folgen. Wer nicht die gesamte Strecke mit dem Rad fahren möchte, kann auch zwischendurch auf die Bahn umsteigen. Wenn man z. B. bis Estação de Silves geradelt ist, kann man von dort bis Mexilheiro Grande auf Schienen weiterkommen. Der Bahnhof von Silves liegt etwa 3 km außerhalb der Stadt. Ab Mexilhoeira Grande geht es zur Ria de Alvor und auf herrlichen Wegstrecken, oft in Klippennähe, weiter bis Sagres. Unterwegs muss nur noch die Stadt Lagos durchquert werden, aber das ist eine schöne Strecke.

Noch ein paar Tipps für das Radfahren in Portugal: Ein weißer Scheinwerfer und eine rote Rückleuchte sind Pflicht für jeden Radler. Und Vorsicht: In Portugal müssen Radfahrer den motorisierten Verkehrsteilnehmern immer Vorfahrt geben! Das wird besonders in Ballungsgebieten wichtig, wie z. B. in Faro oder Portimão.

Der Tafelberg Rocha da Pena bei Loulé und seine Umgebung sind ein Wanderparadies.

Region und ihre Menschen intensiv kennen. Der Weg führt einen durch einsame Täler, zu lauschigen Flussufern und auf Berggipfel mit herrlicher Aussicht. Man kann in Gasthäusern und Tavernen Halt machen. Der Weg ist sehr sinnvoll in 14 Tagesetappen von ungefähr 25 km eingeteilt, die gut zu bewältigen sind.

Ein glänzendes Beispiel ist der Abschnitt São Bartolomeu de Messines nach Silves. Er führt zum großen Stausee Barragem do Funcho und einigen verlassenen Dörfern, teils auf Halbinseln gelegen. Man gelangt auch zu intakten Bauernhöfen auf dem Weg hinab nach Silves. Alle Wege sind von mittlerem Schwierigkeitsgrad und für Wanderer und Radfahrer geeignet. Auch für Eselwanderungen und für Ausritte hoch zu Ross sind sie geeignet! Noch sind die Wege neu, aber schon sieht man von Tag zu Tag mehr begeisterte Nutzer. Für die gesamte Strecke sollte man 12 bis 14 Tage einplanen.

# Infos und Adressen

## TOUREN

**Gruppentouren.** Almargem – die Organisation, die hinter der Via Algarviana steckt – bietet immer wieder Gruppentouren an. Kosten pro Tag: 7,50 €, Infos bei www.almargem.org. Bei individuellen Wanderungen müssen Übernachtungen und Provianteinkauf geplant werden. Einige deutsche Veranstalter, wie z B. Vividus-Reisen und Wikinger-Reisen bieten komplette Wanderferien an, bei welchen die Via Algarviana im Mittelpunkt steht.

**Geführte Wanderungen.** Die Deutsche Ricarda Schünhoff lebt schon lange an der Algarve, kennt sich bestens aus und organisiert geführte Wanderungen unter dem Dachthema »Natur und Kultur in der Algarve«. Sie hat sich auf die schönsten Wandergebiete spezialisiert, nämlich auf die Ria Formosa, die Gebiete der Serra de Monchique und Serra de Caldeirão, im Barrocal, auf dem Rocha da Pena, am Rio Guadiana und an der Costa Vicentina. Tel. 914 306 891, Fax 289 818 793, Email rknuth@algarverde.com, www.algarverde.com

**Radtouren.** Bestens geführte Radtouren organisiert www.outdoors.com, während sich das Team von www.alternativ-tours.com in Monchique auf Touren in der Serra spezialisiert hat und auch Kajaktouren und Extremsportarten anbietet.

## ESSEN UND TRINKEN

Das Hauptproblem der Via Algarviana ist und bleibt die Infrastruktur für Essen und Trinken.

**Marisqueira Fialho.** Ein klasse Lokal direkt an der Ecovia am Ufer. Sítio do Pinheiro/Tavira. Tel. 281 961 222.

**Tasca do Petrol.** An der Via Algarviana bei Marmelete. Corgo do Vale. Te. 282 955 117.

## ÜBERNACHTUNG

Einige Hotels haben sich auf Via-Algarviana-Wanderes schon gut eingestellt, wie:

**Guerreiros do Rio Hotel.** Guerreiros do Rio, Alcoutim. Tel. 281 540 170, www.guerreirosdorio.com.

**Hotel Alte.** Estrada de Santa Margarida 12 Alte, Tel. 289 478 523, www.altehotel.com.

Sanfte Hügellandschaften auf dem Weg zum Pulo do Lobo.

**Mitte:** Vila Real de Santo António hat authentisches 18.-Jahrhundert-Flair. **Unten:** Stolze Bauten und prächtiges Kopfsteinpflaster prägen die Grenzstadt.



# 3 Vila Real de Santo António

## Die königliche Stadt

**Nach dem verheerenden Erdbeben im Jahr 1755 wollte Portugal dem mächtigen Nachbarland Spanien die Stirn und Muskeln zeigen: Wir leben noch, wir lassen uns von den Mächtigen nicht unterkriegen – weder von Naturgewalten noch von euch!**

Nirgendwo zeigt sich diese trotzige Haltung so deutlich wie beim Bau von Vila Real de Santo António am Grenzfluss Rio Guadiana, eine Stadt, die nicht im Verlauf von Jahrhunderten entstand, sondern in Windeseile. Im März 1774 wurde der Stadtplan verabschiedet, fünf Monate später das Rathaus gebaut. Ein Jahr später war die ganze Stadt schlüsselfertig. An der breiten Mündung des Guadiana lag früher der Fischerort Santo António de Arenilha. 1774 ließ der Marquês de Pombal an dieser Stelle eine neue Stadt erbauen: Vila Real – die königliche Stadt. Damit der ursprüngliche Ort nicht in Vergessenheit geriet, wählte der Marquês den Namen Vila Real de Santo António für die Stadt. Möglich wurde dieser Kraftakt durch den Einsatz vorgefertigter *gaiolas* (käfigartige Module aus Holzbalken), die man von Lissabon in die Algarve verschiffte. Dort setzte man sie zusammen und fügte Wände, Treppen und Fassaden hinzu. Auf diese Art entstand ein Ort wie aus einem historischen Schulbuch: pures 18. Jahrhundert, alles aus einem Guss.

## Stadtplan

Im Osten wird Vila Real de Santo António vom Rio Guadiana und einer Uferpromende eingefasst: der von Restaurants gesäumten Avenida da República.

# Vila Real de Santo António

Am anderen Ufer liegen ein paar Dutzend Segeljachten am Kai vor Anker und dahinter glitzert blankweiß die spanische Stadt Ayamonte. Wenige Schritte hinter der Avenida breitet sich die Praça Marquês de Pombal aus. Der mit schwarzen und weißen Kopfsteinpflastersteinen aufgefächerte Platz ist der ganze Stolz der Stadt. In seiner Mitte ragt ein Obelisk auf. Drei Hauptgebäude rahmen ihn ein, die Stützen der Macht: Kirche, Rathaus, Polizei. Man achte auf die Dächer! Da sind teils eindrucksvolle Konstruktionen zu sehen, ähnlich wie bei den stattlichen Gebäuden der Lissabonner Unterstadt Baixa. Von diesem Platz aus gliedern die geraden Straßen die Stadt in rechtwinkeliger Schachbrettmanier auf. Wer als Autofahrer auf Rechts vor Links achtet, bekommt rasch Routine.

## Geschichte und Wirtschaft

Nach dem Erdeben galt es, vor allem die marode Wirtschaft anzukurbeln. Dabei half der Rio Guadiana. Das Frachtaufkommen auf dem Rio stellte eine Geldquelle dar, wurden doch aus dem Landesinneren Edelmetalle nach Vila Real geschippert. Im 20. Jahrhundert wurde das rohe Gestein nach England verschifft, vor allem jenes aus der Mine São Domingos, die bis in die 1970er-Jahre mit noch über 5000 Arbeitern in Betrieb war. Das Erz wurde in England verarbeitet. Das alles brachte viel Geld und viel Betrieb.

Wichtig für die Wirtschaft waren auch die Fischfabriken. Die erste eröffnete 1879. Hier wurden die Fische gekocht, eingedost und in das gesamte ehemalige Imperium exportiert. Vier Dutzend dampfende Fabriken schossen in Vila Real de Santo António aus dem Boden, Tausende von Menschen fanden Arbeit. Die Stadt wurde die reichste der Algarve, hatte mehr Läden als jede andere,

**Oben:** Direkt an der Uferstraße ankern Jachten aus aller Welt.
**Mitte:** Die Stadt ist wie ein Schachbrett angelegt.
**Unten:** Portugiesen lieben Wasserspiele.

**Oben:** Abblätternder Putz, wehmütige Bilder: eines der Gesichter der Algarve.
**Unten:** Die Innstadt ist ein einziges Kaufhaus, kombiniert mit Cafés und Tavernen.

mehr Kneipen, Restaurants, Bordelle und Gasthäuser. 1886 erhielt sie als erste eine Gasbeleuchtung. Im 20. Jahrhundert ließ die Wirtschaft nach. Fischfabriken schlossen. Der Reichtum zog sich langsam zurück.

Die Fischer, die täglich tonnenweise Sardinen, Stöcker, Thunfische und viele andere Spezies aus dem Meer holten, sollten Anfang des 20. Jahrhunderts unter der neuen Verwaltung Geld dafür bezahlen. Steuern hieß das Schlüsselwort. Steuern, das hatte für sie immer das Steuern eines Bootes bedeutet. Sie zogen Konsequenzen: Sie siedelten um. Auf der nächstgelegenen spanischen Ilha Canela gingen sie ihrem alten, ganz und gar steuerfreien Leben nach. Diese Insel dürfte die einzige auf spanischem Territorium sein, wo heute noch Portugiesisch gesprochen wird.

## Einkaufen

Was heute an Geld und Gold eintrifft, das bringen kauflustige Spanier daher. Mit der Fähre treffen sie von Ayamonte aus ein. An der Praça Marquês

### MAL EHRLICH

**MAU, DIESE MAUTGEBÜHREN**

Der Bau der mautfreien Autobahn A22 war ein Geschenk Europas zur Belebung des Grenzverkehrs. Jeden Tag wurde sie von Zehntausenden benützt. 2011 führte man dann trotz heftiger Proteste eine Maut ein. Mit einem geradezu idiotischen Zahlungssystem. Alle Autos werden gescannt, die irrsinnig hohen Gebühren direkt vom Konto abgebucht. Touristen ohne entsprechende Vorrichtung können erst nach zwei Tagen in jedem Postamt unter Angabe des Autokennzeichens zahlen. Und stehen dort lange an. Kein Wunder, dass die Bevölkerung die A22 total boykottiert, die meisten Touristen ebenso.

de Pombal beginnt mit der Rua Dr. Teofílio Braga eine Fußgängerzone. Wie schon gesagt: Ein Straßenschachbrett ist es, und als riesiges Kaufhaus funktioniert es. Viel interessanter, viel aufregender als in jedem noch so schicken Shoppingcenter aus Glas und Marmor geht es hier zu. Es lässte sich wunderbar schlendern und zu kaufen gibt es fast alles: Briefbeschwerer und Büstenhalter, Kaninchen und Kupferkannen, Salbei und Sandalen. Aber das Handeln will vorher geübt sein.

Übrigens wurden europäische Gelder locker gemacht, die zur Renovierung der gesamten Innenstadt eingesetzt werden. Vila Real de Santo António macht nach seiner ersten, königlichen Wiederauferstehung im 18. Jahrhundert nun eine erneute Runderneuerung im europäischen 21. Jahrhundert durch. Aufgrund der Finanzprobleme ist die Rekonstruktion der Stadt jedoch ins Stocken geraten. Glück für den Besucher! So ist die Vila Real de Santo António keine Riesenbaustelle.

## Essen und Trinken

Essen und Trinken lässt es sich bestens und billig in den zahllosen urigen Kneipen, vor allem in Nähe der ehemaligen Markthalle, die jetzt als Kulturzentrum dient. In Vila Real läuft der Betrieb in einer lockeren Behaglichkeit ab, die einen schmunzeln lässt. Und während auf der Insel drüben in Spanien von den Fischern Portugiesisch gesprochen wird, spricht man in der königlichen Stadt Vila Real de Sante António eher Spanisch.

## Monte Gordo

Der »fette Berg«, wie Monte Gordo auf Deutsch heißt, ist ein 4 km entfernter Vorort am Meer. Der Ort ist über die Estrada Nacional EN 125 an die Autoestrada A 22 angeschlossen, die in Ost-West-

AUTORENTIPP!

**FISCHERPROZESSION**

Auch wenn die Algarvios nicht als sehr religiös gelten: religiöse Feste lieben sie. Am zweiten Wochenende im September feiert man in Monte Gordo das Festa em Honra da Nossa Senhora das Dores (dt. »Fest unserer Heiligen Jungfrau der Schmerzen«) mit großer Prozession am Strand, Kirmes, Kulturveranstaltungen und abschließendem Feuerwerk.
Das Fest zieht Zehntausende aus der Algarve und aus dem nahen Andalusien an. Die Fischer haben an diesem Tag ihre ohnehin schon kunterbunten Boote mit zahllosen Blumen herausgeputzt. Sie feiern ihren Glauben und beten, um nachher wieder zu feiern – mit viel Fisch, Wein und Bier. Auch die Fischerprozession in Ferragudo (Mitte August) wird immer beliebter, bis zu 70 geschmückte Boote gondeln dann auf dem Rio!

AUTORENTIPP!

**DEN RIO AN DECK ERLEBEN**

Das Unternehmen Rio Sul bietet einen unterhaltsamen Tagesausflug an. Ab 9.45 geht es ab Vila Real de Santo António an Deck eines Ausflugschiffes nach Foz de Odeleite, wo eine Dorfbesichtigung und der Besuch bei Ti Rita, einer Käserei, ansteht. Dann geht es auf dem breiten Strom flussauf zum Mittagessen ins Lokal Quinta do Rio. Live-Musik und eine fröhliche Runde sind dort angesagt. Dann gondelt man auf dem eindrucksvollen Rio Guadiana zurück.

Der Ausflug beginnt am Kai an der Avenida da República (Schild »Ferry Espanha« folgen). Nur mit Reservierung. Abfahrt 10 Uhr, Rückkehr 17 Uhr. Tel. 289 510 200, reservas@riosultravel.com, www.riosultravel.com

Uferpromenade am Rio Guadiana, der hier in den Atlantik mündet.

Richtung durch die Algarve verläuft. In der Nähe befindet sich der Kleinflughafen Praia Verde für Sport- und Privatflugzeuge.

Vor gar nicht allzu langer Zeit war das ein reizendes Fischerdorf. Heute ist es schon lange kein Dorf mehr. Durch den überfallartigen Tourismus ist Monte Gordo geradezu explodiert. Auch von Planung spürt man beim Erkunden des Ortes nur noch wenig. Die Spanier haben durch den Kauf von Wohnungen in hohen, oft rosafarbenen Häusern ihren Beitrag dazu geleistet.

Und trotzdem: Monte Gordo hat was. Viele Urlauber schätzen den Ort sehr und ziehen ihn zum Beispiel der pittoresken und nahegelegenen Stadt Tavira vor. Vielleicht auch, weil Monte Gordo einen großen Campingplatz direkt am Meer hat und gleich daneben ein staatliches Spielcasino, wo man auf Kragen und Krawatte gern verzichtet. Auch der Strand zieht Besucher magisch an. Schmeichlerisch gesäumt wird die Küstenlinie von einem sattgrünen Wald aus Schirmpinien, jenen wunderschönen ausladenden Bäumen, die dem Süden Portugals einen Gütestempel der eigenen Art verpassen.

## Praia Verde

Ist Monte Gordo der Hochhaus-Vorort von Vila Real de Santo António, so ist Praia Verde der Villen-Vorort. Herrliche sattgrüne Pinienwälder säumen den schier endlosen Strand, der im Osten bis zum Praia do Cabeço, im Westen bis zum Praia da Alagoa reicht. Dieser Vorort hat einen Flughafen. Er wird ausschließlich von Sport- und Privatflugzeugen genutzt und besteht nur aus einer Start- und Landebahn. Diese wurde mühselig aus zerkleinerten Ziegeln gebaut. Ein Vorfeld oder Hangars gibt es an diesem Flughafen nicht.

# Infos und Adressen

## INFORMATION

**Centro Cultural de Exposição e pintura.** Tel. 281 510 045, geöffnet Mo–Fr 10–13 und 14–19 Uhr.

**Posto de Turismo Monte Gordo.** Avenida Marginal, Tel. 281 544 495 geöffnet Di–Do 9–18 Uhr, Fr–Mo 9–13 und 14–18 Uhr.

## ESSEN UND TRINKEN

**Sem Espinhas.** »Ohne Gräten« lautet der Name der Zwillings-Strandrestaurants übersetzt, von denen sich eines an der Praia do Cabeço befindet, das andere an der Praia da Manta Rota. Die Küche setzt auf typisch regionale Gerichte: *cataplana*, *açorda*, verschiedene frische Fische und Meeresfrüchte. An der Avenida da República 51, der Uferpromenade und Fressmeile von Vila Real de Santo António, wurde nun noch ein drittes Lokal eröffnet. Tel. 281 956 026 (Praia do Cabeço) bzw. Tel. 281 951 980 (Praia da Manta Rota), www.sem espinhas.net

**Restaurante Cuca.** Eine Straßenkneipe mitten in der Stadt. Einer der beiden Betreiber, die Brüder sind, geht die Fische fangen, der andere grillt und serviert sie. Preiswert und typisch. Rua Dr. Sousa Martins, 64, (hinter dem Kulturzentrum), Tel. 962 823 610.

Einer der fast 40 Golfplätze der Algarve liegt an der Uferlandschaft bei Praia Verde.

## ÜBERNACHTEN

**Praia Verde Suite Hotel ****.** Das im Pinienwald gelegene Hotel verfügt über 40 Suiten mit Schlafzimmer, Wohnbereich, Küche, Bad oberhalb des wunderschönen Praia-Verde-Strandes, unweit von verschiedenen Golfplätzen der Ostalgarve. Tel. 281 950 700, www.praiaverde.pt.

Angenehmer Luxus in einem Golfresort bei Praia Verde.

## NACHTLEBEN

Das Nachtleben spielt sich hauptsächlich in Monte Gordo ab, denn dort gibt es zahlreiche Diskotheken, Bars und das Casino. Zudem finden hier häufig Veranstaltungen statt, vor allem in den Sommermonaten, und da der Ortskern nicht sehr groß ist, kann man diese auch nicht verpassen. Heiß her geht es natürlich auch hier erst nach Mitternacht.

**Casino Solverde.** Kein Dresscode. Tel. 281 530 800, www.solverde.pt.

## FÄHREN

Von Vila Real de Santo António fährt die Fähre im Sommer alle 30 Minuten und im Winter alle 60 Minuten. Kosten: 2 €, mit Auto 5 €.

# 4 Castro Marim

## Burginsel im Salinenland

**Vor 2000 Jahren war der Burgberg von Castro Marim eine Art Insel im Mündungsgebiet des Rio Guadiana, umgeben von flachem Gewässer und den Wellen des Meeres. Der weitläufige natürliche Schutzhafen am Rio Guadiana lockte die Schiffe von Händlern und Piraten an. Phönizier und Griechen segelten bereits flussaufwärts bis Mértola und holten Kupfer, Silber und Gold ab, das im Landesinneren gewonnen wurde. Besonders lohnenwert ist der Besuch der Burg und der nahen Salinen, die in einem Naturschutzgebiet liegen.**

Castro Marim hat knapp 5000 Einwohner. Die kleine Stadt liegt nur 2 km nördlich von Vila Real de Santo António und umringt einen Burgberg, der von weitem sichtbar ist.

**Mitte:** Von der alten Burg Castro Marim fällt der Blick auf das Städtchen.
**Unten:** Man überblickt die gesamte Grenzregion.

## Geschichte der Besiedlung

Die Bedeutung der geostrategischen Lage des Burgbergs wird erkennbar, wenn man oben an der Zinnenmauer steht. Zu Fuß sind es aus der Stadtmitte nur ein paar Minuten. Man geht vom zentralen Platz Praça 1 de Maio durch die Gasse Travessa do Castelo. Wenn man das hölzerne Tor durchschritten hat und auf der Burgmauer steht, wird der Grenzraum zwischen Spanien und Portugal perfekt überblickbar.

Drehen wir das Zeitrad zurück: 12. Jahrhundert. Araber beherrschten die Region, auch wenn seit etwa 1150 im Norden des Landes eine Maurenburg nach der anderen von den Christen erobert wurde. Ihr Führer Dom Afonso Henriques erreichte

1179 beim Papst in Rom die Anerkennung als unabhängiges Königreich Portugal. 1242 rückten die Christen dann auch in die Algarve vor. Ein Schlüsselpunkt war die maurische Festung von Castro Marim, die als uneinnehmbar galt. Mit ungeheuren Anstrengungen nahmen die Kreuzritter die Burg indes ein und bauten sie aus. Sie wurde der Hauptsitz des mächtigen Christusordens. Nun nahm eine beachtliche Besiedlung ihren Lauf, und Castro Marim wurde zur ersten Kleinstadt der Algarve. Doch schon 1319 verlegte der König den Hauptsitz des Christusordens nach Tomar nördlich von Lissabon - die Bevölkerung verzog sich so rasch wie sie angerückt war. 1421 wollte König João I dem entgegenwirken und verlieh dem Kreis das Sonderrecht »Lehensgut für Flüchtlinge«. Strafgefangene konnten sich frei ansiedeln – gegen den Widerstand der Bevölkerung, die eine Brutstätte für frei aufwachsende Verbrecher befürchteten.

## Die Zeit der Templer

Portugals »König der 100 Burgen« Dom Dinis war ein Segen für sein Land. Ein Schlitzohr war er außerdem. Zu seiner Zeit war der Templerorden überaus mächtig. Allen Königen, besonders dem französischen, war dieser Ritterorden ein Dorn im Auge. Nur in Portugal nicht. Hier hatten die Templer bei der Reconquista eine entscheidende Rolle gespielt; ohne sie ist die Landesgründung undenkbar. Der König selbst oder einer seiner Söhne war ihr Gouverneur oder Großmeister, z. B. Prinz Heinrich der Seefahrer. Als der Papst auf Drängen des französischen Königs den legendären Templerorden anno 1312 unter Bann stellte, spielte Dinis ein doppeltes Spiel: Er vollzog den päpstlichen Bann mit. Gleichzeitig gründete er jedoch den nahezu identischen Christusorden. Die Besitzungen der Templer blieben unangetastet.

*AUTORENTIPP!*

**RESERVA NATURAL DO SAPAL DE CASTRO MARIM**

Vor einer Generation noch nutzte man die Salinenfelder von Castro Marim intensiv. Heute sieht man nur hie und da, wie die Leute das Salz sackweise abtransportieren. Ansonsten liegt alles brach. Dabei fördert die Salzproduktion die Grundlage für die Symbiose von Mensch und Natur in diesem Raum. Die Salzpfannen (Salinen) bilden einen Teil des Naturparks »Reserva Natural do Sapal de Castro Marim«. Von der 2089 Hektar großen Fläche sind 66 % mit Wasser bedeckt – ein intaktes Habitat und Brutgebiet vieler Wasservögel und anderer Vogelarten. Viele Zugvögel suchen das Revier vor allem im Winter auf. Mindestens 153 Vogelspezies kommen vor, u. a. Flamingos, Störche, Schwarzstörche, Reiher, Säbelschnäbler oder Königsenten. Das Naturreservat bietet neben den Vogelarten 34 Mollusken-, 13 Reptilien-, 10 Fisch- und 11 Amphibienarten, 6 Schalen- und 13 Säugetierarten. Außerdem gedeihen hier 429 unterschiedliche Pflanzenarten.

Hunderte von Rittern aus Nordeuropa retteten sich daraufhin nach Portugal und bereicherten das Land kulturell und finanziell. Die Burg von Castro Marim wurde zum Hauptquartier des neuen Christusordens erhoben, dessen Kreuzzeichen später auf den Segeln aller Entdeckerschiffe prangte. In Castro Marim begann also seine Geschichte.

## Igreja Nossa Senhora dos Mártires

Die Fassade der großen Kirche der Mutter der Märtyrer ist von wunderbarer Schlichtheit. Fast ulkig sehen die beiden Türme aus: Einer ist rund, der andere viereckig. Die Igreja entstand im 14. Jahrhundert innerhalb der halbkreisförmigen Burgmauer und war seinerzeit das einzige Gotteshaus weit und breit. Im 16. Jahrhundert wurde sie ausgebaut und in der 2. Hälfte des 18. Jahrhunderts zur jetzigen Kirche renoviert. 1960 zerstörte ein Feuer Teile des Innenraums. Besonders die Kuppel und einige Heiligenbilder aus dem 16. Jahrhundert sind beachtenswert.

## Forte São Sebastião

Das Kastell wurde im 17. Jahrhundert zur Zeit der Restaurationskriege, also nach Wiedererreichen der Unabhängigkeit von Spanien, als Verstärkung der Hauptburg errichtet und hat einen sehr außergewöhnlichen, weil unregelmäßigen Grundriss mit fünf Schutzwehren.

Leider kann man das *forte* nur an den mittelalterlichen Tagen und zu besonderen Anlässen besichtigen. Die mittelalterlichen Tage »Dias Medievais« von Castro Marim wiederholen sich jährlich am letzten Augustwochenende. Die Zeit wird für vier Tage und vier Nächte ins Mittelalter zurückgedreht. Ritterspiele zu Fuß und zu Pferde, Rittermahle, Magie und Straßentheater verwandeln die Stadt. Ein Highlight sondergleichen!

**Oben:** Windmühlen zeugen von der Zeit, als viel Weizen angebaut wurde. **Mitte:** Im Umland von Castro Marim finden sich mehrere barocke Kirchen. **Unten:** »Sanctuários« nennt man die verbreiteten Pilgerkapellen, wie diese bei Castro Marim.

# Infos und Adressen

### INFORMATION

**Posto de Turismo Castro Marim.** Di–Sa 9–13 und 14–18 Uhr. Rua José Alves Moreira 2-4. Tel. 281 531 232.

### ESSEN UND TRINKEN

**Restaurante D. Rodrigo.** Da muss man schon suchen, aber es lohnt sich! Eines der besten Landgasthäuser der Algarve, etabliert im alten Bahnhof. Erstklassige Regionalküche. Guter Hauswein, super Service. Sonntags wird es brechend voll. Beim Dörfchen Aroeira hinter Altura. Tel. 281 956 505.

### SEHENSWÜRDIGKEITEN

**Burg von Castro Marim.** April bis Oktober 9–19 Uhr, November bis März 9–17 Uhr, Eintritt 1 €.

### WANDERN

Derzeit werden Wege angelegt und markiert. Drei *percursos* sind fertig:

**Sapal de Venta Moinhos.** Hauptsitz der Reserva, mitten im Naturschutzgebiet nahe der Ortschaft Monte Francisco, 6 km zu Fuß oder Rad, immer mit dem Rio Guadiana im Blick.

**Salinen.** Direkt bei Castro Marim – 2 km lang, man benötigt ca. 45 Minuten.

**Cerro do Bufo.** Von São Bartolomeu nach Castro Marim; insgesamt 10,5 km (davon 4,5 entlang der Straße (EN 125-1), ca 3 Std. zu Fuß.

Ein herrlicher Weg, aber bei Regen nicht möglich. Und es gibt kaum Schattenspender, darum unbedingt eine Kopfbedeckung mitnehmen!

Die Wege sind besonders für Vogelbeobachter die Anreise wert. Nicht vergessen: vorher über die Gezeiten informieren. Infos und Karten erhält man beim *Posto de Turismo* oder im Rathaus (*Câmara Municipal*), gleich bei der Kirche. Oder man wendet sich direkt an die Organisatoren, die Associação Odiana. Tel. 281 531 171, www.odiana.pt.

Blick auf die Burg und die Hauptkirche von Castro Marim.

Das Forte São Sebastião demonstriert Portugals Unabhängigkeit von Spanien.

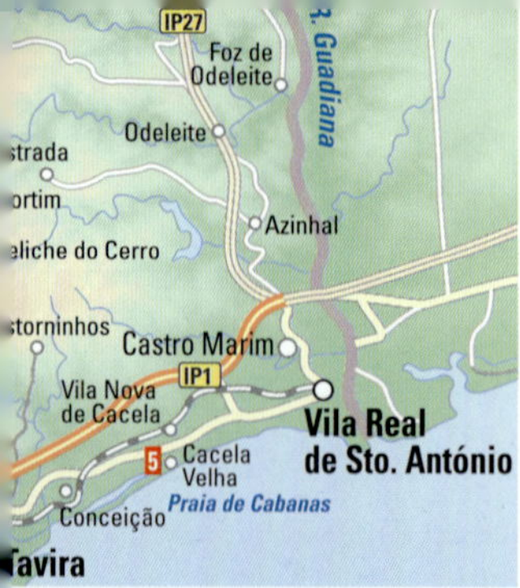

**Mitte:** Nahe Cacela Velha finden sich mit die schönsten Strände der Algarve.
**Unten:** Es gibt viele schöne und geheimnisvolle An- und Ausblicke zu entdecken.

# 5 Cacela Velha

## Wo die Zeit stehenbleibt

**Zur Zeit der Griechen war Cacela Velha ein wichtiger Hafen. Auch die Römer nutzten ihn. Sie hatten es auf den Abtransport von Fisch und Fischpastete abgesehen. Geschichte machte der von einer maurischen Wehrmauer geschützte Ort, als er im 13. Jahrhundert zurückerobert wurde. 1283 erhielt die Stadt ihren Freibrief und entwickelte sich zum Hauptort der weiten Umgebung. Noch im 18. Jahrhundert soll Cacela über 1000 Einwohner gehabt haben. Dann aber versandete die Mündung das Flüsschen Pedra Alva und damit die Einfahrt der Ria Formosa. Der Hafen war für immer blockiert. Schließlich zerstörte das Erdbeben im Jahr 1755 alle Mauerwerke. Heute hat der Ort nur noch knapp 100 Einwohner.**

Nach dem Erdbeben wurden die Stadtrechte an Vila Real de Santo António übertragen. Cacela Velha, der blühende Hafenort, schlief ein wie eine verlassene einsame Prinzessin. Verträumt und verschlafen wirkt der hübsche Ort mit den blau umrahmten Fenstern und Türen heute noch. Geblieben ist ihm die wahrhaft wunderschöne Lage auf einem Klippenfelsen. Man kann den Blick über die hier schmal auslaufende Ria Formosa, über Wasserläufe und Sandbänke schweifen lassen. Und es gibt Vogelschwärme zu beobachten.

## Sehenswertes

Die Hauptkirche Igreja Matriz stammt aus dem 13. Jahrhundert und hat als Erbe dieser Epoche ein gotisches Nebenportal aufzuweisen. Im 16. und im 18. Jahrhundert wurde sie von Schäden befreit und im jeweils zeitgenössischen Stil erweitert. Für Freunde portugiesischer Kirchenkunst ist dieses Gotteshaus aufgrund der Säulenhalle im Renaissance-Stil und zweier Christusfiguren aus dem 16. Jahrhundert sehenswert.

Die Festung hat mit der ursprünglichen Burg aus maurischen Zeiten nichts gemein. Sie wurde vor über 200 Jahren in polygonaler Form erbaut und wirkt in ihrer Position am Rande der Ria Formosa kulissenhaft romantisch. Wie der ganze Ort. Viele Besucher erachten ihn als einen der schönsten Portugals. Leider dient sie einer Polizeibrigade der militärischen Organisation GNR als Posten. Man kann sie also nicht besichtigen, sondern sieht nur die Soldatenpolizisten, die von hier aus mit dem Jeep auf Patrouille fahren.

## Umgebung

Wenn man von Vila Real de Santo António die EN 125 in Richtung Westen fährt, zeigt hinter Manta Rota ein recht unauffälliges braunes Schild den Namen »Fabrica« an. Man folgt der schmalen Asphaltstraße entlang blühender Oleanderbüsche und gelangt nicht zu einer Fabrik, sondern zu einem der schönsten Strände der Ostalgarve: Praia da Fábrica in der Nähe von Cacela Velha. Bei Ebbe kann man zur Sandbank hinübergehen, bei Flut hilft ein Fischer mit seinem Boot. Es gibt keine Stege, keine Fahnen, keinen Bademeister, dafür aber Strand ohne Ende. Übrigens kann man hier seine Hunde laufen lassen und niemand rümpft die Nase.

An der Mündung eines Flüsschens direkt unterhalb der Cacela-Burg kann man unglaublich viele Versteinerungen sehen – es ist eines der fossilienreichsten Flecken der Welt. Aber bitte nichts mitnehmen – das ist nämlich verboten!

Ein Fischerboot nahe der Stadt

## Infos und Adressen

### ESSEN UND TRINKEN

**Restaurant O Costa.** Das einfache Lokal ist umgeben von herrlicher Strandatmosphäre. Herrscht kein Höllenbetrieb, kann man hier prima essen, z. B. Seespinnen, Austern, Muscheln, gegrillte oder frittierte Gambas. Eintopf mit Aal (*ensopado de enguias*) sowie Schweinefleisch mit Muscheln (*carne alentejana*) sind Spezialitäten des Hauses. Ordentliche Weinkarte. Bei Cacela, Sitio da Fábrica, Tel. 281 951 467.

**Restaurante Casa da Igreja.** Mitten in Cacela Velha findet sich dieses schlichte, aber extrem populäre Restaurant. Von A–Z ist es gut. Mit einem tollen Brot fängt der Reigen an. Vorspeisen wie Käse, Wurst (*chouriço*) oder Schinken (*presunto*) sind rustikal und klasse. Feine Ria-Austern, angebratene Gambas vom Feinsten – hier wird nur mit den Fingern gegessen. Dorfmitte, Tel. 281 952 126. Von Juni bis September täglich geöffnet, Rest des Jahres nur an den Wochenenden.

### SEHENSWÜRDIGKEITEN

**Núcleo Histórico de Cacela Velha**
Mo–Fr 9–13 Uhr und 14–17 Uhr. Eintritt frei.

**Mitte:** Von der Burg gewinnt man die schönsten Panoramablicke auf Tavira.
**Unten:** Das Hauptmerkmal der Stadt ist natürlich der Rio.



# 6 Tavira Stadt

## Charme der Vergänglichkeit

**Über zwei Dutzend Gotteshäuser lassen sich in Tavira zählen. Ihre Türme sind aus dem Stadt- und Landschaftsbild nicht wegzudenken: Bauwerke mit pagodenhaften Dächern, Gassen, lauschige Plätze, Treppen, Brücken, hoch aufragende Bäume und pastellfarbige Spiegelungen im Fluss bestimmen das Bild von Tavira.**

Hauptmerkmale dieser alten Hafenstadt sind der von Ebbe und Flut bestimmte Rio Gilão und die Brücke, die die beiden Stadtteile links und rechts des Rios verbindet. Sie ist aus römischer Zeit und wurde nach dem Erdbeben wiedererrichtet. Gleich hinter dem Ortskern mündet der Rio in ein Netz aus Wasserläufen, die wie Venen die Stadt Tavira durchziehen.

## Stadtgeschichte

Im 7. Jahrhundert v. Chr. sollen sich hier Kelten des Stammes Tartessus niedergelassen haben, dem süwestlichsten Zielort ihrer Völkerwanderung. Daraus hat sich wohl auch der Ortsname entwickelt. Dann kamen die Phönizier und Karthager, schließlich die Römer, die den von Felsen und Strömungen unbehelligten Hafen sehr schätzten. Im nahen Dorf Santa Luzia fand man Überreste eines römischen Friedhofs und die einzigen griechischen Inschriften, die einen Hinweis auf eine griechische Kolonie im 4. Jahrhundert v. Chr. liefern. In der Folge der maritimen Entdeckungen entwickelte sich Tavira durch die Einfuhr eines beträchtlichen Teils der aus den Kolonien importierten Waren zum wichtigsten Hafen der Algarve. Im 16. Jahrhundert war aus dem Hafenstädtchen die Metropole der gesamten Algarve geworden.

Damals nahm sie jene Gesichtszüge an, die ihr heute noch zu eigen sind. Aus dieser Zeit stammt die Igreja da Misericórdia. Dann kam das Jahr 1645. Ankernde Seefahrer hatten die Pest an Bord. Über die Hälfte der Bevölkerung (damals schon etwa 12 000 Menschen) wurde angesteckt und starb. Unglück kommt selten allein: Jetzt versandete auch noch der Rio. Selbst bei Flut wurde die Hafenzufahrt unbrauchbar für große Gefährte. Schließlich das rabenschwarze Jahr 1755: Das größte Erdbeben Europas zerstörte am 1. November binnen weniger Sekunden auch in Tavira die meisten Gebäude. Die hübsche, unpompös reiche Stadt lag in Schutt und Asche. Davon erholte sie sich nie. Vom zerronnenen Reichtum und der prächtigen Vergangenheit zehren wehmütige Erinnerungen und mit ihnen ein ungebrochener Stolz, dem der bröckelnde Putz nichts anhaben kann. Nirgendwo an der Algarve läßt sich die vielzitierte *saudade* so hautnah und melancholisch erspüren wie in Tavira.

Heute erfreut sich Tavira durch den Tourismus eines neuen Aufschwungs. Er hat nicht die Züge und Begleiterscheinungen wie zum Beispiel in Albufeira; er ist lässiger und individuell ausgerichtet. Neue Großprojekte, wie das zu einem Luxushotel umfunktionierte Dörfchen für Thunfischer, das Vila Galé Albacora,oder neue Golfplätze bringen Zulauf, der glücklicherweise nicht flutartig über das Städtchen schwappt. Taviras Charme leidet nicht. Und weil der Küstenstrich vor der Haustür lange Strände bietet, verläuft sich der Betrieb zwischen Barril, Santa Luzia, Conceição und Cabanas.

## Sehenswertes

Gleich am Rio Gilão breitet sich das Herzstück des Städtchens aus: Der Praça da República und etwas südlich davon die ehemalige Markthalle (*mercado*),

AUTORENTIPP!

### NACKTBADEN AUF DER ILHA DE TAVIRA

Für Sonnenhungrige ist die fast zehn Kilometer lange Ilha de Tavira ein wahrer Segen. Hinüber kommt man mit einem Fährboot, das in Quatro Águas ablegt. Drüben angekommen, kann man am Atlantik oder an der Lagune entlangwandern, Muscheln sammeln, im Sand liegen und den Alltag abfallen lassen. Auch die Hüllen. Auf der Ilha findet sich einer der wenigen offiziellen Nacktbadestrände der Algarve. Obwohl man an keinem Strand die Dinge sehr genau nimmt. An Familienstränden sollte man aber das Nacktbaden unterlassen – sonst bekommt man Ärger mit den Vätern! Die Fähren legen von Quatro Águas das ganze Jahr über ab, in der Hochsaison ca. alle 20 Minuten, abends bis 24 Uhr, im Winter stündlich bis 17 Uhr. In der Hochsaison fährt eine Fähre von der Anlegestelle bei der alten Markthalle stündlich zur Insel, bis 20 Uhr. Die Abfahrtszeiten variieren. Man sollte sich an der Abfahrtsstelle über genaue Zeiten informieren. Für Eilige gibt es die Wassertaxis.

**Oben:** Eine der 26 Kirchen in Tavira. **Mitte:** Die ursprünglich römische Brücke verbindet Taviras Stadtteile. **Unten:** Zierlich und praktisch: Türgriff eines 18.-Jahrhundert-Gebäudes.

heute ein beliebter Treffpunkt mit Cafés, Restaurants und vielen Läden. Daneben überspannt die römische Brücke den Fluss. Hier gelangt man in den heimeligen Ostteil von Tavira. Den besten Überblick über Innenstadt und Umgebung gewinnt der Besucher von der Burg (*castelo*) im Westteil aus, zu der eine Gasse hochführt. Unterwegs passiert man eine der schönsten städtischen Kunstgalerien der Algarve: Palácio da Galeria. Ganz in der Nähe kommt man nicht umhin, vor dem Portal der Igreja da Misericórdia die Augen und Sinne zu öffnen, um einen einzigartig schönen Kirchenbau wahrzunehmen, der im Jahr 1541 begonnen wurde. Baumeister André Pilarte hatte zuvor das weltberühmte Mosteiro dos Jerónimos in Lissabon-Belém erbaut. Er arrangiert wunderbare manuelinische und klassizistische Elemente. Pilarte verwirklichte hier ein Glanzstück bildhauerischen Schaffens. Das Renaissanceportal zählt zu den bemerkenswertesten auf der gesamten Iberischen Halbinsel. Leider hat die Kirche nur noch eingeschränkten Zutritt.

Ein Stück weiter hügelan auf dem Weg zur ursprünglich maurischen Burganlage (ausgebaut von König Dinis zwischen 1261–1325) ragt die Kirche Santa Maria do Castelo dort auf, wo früher eine Moschee stand, später eine gotische Kirche. Nach dem Erdbeben wurde sie von dem berühmten italienischen Architekten Francisco Xavier Fabri wiedererbaut. Das gotische Portal mit seinen floralen Säulenkopfstücken ist ein Meisterwerk. Daneben finden sich eine Reihe weiterer gotischer Elemente in den Spitzbogenfenstern oder dem Wasserspeier. Das Kircheninnere mit seinen drei Schiffen birgt an der linken Wand der Hauptkapelle das Grab jener sieben Ritter des Santiago-Ordens, die von maurischen Soldaten meuchlings ermordet wurden; unter ihnen auch der Großmeister des Ordens, Paio Peres Correia. Im spanischen Kloster

# Kirchen, Kirchen ... und ein Markt

**A Posto de Turismo Tavira.** Praça do Município 5. Hier beginnt unser Rundgang durch Tavira.

**B Castelo de Tavira.** Der Burggarten breitet sich am oberen Ende der Calçada da Galeria aus. Vom *castelo* überblickt man die ganze Stadt. Deutlich erkennt man die Stadtmauern, die den kleinen historischen Kern umschließen. Täglich 9–17 Uhr. Eintritt frei.

**C Igreja de São Sebastião.** Calçada de Paio Peres Correia. Der Originalbau der Kirche stammt aus dem 13. Jahrhundert. Heute beeindruckt vor allem die schlichte Fassade. Di–Sa 10–12.30 Uhr und 14–17.30 Uhr.

**D Igreja de Santa Maria do Costelo.** Beim Wasserturm, Calçada de Dona Ana. Taviras prächtige Hauptkirche, auf den Ruinen der ehemaligen Moschee erbaut, befindet sich nur einen Steinwurf vom *castelo* und dem Convento Nossa Senhora da Graça entfernt. Mo–Fr 10–17 Uhr, Sa 10–13 Uhr. Mit Museum für sakrale Kunst Eintritt 1,50 €.

**E Convento Nossa Senhora da Graça.** Das Kloster befindet sich schräg gegenüber der Igreja Santa Maria do Costelo und beherbergt heute die elegante Pousada do Convento da Graça.

**F Igreja da Misericórdia.** Largo da Misericórdia. Gleich hinter dem Rathaus gelangt man zu dieser 1541 erbauten Renaissance-Kirche. Sie ist zurzeit geschlossen. Ihre manuelinische Fassade kann man dennoch bewundern.

**G Praça da República und Rathaus.** Direkt an der Römischen Brücke gelegen, an der Praça da República, lassen sich am Rathaus prächtige Arkaden aus spätmittelalterlicher Zeit entdecken.

**H Mercado da Ribeira.** Wer den benachbarten Stadtgarten durchquert, gelangt an seinem Ende zum Mercado da Ribeira. In der ehemaligen Markthalle endet unser Rundgang mit einer Belohnung in einem der zahlreichen Cafés und Restaurants. Hinter der Halle warten Wassertaxis auf Fahrgäste für Rundfahrten.

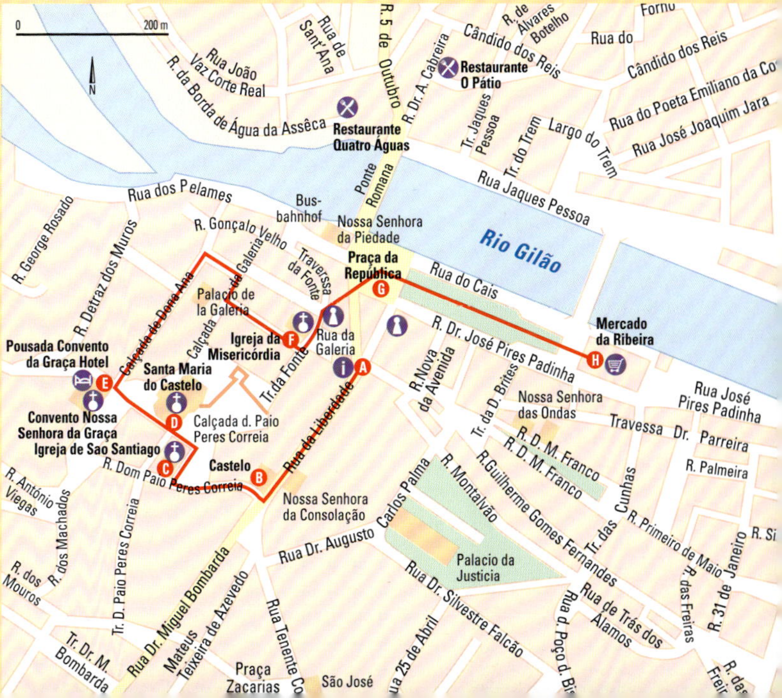

Der Rio Gilão durchfließt Tavira. Als er versandete, lag der wichtigste Hafen der Algarve brach.

AUTORENTIPP!

**PALÁCIO DA GALERIA UND MUSEU DE TAVIRA**

Die Galerie ist ein wahrer Kulturpalast und eines der schönsten nicht-kirchlichen Bauwerke der Stadt. Es wurde wahrscheinlich im Jahr 1569 erbaut, eine Zeit, in der Tavira boomte. Das gesamte Bauwerk ist von anmutiger Harmonie gezeichnet – das ideale Umfeld für eine Kulturinstitution, in welcher ambitionierte Ausstellungen, Kurse, Workshops und Konzerte (vor allem Jazz) organisiert werden. Dem Palast ist das interessante Museu de Tavira angegliedert; das Stadtmuseum aht sogar eine eigene Abteilung für achäologische Funde aus dem Umland der Stadt.

**Museu Municipal de Tavira**
Palácio da Galeria, geöffnet Di–Sa 10–12.30 Uhr und 14–17.30 Uhr, im Sommer bis 18.30 Uhr, Eintritt 2 €.

Santa Maria de Tentúdia gibt es jedoch eine weitere Grabstätte dieses legendären Ritter-Führers. Niemand weiß, wo er wirklich begraben liegt.

## Fahrt mit der Bimmelbahn

Luz de Tavira ist ein eher unbedeutender Flecken an der Küstenstraße EN 125, westlich vor Tavira. Doch wie in vielen kleinen Orten an der Algarve findet man auch hier liebevoll gepflegte Schmuckstücke am Wegesrand. Dem Schild »Pedras d'el Rei« folgen. Hinter einer Pontonbrücke dampft eine schwarze Lokomotive. Die Fahrt in den knallrot lackierten offenen Waggons kostet 1 €. Die 2 km lange Strecke führt teils über einen Steg, teils durch das Dünengelände der Ilha de Tavira. Am Ziel ragen flache verlassene Gebäude auf. Bis in die 1970er-Jahre lebten hier Thunfischer (zu einem Team gehörten über 100 Mann!). Die im Sand vor sich hin rostenden Anker bilden eines der meistfotografierten Motive der Algarve.

# Infos und Adressen

## INFORMATION

**Posto de Turismo Tavira.** Rua da Galeria 9, geöffnet Fr–Sa 9–18 Uhr und Di–Do 9–18 Uhr, Tel. 281 322 511.

## ESSEN UND TRINKEN

**Restaurante Aquasul.** Abwechslungsreiche Küche von hoher Qualität bei normalen Preisen. Gute vegetarische Gerichte! Rua Dr. Augusto Silva Carvalho 11, Tel. 281 325 166.

**Restaurante Quatro Águas.** Das Restaurant befindet sich in der Nähe der Anlegestelle für die Fähre zur Ilha de Tavira. Der bekannte Koch Amilcar hat viele Stammgäste. Kein Wunder, bringen ihm doch die Fischer frischeste Beute, auch wilde Austern. Sítio das Quatro Águas, Tel. 281 325 329.

## ÜBERNACHTEN

**Residencial Mares.** Saubere Pension in einer gediegenen Stadtvilla gleich hinter dem Markt und direkt am Rio gelegen. Für Romantiker und Menschen, die Tavira entdecken wollen, eine gute Adresse. Rua José Pires Padinha, 134/140, Tel. 217 616 226.

Schmucke Häuser in Tavira.

Rund um die ehemalige Markthalle pulsiert Taviras behagliches Leben.

**Pousada do Convento da Graça.** Die *pousada* befindet sich im Kloster von Santo Agostinho, das von König Sebastião um 1569 gegründet wurde. Sie wurde ganz ausgezeichnet renoviert! Das Hotel ist elegant, hat 36 Zimmer, Außenpools und ein Restaurant. Rua D. Paio Peres Correia, Tel. 281 329 040, www.pousadas.pt

## KUNST UND KULTUR

In Tavira finden zahlreiche kulturelle Veranstaltungen statt. Am besten, man holt sich im Turismo-Büro die monatlich erscheinende kostenlose Broschüre *Agenda* – da steht fast alles drin.

Blick auf die Kirche Santa Maria im Burggelände.

Die römische Brücke von Tavira, eine der am meisten fotografierten Motive der Algarve.

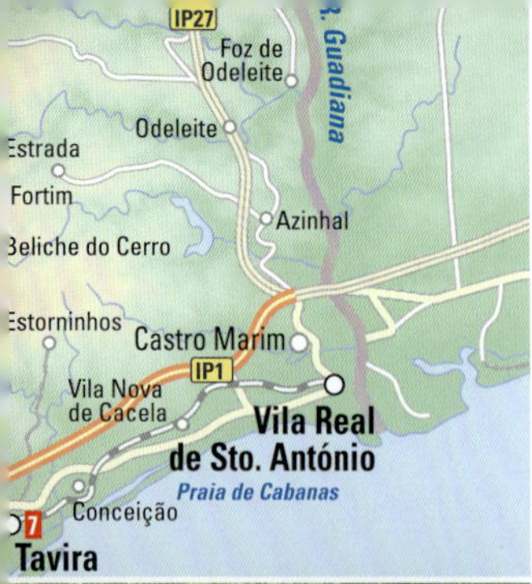

**Mitte:** Der natürliche Pool bei Pego do Inferno lädt zum Baden ein.
**Unten:** Strandgänger genießen die Einsamkeit auf der Ilha de Tavira.



# 7 Taviras Umgebung
## Salinenlandschaft

**Der Strand und die Küste machen Tavira für Besucher sehr attraktiv. Das Hinterland von Tavira findet deshalb nicht so viel Beachtung. Das hat es aber verdient. Auffällig ist die Dreigestaltung der Landschaft: Hinter der Küste breitet sich der Gürtel des Agrarlandes aus, das Barrocal. Weiter nördlich beginnen die schier unendlichen Waldgebiete der Serra do Caldeirão, die von Hügeln durchzogen sind.**

Das Barrocal, größtenteils vom Massentourismus verschont geblieben, ist ein verkarstetes Kalkgebirge, dünn besiedelt und von Landwirtschaft geprägt. Es liegt etwa 20 km nördlich von Albufeira. Man erreicht es über kleine Landstraßen, die sich serpentinenartig durch die Landschaft winden.

## Salzlandschaft

Das Flor de Sal aus der Algarve soll das weltbeste sein. Zahlreiche Salinen finden sich beim Wandern und Biken längs der Ecovia (siehe Seite 62). Salzgärten sind auch der Lebensraum von vielen seltenen Tier- und Pflanzenarten. Genau so, wie man das Salz heute noch in der Algarve gewinnt, so schöpften es schon die Phönizier. Es ist eine schwere Arbeit. Die Salzblüten, die sich an der Wasseroberfläche der Kristallisationsbecken bilden, werden von Hand vorsichtig abgeschöpft. Bei Wind und Feuchtigkeit sinken sie auf den Boden und am Abend kann Staub auf ihnen liegen – also wird frühmorgens geschuftet. Die Kooperative »Tradisal« fördert neuerdings den Beruf des Salzgärtners, des *salineiro*, mit europäischen Geldmitteln. Die künftigen Salzgärtner üben zuerst die Meersalzernte per Hand.

## Pego do Inferno

Wer lieber süßes Wasser genießen will, sollte zum Pego do Inferno fahren. Im Tal des Rio Gilão – er heißt ab dem Ortsrand von Tavira Rio Séqua – gelangt man nach 8 km zu einem Wasserfall mit großem Teich. Zum Schwimmen ist er bestens geeignet. Er ist ein Eldorado für Kinder und Jugendliche, die an Seilen und Lianen übers Wasser schweben und sich mit lautem Aufschrei fallen lassen. Ruhe ist hier nicht angesagt. Ausgelassene Laune umso mehr. Schöne Picknickplätze mit Bänken und Tischen gibt es am Weg zum Pego do Inferno. In sehr heißen Jahren kann es vorkommen, dass der Rio nur noch kärglich oder gar nicht fließt, dann lohnt sich die Anfahrt nicht. Von Juli bis September vorher beim Turismo in Tavira nachfragen.

## Lehm aus Santa Catarina

Ein gutes Stück landeinwärts, an der Straße von São Brás de Alportel nach Tavira, liegt Santa Catarina da Fonte do Bispo. Hier ist die Erde zinnoberrot. Tiefrot ist auch die Glut in den verrußten Öfen, in welchen Lehm gebacken wird. Früher gab es in diesem Ort über zwanzig Manufakturen, die meisten davon haben geschlossen. Es fehlte nicht an Aufträgen, sondern an Personal. Die jungen Leute wollten die Schwerstarbeit nicht mehr machen. Jeder Lehmziegel wird von Hand geformt, dann mit einer raschen Handbewegung mit Kreide bestrichen, die beim Brennen ein Streifenmuster hinterlässt. Die Fliesen werden zum Trocknen aufgeschichtet, später im Brennofen gestapelt. Im Ofen müssen konstant 1000 °C eingehalten werden. Und das 30 Stunden lang, Tag und Nacht. Kaum sind die Fliesen fertig, werden sie abgeholt. Denn zum Renovieren alter Häuser und auch für schicke neue Villen sind die Dachpfannen und Backsteinfliesen aus Santa Catarina immer noch das beliebteste Material.

## Infos und Adressen

### ÜBERNACHTEN

**Parque dos Mineiros.** Hier kann man auch übernachten. Dank der herrlich ländlichen Lage ist dies nicht zuletzt für Wanderer ein idealer Ausgangspunkt, um die dünnbesiedelte Umgebung zu erkunden. Es gibt 3 Doppelzimmer mit Bad. Tel. 289 999 229, minacova mouros.sitepac.pt

**Quinta Por Do Sol Hotel.** Die gute Lage, engagierte und freundliche Mitarbeiter und erstklassige Einrichtungen machen dieses Hotel so beliebt. Arroteia de Baixo, Tavira, Tel: 281 321 811.

### ESSEN UND TRINKEN

**Mesa do Cume.** Die Küche ist portugiesisch mit mediterranem und orientalischem Einfluss. Einfach köstlich der gebackene Camembert mit Feigen! Im Winter nur mittags bis 16 Uhr geöffnet, sonst bis abends. Mo und Di geschlossen. Alcaria do Cume 814-Z, Tavira, Tel. 912 725 745, www.mesadocume.net

**Marisqueira Fialho.** Eine Kneipe, in der es jeden Mittag einen guten und preiswerten Tagesteller gibt. Das Lokal liegt direkt am Küstenweg Ecovia beim Dorf Pinheiro zwischen Luz de Tavira und Livramento. Di–So 11–15 Uhr, 19–22 Uhr, Mo geschlossen, Sítio do Pinheiro, Tavira. Tel. 281 961 222.

**Restaurante Cantinho da Serra.** Im Dorf Bem Parece bei Santa Catarina findet sich dieses urig-gemütliche Lokal, das schmackhafte rustikale Serra-Gerichte auftischt wie Fasan, Kaninchen oder Wildschein. Santa Catarina da Fonte Bispo, Porto Carvalhoso, Tel. 281 971 557, Mo geschlossen.

**Mitte:** Das Salz aus der Algarve soll das weltbeste sein.
**Unten:** Bei Wanderungen auf der Ecovia gelangt man zu traditionell angelegten Salinen, wie hier bei Tavira.



# 8 Salzernte

## Das weiße Gold der Algarve

**Die Phönizier wussten, wie man das Salz an der Algarveküste so schöpft, dass es unvergesslich gut schmeckt. Salz war so kostbar, dass die Phönizier es als Währung gewährten. An der Ria Formosa, am Rio Arade und an der Ria do Alvor schöpften sie fleißig. Am wichtigsten war ihnen aber das Salz von den Salinen Sapal de Castro Marim und Tavira.**

Flor de Sal ist ein Meersalz. Im Meersalz sind neben Natriumchlorid auch noch geringe Mengen von anderen Stoffen enthalten, unter anderem Salze von Kalium, Magnesium und Mangan. Nicht nur gesund ist es, sondern auch noch lecker. Feinschmecker und Spitzenköche schätzen die feine Textur und den ausbalancierten Geschmack dieses edelsten aller Meersalze, das sich zwischen den Fingern gut zerreiben lässt. Kombiniert mit einem edlen Olivenöl und frischem Brot kommt es besonders zur Geltung.

Das Salz der Algarve gilt wegen seiner vielen Mineralien und Spurenelemente als eines der Besten weltweit. Flor de Sal, zu deutsch Salzblüte, heißen die zarten Kristalle, die sich bei Windstille oben auf der Sole absetzen. Schon wenige Stunden nach ihrer Entstehung wird diese erste Salzschicht mit speziellen Sieben, den *borboletas*, abgeschöpft und an der Sonne getrocknet.

## Salzernte

Der Zyklus beginnt meist im Mai: Regenwasser wird von den Salinenfeldern abgelassen. Heutzutage geschieht das mit Pumpen, früher durch natürliches Gefälle. Dann arbeitet die Sonne zwei bis drei Wochen lang und »bäckt« die Salinen. Nun wird Meerwasser zugelassen und füllt ein Salinenfeld nach dem anderen. Dann werden die Kanäle verschlossen und in der Frühsommersonne beginnt die Verdunstung. Hat das Wasser anfänglich 36 Gramm Salz pro Liter, so steigt der Anteil nun auf 220 Gramm. Jetzt wird die Sole über Kanäle in kleinere Kristallisationsbecken (man nennt sie *talhos* oder *marinhas*) eingelassen. Der Salzgehalt steigt auf bis zu 270 Gramm pro Liter. Das ist der maximale Sättigungsgrad. Die entstehenden Kristalle fallen auf den Boden. Das entstandene Salz wird von Hand mit breiten Rechen abgeschöpft, nochmals hin- und hergezogen, um es zu spülen, und schließlich am Rand des Beckens aufgehäuft, wo es durchtrocknet. Anschließend wird neues Meerwasser zugelassen. Der Prozess wiederholt sich bis etwa Mitte September.

## Flor de Sal

In jüngster Zeit haben Flor-de-Sal-Produkte aus der Algarve in aller Welt höchste Auszeichnungen erhalten. Man kann sich das Salz auch zuschicken lassen. Es wird zum Teil in hübsche Terracotta-Gefäße verpackt.

Die Autoren des berühmten Kochbuchs *Fische der Algarve* Nico Böer und Andrea Siebert betreiben ihre eigene Saline. Man kann die Saline auch besuchen und sich alles zeigen lassen. Die Biologin und PR-Fachfrau Andrea Siebert, wanderte 2001 nach Portugal aus. Sie kümmert sich um die Salzernte und die weitere Buchproduktion. Interessenten führt sie gern durch ihre Saline in der Nähe von Fuzeta. Auch das Buch ist ein Muss für alle Koch- und Meerestierbegeisterten. Es werden alle Fische und Krustentiere der Algarve vorgestellt und man erhält wertvolle Tipps für die Verarbeitung!

## Infos und Adressen

### INFORMATION

Das Flor de Sal der Algarve hat höchste Auszeichnungen erhalten. Man kann Salinen besuchen oder sich das Salz zuschicken lassen.

**Marisol von Nico Böer und Andrea Siebert.** Zona Industrial, Lote 162, Rua 19, Olhão. Tel. 289 793 601, www.marisol.de

**Quinta das Atalaias - Tradições e Aromas Gourmet.** Hier werden neben Flor de Sal auch Liköre, Kompott, Schokolade, Bio-Tees produziert. Rua D. Francisco Almeida 72, Monte Gordo. Tel. 281 957 053, www.quintadasatalaias.com.

**Jacinto Palma Dia.** Diese Farm hat sich dem Ökotourismus verschrieben und produziert auch selbst Bio-Joghurt und Käse. Horta Dona Maria Apartado 12, Castro Marim, Tel. 281 531 877, www.quinta-dafornalha.com

**Rui Neves Dias.** Diese Saline befindet sich im Nationalpark Ria Formosa. Rua 4 Outubro 15, Tavira, rui.simeao@portugalmail.com, Tel. 965 807 303.

**Terras De Sal.** Rua Dr. José Alves Moreira, s/n Apartado Castro Marim, Tel. 281 531 467, www.terras desal.com

### ÜBERNACHTEN

**Casa Flor de Sal.** Das 250 Jahre alte Landgut liegt mitten im Naturschutzgebiet der Ria Formosa. Hier lässt es sich herrlich faulenzen oder die Ria mit ihrer einzigartigen Vielfalt an Flora und Fauna erkunden. Drei Cottages sind zu vermieten, alle in der Hand freundlicher dänischer Besitzer. Bias do Sul, Moncarapacho, Tel. 915 857 029, www.casaflor desal.com

**Mitte:** Die renovierten Markthallen sind Olhãos Merkmale.
**Unten:** Gleich hinter dem Markt beginnt die wunderschöne Altstadt von Olhão.



# 9 Olhão
## Typische Fischerstadt

**Die beiden Markthallen am Kai sind das Wahrzeichen von Olhão. Die backsteinroten Hallen erhielten nach ihrer Renovierung vor wenigen Jahren den alten Glanz zurück. Eine davon dient allein dem Verkauf von Fisch. Kein Wunder: Olhão ist Heimathafen der größten Fischfangflotte an Portugals Südküste. Von Fisch und Fischern ist die ganze Stadt bestimmt. Und von der Ria Formosa. Hinter den Markthallen glänzt die Lagune im Sonnenlicht.**

Die Kreisstadt Olhão liegt 10 km östlich von Faro. Vom offenen Meer ist sie durch die vorgelagerten Inseln Culatra und Armona geschützt, die zusammen mit anderen Inseln einen über 60 km langen Dünengürtel bilden. Dieser trennt das Haffland der Ria Formosa vom offenen Atlantik ab und füllt und entleert sich mit Ebbe und Flut zweimal täglich durch einige wenige Öffnungen zum Meer. Lässt man sich in Olhão gleich bei den Markthallen und der Uferpromenade der Avenida 5 de Outubro in einem Gewirr aus holprigen Kopfsteinpflastergassen und Plätzen treiben, taucht man in das nicht-touristische, alltägliche Leben ein. Hier leben 18 000 Menschen. Für den Beobachter birgt das unhektische Treiben in diesem Ort ein Leben voll wundersamer Details an allen Ecken und Enden. So manches Geschäft hat gezimmerte Ladeneinrichtungen, die auf ein halbes Jahrhundert Existenz zurückblicken können. Einige Restaurants gibt es ebenfalls seit Jahrzehnten.

## Überblick über die Stadt

Den besten Überblick über Olhão gewinnt man vom Turm der Kirche Igreja Matriz de Nossa

Senhora do Rosário. Innen hat sie einen prunkvollen Altar, und auch die Fassade mit den sechs Fenstern ist imposant. Einige Bauten, wie die Igreja Matriz, sind besonders gelungene architektonische Werke. Hier sollte man die an der Rückwand befindliche Fischerkapelle Capela do Senhor dos Aflitos aufsuchen, wo zu jeder Tages- und Nachtzeit die Frauen von Fischern Gelübde und Opferkerzen aufstellen, sobald ihre Männer in See stechen. Vom Dach der Kirche aus kann man weit auf die Ria Formosa und das Meer hinausblicken und eintreffende Boote sichten.

Olhãos weiß getünchte Fischerhäuser haben flache Dächer (*açoteias*); sie dienen dem Sammeln des Regenwassers und dem Trocknen der Netze. Durch diese kubische Stadtarchitektur fühlt man sich nach Marokko versetzt. Maler können sich nicht satt sehen an der würfelhaften Häusermasse.

## Fischmärkte

Olhão ist ein Schlemmerparadies. Viele Leute kommen aus der ganzen Provinz angereist, um auf dem Fischmarkt ihre Fischvorräte aufzufüllen. Wer Schalentiere und Muscheln kaufen will, wird außerdem an den Ständen rund um die Fischhalle fündig, gleich neben einer *tasca*, einer Snack-Bar, oder einem der zahlreichen kleinen Restaurants. Obwohl sie alle im Rahmen der Restaurierungsarbeiten neu erbaut sind, haben sie schon nach wenigen Jahren gemütliche Patina angelegt und sind von einer authentischen Stimmung geprägt, die sich wohltuend von den gesichtslosen Kneipen der großen Touristenorte unterscheidet.

1892 öffnete die erste Konservenfabrik. Nun wurde Olhão richtig reich. 40 Jahre später gab es 37 Fabriken, wo Frauen die in Öl eingelegten Sardinen und Thunfische eindosten. Davon sind nur

**Oben:** Mitten in der Altstadt erhebt sich die hübsche Igreja Matriz.
**Unten:** Fischkutter an der Kaimauer bei den Markthallen.

**Oben:** Idyllisch im Hinterland von Olhão gelegen: die Quinta dos Poetas.
**Mitte:** Beim Jachthafen von Olhão prangt das neue, imposante Real Marina Hotel & Spa.
**Unten:** Die Pracht des 18. Jahrhunderts zeigt sich im Stadtbild.

zwei übrig geblieben, wobei eine ihre Produkte unter dem viel versprechenden biblischen Namen Manná offeriert.

## Festival de Marisco

Seit 25 Jahren lockt das populärste Meeresfrüchte-Festival der Algarve über 60 000 Menschen in den Tagen vom 10.–15. August an. Für die Liebhaber der Meeresfrüchte wird Olhão dann zum Mekka. Kenner schwören auf die besondere Zubereitung, z. B. von Austern oder Langusten. Zum Rahmenprogramm des Festivals zählen Ausstellungen für Kunsthandwerk. Verschiedene Musik-Events machen die Nacht zum Tag.

## Fischerdorf Fuzeta

Olhão hat neben der Fischerstadt selbst noch einige andere Leckerbissen zu bieten. Das Fischerdorf Fuzeta zum Beispiel. Bereits vor Jahrhunderten wurde Fuzeta von Fischern besiedelt. Erste schriftliche Hinweise gibt es seit 1572. Vor einigen Jahren wurde die Hafengegend modernisiert. Touristen

### MAL EHRLICH

**WARUM VERSCHWEIGEN?**

Beim Erkunden der Algarve stellt man fest, dass es ungemein viel zu sehen gibt – auch kleine Sachen, nicht nur die bekannten Bauwerke, Brücken, Burgen, Kirchen etc. Oft will man wissen, um welche Baumart es sich handelt, wenn da ein Riesenbaum aufragt. Oder man fragt sich, warum an einer Stelle an die 50 Riesenanker liegen. Kleine Hinweistafeln, in Portugiesisch und Englisch, wären hilfreich. Leider ist die Politik der in Portugal sehr mächtigen Rathäuser so mit sich selbst beschäftigt, dass sie nicht genügend an die praktischen Interessen der Besucher denken.

erfreuen sich über eine großzügige Strandpromenade. Der Uferhafen ist urgemütlich. Zu Hunderten stapeln sich dort die Amphoren für den Fang von Tentakeln neben bunten Booten. Fischer halten im Windschatten oder neben einer Palme ein Nickerchen, Hunde und Katzen suchen nach Fressbarem. Hier gibt es einige gute und preiswerte Restaurants, die Stimmung ist etwas verschworen darauf, dass man mit dem Massentourismus nichts zu tun haben will.

## Chalet des Poeten João Lúcio

In der Nähe vom Campingplatz und dem Zentrum des Ria-Formosa-Parks findet sich das höchst eigenwillige Chalet. In Englisch würde man sagen: ein *folley*, ein exzentrisches Schlösschen. Es gehörte dem reichen Großgrundbesitzer João Lúcio (1880–1918), der sich einen Namen als Advokat und schwärmerischer Dichter machte. Zusammen mit der Quinta da Regaleira in Sintra bei Lissabon ist das Chalet das einzige Bauwerk Portugals, das man der Gattung *arquitectura simbolista*, der symbolistischen Architektur zurechnet. Hier finden kulturelle Veranstaltungen statt. Leider macht alles einen etwas heruntergekommenen Eindruck.

## Schifffahrten in der Ria Formosa

Weil immer mehr Besucher der Algarve großes Interesse am gigantischen Ökosystem der Ria Formosa haben, werden immer häufiger Boots- und Schiffstouren in der Ria angeboten. Interessante Punkte, wie eine Gezeitenmühle oder römische Ausgrabungen, werden angefahren. Eines steht fest: die Faszination der Ria Formosa lässt sich erst auf dem Wasser so richtig intensiv erleben. Touren starten von Olhão, aber auch von Tavira und Faro. Man sollte sich so eine Bootsfahrt also nicht entgehen lassen.

AUTORENTIPP!

**MIT DER BAHN IN DIE STADT**

Die Algarve-Linie führt von Vila Real de Santo António im Osten über Tunes in der Mitte bis nach Lagos im Westen der Region. Die Fahrt ist etwas für Romantiker, die gern Bahn fahren. In der algarvischen Welt lässt sich so die untouristische »Rückseite« einer von Bauern und Fischern geprägten Provinz erkunden. Das macht die Fahrt umso interessanter. In manchen Städten gelangt man mitten ins Zentrum wie in Olhão, Faro, Tavira, Portimão oder Lagos. Will man weiter nach Lissabon fahren, muss man in Tunes nördlich von Albufeira in den IC oder den Alfa-Pendular-Schnellzug umsteigen. Der zweimal täglich verkehrende Alfa Pendular benötigt von Faro nach Lissabon drei Stunden und kostet ca 25 € (unbedingt am Vortag buchen). Fahrpläne und Preise erfährt man in den *Turismo*-Büros oder direkt am Bahnhof. www.cp.pt

Der Fischerhafen von Olhão.

*Autorentipp!*

**SAMSTAG IST MARKTTAG**

An Samstagen wird Obst und Gemüse auch von Ständen verkauft, die an der Rückseite der Markthallen und direkt an der Kaimauer stehen. Da flanieren Hunderte von Menschen auf der Suche nach den prallsten Tomaten und Kohlköpfen, Kartoffeln und Süßkartoffeln umher. Da sitzen in einer Kneipe ein paar alte Herren in kostbarer Lederkleidung und hängen mit ihren Augen nicht an den hübschen Frauen, sondern an ihren gleich nebenan abgestellten Harley-Davidson-Maschinen. Alte Damen betasten jedes Stück Gemüse, das sie kaufen wollen, Hunde sausen umher auf der Suche nach einem leckeren Happen. Touristen bevölkern die Cafés zwischen den Markthallen. Freunde des Samstagsmarkts kommen aus der ganzen Algarve angefahren, um die Stunden am Kai zu genießen und anschließend in einem der Restaurants an der Avenida zu schlemmen. Nachmachen lohnt sich!

Leckere Würste aus dem Hinterland. Der Oberbegriff lautet *Enchidos*.



## Moncarapacho

Diesen Ort halten viele für einen der typischsten Orte der Algarve. Mit Dachterrassenblick über das landwirtschaftliche Anbaugebiet des Barrocal auf einem Hügel gelegen, bietet er viele Exemplare bürgerlicher und repräsentativer Stadtarchitektur. Hier kann man die berühmten Schornsteine der Algarve fotografieren. Und wer verkachelte Häuser mit wunderbaren Stuckornamenten sucht, auch die finden sich in Moncarapacho.

Die ursprünglich romanisch-gotische Hauptkirche zeigt in ihrem im 16. Jahrhundert erneuerten Portal eines der schönsten Zeugnisse der Renaissance-Architektur in der Algarve. Unbedingt sehenswert ist die Kapelle Ermida de Santo Cristo mit dem zugehörigen Museu Parroquial. Eine neapolitanische Krippe aus dem 18. Jahrhundert besteht aus 45 Figuren, teils aus Holz, teils aus gebranntem Ton gearbeitet. Die Kapelle hat einen Altaraufsatz in manieristischem Stil mit drei faszinierend schönen Gemälden (*Paixão de Cristo*).

Auch Einsiedeleien gibt es rund um Moncarapacho einige, wie Pé da Cruz, São Francisco oder São Miguel auf dem gleichnamigen, höchsten Berg der Ostalgarve (411 m). Von oben hat man einen grandiosen Rundblick auf die Küste bis hin zur Serra de Monchique im Westen und der Mündung des Rio Guadiana im Osten.

Grotten, wie jene beim Aussichtspunkt Cerro da Cabeça gelegen, sind nur Höhlenforschern mit Genehmigung zugänglich. Genehmigungen braucht man ansonsten keine einzige, um Olhãos fast ruppigen Charme zu entdecken und zu genießen. Man braucht nur Zeit und die Bereitschaft zu beobachten und zu erleben.

# Infos und Adressen

## INFORMATION

**Posto de Turismo Olhão.** Largo Sebastião Martins Mestre 6A. Geöffnet Di–Do 9–18 Uhr und Fr–Mo 9–13 und 14–18 Uhr, Tel. 289 713 936.

## ESSEN UND TRINKEN

An der Uferpromenade Avenida 5 de Outubro finden sich zahllose typische Fischrestaurants, in denen man gut und preiswert essen kann.

**Restaurante O Livramento.** Ein typisches Meeresfrüchte-Lokal, sehr freundlicher Service, guter Hauswein, preiswert. Avenida 5 de Outubro 160, Tel. 289 706 763.

**Vai e Volta.** Schon der Hinweg in die Altstadt ist schön. Hier kann man »frischen Fisch essen so viel man will«, urig, gut, preiswert! Largo de Gremio 2,Tel. 968 027 525.

Gepflegt essen und trinken.

## ÜBERNACHTEN

**Quinta dos Poetas.** Beim Dorf Pechão 10 km außerhalb von Olhão in einem schönen ruralen Umfeld gelegen, mit Blick aufs Meer. DZ ab 35 €. Sítio Arretorta, Pechão, Tel. 282 990 990, www.quintadospoetas.com

**Real Marina Hotel & Spa.** Modernes Luxushotel direkt am Hafen von Olhão mit 144 Zimmern. Mit Spa, Pools, Restaurants, Bars, Game-Room, Konferenzräume. Nicht unbedingt für Familien mit Kindern geeignet. Avenida 5 de Outubro, Tel. 289 091 300, www.realhotelsgroup.com

Wohnen im Luxushotel Real Marina Hotel & Spa.

## EINKAUFEN

**Mercado de Olhão.** Hier findet man gleich zwei Markthallen – in der einen gibt es Fisch, in der anderen Fleisch und Gemüse. Geöffnet Di–Sa 7–13 Uhr.

## SEHENSWÜRDIGKEITEN

**Kirche Igreja Matriz/Nossa Senhora do Rosário.** Praça da Restauração. Mit Turm der Kirche (Eintritt 1 €) und Museum christlicher Kunst (Eintritt 1,50 €). Mo–So 9–12.30 und 15–17 Uhr geöffnet.

**Ermida de Santo Cristo/Museu Paroquial de Moncarapacho.** Geöffnet Mo–Fr 11–17 Uhr.

## AKTIVITÄTEN

**Bootsausflüge in der Ria Formosa.** Die erfahrenen Kapitäne Silvia Padinha, Tel. 917 761 261, und P. Guerreiro, Tel. 917 634 813, nehmen Besucher mit auf anerkannt gute Touren.

**Mitte:** Die Ria Formosa bietet Ruhe und Naturerlebnisse, z. B. auf der Ilha Armona.
**Unten:** Besonders für Vogelbeobachter ist die Ria Formosa ein perfektes Ausflugsziel.



# 10 Ria Formosa und die Inseln

## Lagunenlandschaft

**Eine 60 km lange Dünenkette schirmt die Ria Formosa vom Atlantik ab und verwandelt das gesamte Gebiet in eine faszinierend schöne Lagunenlandschaft. Schon beim Anflug auf Faro gerät man beim Blick auf das verästelte Netz aus Wasserläufen ins Staunen. Die nahrungsreiche Lagune ist eines der wichtigsten Anflugorte für Wandervögel auf dem Weg von und nach Afrika. Auch für rare Spezies ist sie ein Überwinterungs- und Brutgebiet. Eine wunderschöne Region für Vogelbeobachter und Naturliebhaber.**

Die Ria Formosa ist in der angesehenen Ramsar-Konvention aufgelistet und gehört zu den Natura-2000-Gebieten. Das bedeutet, dass in diesem Gebiet der Naturschutz Vorrang vor wirtschaftlichen Interessen wie Landwirtschaft, Fischaufzucht, Tourismus oder Wohngebieten hat.

### MAL EHRLICH

#### UNBEKANNTES NATURSCHUTZGEBIET

Die Ria Formosa ist eines der schönsten und größten Naturschutzgebiete Europas. Aber dieses Lagunen- oder Haffland ist kaum bekannt. Selbst für die Touristen, die herkommen, ist die Ria eine riesige Überraschung. Man muss sich fragen, wie kompetent die Öffentlichkeitsarbeit der für Tourismus zuständigen Behörden konzipiert und ausgeführt wird, dass ein derart schönes und wichtiges Naturschutzgebiet so unbekannt bleiben kann. Aber vielleicht ist das auch Absicht – schließlich will man das Gebiet möglichst lange erhalten und schützen.

## Lagunenlandschaft

Bei Flut ist die Lagune eine nahezu geschlossene Wasserfläche. Sechs Stunden später hat sie sich bei Ebbe in ein verästeltes Netzwerk aus Rinnsalen verwandelt. Darin fließt das salzige Nass ab, um Stunden später wieder in umgekehrter Richtung zurückzufluten. Die Ria Formosa ist mit einer geschützten Fläche von 170 $km^2$ eines der größten lagunaren Schutzgebiete Europas, wobei die eigentliche Lagune 83,5 $km^2$ umfasst. Sie ist über fünf natürliche und einen künstlichen sechsten Ausgang mit dem offenen Meer verbunden, der im 20. Jahrhundert in zwei Bauphasen entstand. Ansonsten ist die Lagune durch eine mächtige Sandbank vom Meer abgetrennt. Die Sandbank entstand während der letzten Eiszeit. Bei Flut werden weite Teile überschwemmt – nur ein paar Inseln nicht: Ilha da Barreta, Ilha do Farol, Ilha Deserta, Ilha da Culatra, Ilha da Armona, Ilha de Tavira und Ilha de Cabanas.

## Burgen in der Ria Formosa

Im 16. Jahrhundert wurden zur Verteidigung der Einfahrt in die Gewässer und die Häfen der Ria einige *fortalezas* (Burgen) gebaut: an der Hafeneinfahrt Barra Velha bei Olhão, in Barreta und Barra Nova bei der Hafeneinfahrt von Fuzeta. Vier Soldaten waren hier mit der Aufsicht beauftragt. Irgendwann gab man die Burgen auf. Mit jedem Winter werden die Ruinen nun kleiner und verschmelzen mit ihrer Umgebung. Aber man kann sie noch sehen – für engagierte Entdecker ein lohnenswertes Ziel.

## Santa Luzia entdecken

Der Fischerort Santa Luzia trägt den schmeichlerischen Beinamen »Hauptstadt des Tintenfisches«.

### AUTORENTIPP!

**FERIEN IM BUNGALOW**

Die Insel Armona ist 6 km lang, 1,5 km breit und hat Einbuchtungen auf 20 km Strand. Armona hat um die 800 Häuschen. Dicht aneinander gedrängt säumen sie die wenigen Wege. Autos sind nicht zugelassen. Wenn man die 1500 m quer über die Insel geht, wird man mit einem wunderschönen, kilometerlangen Strand belohnt mit Sandbänken und flachem Wasser bei Ebbe. Hochbetrieb kommt auf Armona bei Ebbe auf, wenn Hunderte von Leuten die Sandbänke und die endlosen Strände rund um die Insel nach Muscheln durchkämmen und in Eimern heim schleppen. Ein Campingplatz liegt mitten im Dorf. Hier kann man kleine und bescheiden eingerichtete Bungalows mieten – ein Urlaub der ganz anderen Art für ab 500 € pro Woche. Es gibt auch niedliche Häuschen gleich am Strand zu mieten.

**Im Internet nachschauen:**
www.orbitur.pt

Und was wird abends gemacht? Die eingesammelten Muscheln in Weißwein kochen, eine Menge Knoblauch dazu - und fertig ist ein herrliches Hauptgericht, das man schon von Weitem am Duft erkennt.

**Oben:** Badespaß auf der Ilha Armona. **Mitte:** Eine wahre Sandwelt eröffnet sich in und rund um die Ilha Armona. **Unten:** Wattwanderungen sind auch hier möglich, denn es gibt Ebbe und Flut.

Am zweiten Wochenende im August gibt es das »Festival do polvo« (Tintenfischfestival). Hier werden zahlreiche kulinarisch abenteuerlich gute Rezepte verwirklicht. Der Ort hat das typische »Ria-Feeling«. Hektik hat hier keinen Platz. Das Bild dieses Ortes ist bestimmt von dümpelnden Booten, Fangkörben und bunten Netzen sowie Gruppen plaudernder Fischer. In Santa Luzia gibt es zahlreiche Restaurants aller Preisklassen. Meeresfrüchegerichte sind ihre Spezialität.

## Die Inseln erkunden

Zu den bewohnten Inseln Armona A, Farol B und Culatra C schaukelt es sich ab Olhão mit der Fähre. Es lohnt sich, die eigenwilligen Inselwelten kennenzulernen! Die Ilha Deserta D kann man von Faro aus anfahren. Die Inseln sind noch eine Art Geheimtipp, weil nicht sehr viele Touristen hierherkommen.

## Die Ria Formosa kennenlernen

Es lohnt sich, viele Details über die Ria Formosa zu wissen. Einen guten Überblick über das Gebiet erhält man auf dem Gelände der Quinta do Marim bei Quelfes. Gipsmodelle zeigen das Naturschutzgebiet, und gleich daneben wimmelt es in mehreren Aquarien von großen und kleinen Fischen. Hier kann man sich in einer vorbildlich ausgestatteten Infozentrale detailliertes Material zum Beispiel über die vielen Pflanzen- und Tierarten besorgen, die in dem Nationalpark Ria Formosa vorkommen. Das ist teilweise auch in deutscher Sprache vorrätig. Man kann über 200 Vögel, 700 Pflanzen, fast 300 Krustentiere, 80 Fische, 15 Reptilien, 18 Schnecken und viel Muscheln und Schildkröten entdecken. Erst im letzten Jahrhundert wurden die Chamäleons eingeführt. Der interessante Lehrpfad, für den es am Empfang des

Bela Curral
Brejo
Quinta da
Bela Mandil
Cerro
de Bruxo
Rio Seco
Braciais
Joinal
Rio Seco
Monte Negro
Marchil
Olhão
Centro de Educação
Ambiental de Marim
(Quinta de Marin
Canal de Marim
Armona
Vale das Almas
Aeroporto
de Faro
FARO
Ilha da
Armona
Ilha dos Covos ou
de São Lourenço
Canal de Olhão
Ilhéu das Alturas
Ilhéu do Alcorão
Esteiro do Ramalhete
Porchal de
São Francisco
Volta Vagarosa
Areia Redonda
Sapal dos Cações
Sapal dos
Gemidos
Canal de Faro
Culatra
Ilha da Culatra
Canal de Olhão
Parque Natural da Ria Formosa
Ilha do Farol
Ilhote dos Cavalos
Farol
Esteiro do Mar Santo
ATLANTISCHER
OZEAN
Ilha Deserta
(Ilha do Barreta)
Cabo de Santa Maria
N
0
500 m

AUTORENTIPP!

**DELFINBEOBACHTUNG**

In allen großen Hafenorten kann man mit Spezialbooten auf Delfintour gehen. Besonders schön ist es von Olhão aus, weil man dann erst durch die Ria Formosa fährt und ihre ganz eigene Welt erspürt. Die beste Zeit ist zwischen Juli und September, wenn die Thunfische an der Küste längs in die Bucht von Cádiz dann durch die Straße von Gibraltar ins Mittelmeer ziehen. An die acht Arten kommen vor. Die Wahrscheinlichkeit, Delfine zu sichten, ist vor allem im August sehr groß. Aber man muss mit dem Boot schon 4 Meilen weit ins offene Meer fahren. Es gibt keinerlei Anzeichen, wo sich Delfine aufhalten – man ist auf den sechsten Sinn des Kapitäns angewiesen. Aber der kennt sich aus, und bald sieht man die ersten Tiere im Duett oder Trio aus dem Wasser springen oder unterm Boot durchjagen.

Zentrums einen sehr nützlichen Plan gibt, ist 3 km lang. Man sollte 2–3 Stunden einplanen. Am besten beginnt man bei den Salinen neben der Quinta. Der Weg führt an zahlreichen Vogelbrutkästen vorbei zum Ufer, wo ein nachgebautes Thunfischfangboot liegt. Man kann es für einen Tagesausflug mieten – für 1250 € für bis zu zwanzig Personen. Wenn man diese Tour mit einer Gruppe unternimmt, lohnt sich das unbedingt!

## Wandern an der Ria

Einen schönen, nicht ausgeschilderter Rundwanderweg beginnt am Parkplatz der Ilha de Faro. Man benötigt rund 1,5 Stunden, um das westliche Ende der Ria zu erkunden. Am Strand entlang bis zum Ende der illegal erstellten Häuser und Hütten gehen. Dann weiter oder kreuz und quer durch eine mit bis 15 m hohen Dünenkuppen bestückte Sandlandschaft. So erreicht man die berühmte 800 m lange Holzbrücke, die mit Quinta do Lago verbindet. Man gelangt zu einem Golfplatz. An ihm entlang geht es zurück in Richtung Osten, teils auf einem Deich. Nach knapp einer Stunde erreicht man die Straße zur Ilha am Ende der Landebahn des Flughafen Faro. Über die niedrige Brücke gelangt man zum Ausgangspunkt zurück.

## Wasserhund der Ria Formosa

Im Parkgelände wird ein ganz besonderer Hund gezüchtet: der Wasserhund *cão de água*. Beim Thunfischfang spielte er eine bedeutende Rolle, weil er von einem Boot zum nächsten schwamm und dabei die an Korkplatten befestigten Netze mitschleppte. Nicht erst seit US-Präsident Barack Obama einen portugiesischen Wasserhund in seinem Haushalt hält, ist diese Rasse vielen Hundebesitzern eine ständige Freude, auch, weil diese Hunde so geelehrig und gehorsam sind.

## Infos und Adressen

### INFORMATION

**Quinta de Marim.** Am Ortsausgang von Olhão in Richtung Tavira Richtung Campingplatz und Parque Natural. Man kann auch mit dem Bus hinfahren. Öffnungszeiten: täglich 9.30–13 Uhr und 14.30–17 Uhr. Eintritt: 2,50 €, Tel. 289 700 210.

### ÜBERNACHTEN

Auf den Inseln gibt es keine Hotels und Aparmenthäuser. Es wird privat vermietet. Auf der Ilha da Armona ist das möglich. João Pereira vermietet günstig ein Haus mit 3 Schlafzimmern: joaopereira41@gmail.com. Auch unter www.homelidays.pt finden Sie Ferienhäuser.

Restaurants am Anlegesteg der Ilha de Armona.

### RESTAURANTS

Am Anlegesteg der Fähre auf der Ilha de Armona gibt es mehrere Snackbars, Cafés und Restaurants. Die Stimmung hier ist sehr authentisch-insulär.

### FÄHREN

Ablegestelle ca. 250 m von den Markthallen entfernt, daneben befindet sich ein Kinderspielplatz. Die Fähre von Olhão nach Ilha de Armona fährt in der Hochsaison stündlich zwischen 8 und 20 Uhr, in der Nebensaison ca. alle zwei Stunden zwischen 9 und 19 Uhr. Im Winter nur noch drei- oder viermal täglich.

Eine autofreie Insel und Natur pur.

Die Fähre von Olhão zur Ilha da Culatra und dann Ilha do Farol fährt in der Hochsaison und Nebensaison alle zwei Stunden zwischen 7 und 19.30 Uhr, im Winter drei- bis viermal täglich.

### BOOTSTOUREN

Mit dem Boot **Espírito-do-Sol** kann man das Naturschutzgebiet Ria Formosa auf umweltfreundliche und leise Art erkunden. Das Betreiberunternehmen Sunquais bietet täglich verschiedene Ausflüge an, ab 12,50 € für 1 Stunde bis Tagesausflügen oder Kombiausflüge mit Bootsfahrt und Salinenbesichtigung, Jeepsafari oder Reitausflug. Ausflüge müssen reserviert werden. Ins Boot passen maximal 12 Passagiere. Tel. 910 801 801, info@sunquays.com, www.sunquays.com.

Der portugiesische Wasserhund.

algarve

# FARO & LOULÉ

# 11 Cidade Velha de Faro

## Faros historische Altstadt

**Bei einem Bummel durch die historische Altstadt von Faro, auch Cidade Velha oder Vila Adentro genannt, taucht man in alle Phasen der Geschichte von Europas südwestlichster Region ein. Man kann unter Orangenbäumen im Schatten sitzen und vom Turm der Kathedrale aus herrliche Ausblicke auf die nahe Umgebung und die Ria Formosa genießen.**

Die attraktive Altstadt von Osonoba, wie die Römer die Hafenstadt nannten, kann man bequem in zwei Stunden zu Fuß erkunden. Auf engstem Raum lassen sich hier alle wichtigen geschichtlichen Epochen der Algarve entdecken: Römischen Ursprungs ist die Stadtmauer und daneben der kleine Bivar-Stadthafen, den die Phönizier schon nutzten. Die Mauren (vornehmlich Berber aus dem marokkanischen Atlasgebirge) überquerten 711 die Meerenge bei Gibraltar und nahmen rasch den Süden der Iberischen Halbinsel ein. 713 auch die Hafenstadt Faro, die sie Hárune nannten. Bakr ibn Yahya gründete eine Dynastie, die von 875 bis 931 von Faro aus die Algarve beherrschte. Zu der Zeit wurde Silves die Metropole der Mauren. 1217 plünderten Ritter auf Kreuzfahrt nach Jerusalem die Stadt. Dreißig Jahre später trieb König Afonso III die Reconquista (Rückeroberung) elanvoll voran, eroberte eine maurische Burg nach der anderen und fügte die gesamte Algarve dem jungen Land Portugal zu, nachdem er 1249 letztendlich auch Faro eingenommen hatte. Er nannte sich fortan »König von Portugal und Algarve«. 250 Jahre später, 1499, ließ König Manuel I die Vila Adentro renovieren – jetzt hatten Stadt und Krone dank des Handels mit Westafrika volle Kassen. Bis Mitte

**Vorangehende Doppelseite:** Faros historische Altstadt.
**Mitte:** Blick vom Turm der Kathedrale auf die Altstadt und Ria Formosa.
**Unten:** Gesellig vor der Kathedrale Sé in Faros Cidade Velha.

des 18. Jahrhunderts wuchs die Stadt weit über die engen Grenzen der Stadtmauer hinaus, und »Faroon«, wie es zu der Zeit hieß, entwickelte sich zum bevölkerungsreichsten Ort des »Königreiches Algarve«.

## Faros Stadtmauer

Beim Bummeln sollte man das Stadttor Arco do Repouso aufsuchen, denn gleich außerhalb der Stadtmauer findet sich dort neben einem Wachturm ein eindrucksvolles blauweißes *azulejo*-Bild, das die Eroberung durch König Afonso III. darstellt (*Tomada de Faro*). Das zweite Stadttor ist die neoklassizistische Einfahrt Arco da Vila beim Platz Jardim Manuel Bivar. Sie ist nicht weniger schön und von Storchennestern gekrönt. Dieses Tor wurde 1812 geöffnet. Die schmiedeeisernen Arbeiten sind einzigartig in der gesamten Algarve.

Die Stadtmauer wurde 1596 von englischen Piraten unter James Drake schwer beschädigt. Sie machten Faro dem Erdboden gleich, nachdem sie Haus für Haus geplündert hatten. Die Einheimischen bauten die Mauer dann wieder auf und integrierten Schießstellen für Kanonen. Glücklicherweise wurde die historische Altstadt kein Kasernenhof, sondern erwachte zu neuem Leben. Auch nach dem Erdbeben 1755 baute man konsequent wieder auf. Jetzt entstanden der Bischofspalast, das Priesterseminar und die anderen barocken Gebäude.

## Die Kathedrale von Faro

Maurischen Ursprungs ist die Igreja da Sé, die Kathedrale. Sie wurde auf den Ruinen der von Rittern zerstörten Moschee erbaut. Das war im 13. und 14. Jahrhundert. Das Hauptportal stammt aus dieser Zeit. Auffallend sind in allen drei Kirchenschiffen die Säulen im toskanischen Stil.

AUTORENTIPP!

### FAST UNSICHTBARES CASTELO

Die letzte Verstärkung der Stadtmauer ist eine Burg, die am östlichen Rand der Cidade Velha geradezu versteckt liegt. Sie hatte drei Zugänge: einen zur Meerseite, einen Hilfszugang und einen zur Vila Adentro. Nach der Plünderung durch Piraten des Francis Drake wurde die Burg 1596 grundlegend umgebaut und auf Artillerie-Bewaffnung umgestellt. 1931 entstand direkt nebenan die Brauerei Companhia Produtora de Malte e Cerveja Portugália, womit die Burg geradezu entstellt wurde. Der Zugang zur Vila Adentro wurde geschlossen und ein breiter Zugang zur Rua do Castelo geöffnet. Die Pläne, die ockerfarbene Brauerei mit Burg zu einem großen Museum für zeitgenössische Kunst umzufunktionieren, sind derzeit aufgrund der Sparmaßnahmen auf Eis gelegt. Bei der Tourismusverwaltung haben diese Pläne jedoch einflussreiche Unterstützer, weil man in der Kunst eine Bereicherung für die Algarve sieht.

Der Turm der Kathedrale Igreja da Sé

**Oben:** Hinter dem Stadttor Arco da Vila liegt die bildschöne Cidade Velha.
**Unten:** Azulejos – zweifelsohne Portugals schönste Kunst, wie hier in der Sé.

Die Schnitzereien am Hauptaltar und in den Seitenaltären gelten als Meisterwerke algarvischer Kirchenkunst. Die vielfarbigen *azulejos* am Altar und an den Seitenwänden entstanden im 17. Jahrhundert. Zusammen mit der Bildersammlung und dem gesamten Schnitzwerk findet man hier einen der größten Kunstschätze der Algarve vor. Der Eintritt berechtigt auch zum Besteigen des Turms. Die Aussicht über die Altstadt und die nahe Ria Formosa ist famos.

## Convento de Nossa Senhora da Assunção

Am Vorplatz der Kathedrale beeindruckt der langgezogene barocke Bischofspalast, daneben das klassizistische Rathaus. Das ehemalige Convento de Nossa Senhora da Assunção aus dem Jahr 1519 dient heute als archäologisches Museum mit wertvollen Fundstücken aus diversen Epochen. Es lassen sich Relikte aus prähistorischen Zeiten, Fundstücke der Römer und Mauren sowie der Moderne bestaunen. Die Exponate aus der westgotischen Epoche (4.–8. Jahrhundert) sind besonders interessant. Aus dieser Zeit gibt es nur wenige gut erhaltene Fundstücke.

### MAL EHRLICH

**WISSEN, WAS LOS IST!**
Anfang September 2011 wurde in der Cidade Velha ein World Music Event mit Gruppen aus mehreren Erdteilen organisiert. Aber kaum jemand außerhalb von Faro wusste davon. Das ist sehr schade! Denn in der gesamten Algarve gibt es eine Vielzahl kultureller und anderer Veranstaltungen – aber außerhalb des zuständigen Landkreises weiß kaum jemand davon. Es gibt Webseiten, die Abhilfe schaffen wollen. Eine davon ist http://press.algarvecentral.net.

## Geschichte hinter Mauern

Ⓐ **Arco da Vila.** Dieses 1812 eingeweihte barocke Stadttor am zentralen parkähnlichen Platz Jardim Manuel Bivar gegenüber dem Hafenbecken wird von intakten Storchennestern bekrönt. Ein idealer Ausgangspunkt für Stadtrundgänge.

Ⓑ **Arco do Repouso.** Dieses Stadttor ist bestens erhalten und bietet einen idealen Zugang zur Stadt. Hinter dem Arco do Repouso befindet sich ein großer Parkplatz mit hunderten von Abstellplätzen. Rechts vom Eingang zeigen Kachelbilder die Eroberung der maurischen Stadt durch Christenritter im 13. Jahrhundert.

Ⓒ **Arco da Porta Nova.** Geht man durch dieses auch Arco do Mar genannte, südlich gelegene Tor, steht man direkt an der Lagune Ria Formosa. Schräg gegenüber breitet sich das malerische Hafenbecken aus. Davor befindet sich sich das Museu da Ciencia Viva.

Ⓓ **Igreja da Sé.** Einen eindrucksvollen Überblick nicht nur über die Cidade Velha, sondern über die gesamte Stadt und hinaus auf die Ria Formosa gewinnt man auf dem Turm der Kathedrale. Winter Mo–Fr 10–17 Uhr, Sommer Mo–Fr 10–18 Uhr, ganzjährig Sa 10–13 Uhr, Eintritt: 3 €.

Ⓔ **Paço Episcopal.** Der barocke Prachtbau ist der ehemalige Bischofsbau, der den großen Platz vor der Kathedrale säumt. Die vielen Orangenbäume davor tragen fast das ganze Jahr über Früchte. Nicht zu besichtigen.

Ⓕ **Archäologisches Museum.** Untergebracht in dem herrlich schönen Convento de Nossa Senhora da Assunção aus dem frühen 16. Jahrhundert zeigt dieses Museum interessante Funde aus fast allen geschichtlichen Epochen der Region, von der Eiszeit über die Römer zu Westgoten, Mauren, Mittelalter, Neuzeit. Praça Dom Afonso III, Öffnungszeiten: Di–Fr 10–19 Uhr, Sa und So 12.30–18 Uhr, Eintritt: 2 €.

Ⓖ **Câmara Municipal.** Nahe des Arco da Vila. Imposant ist seine neoklassizistische Fassade.

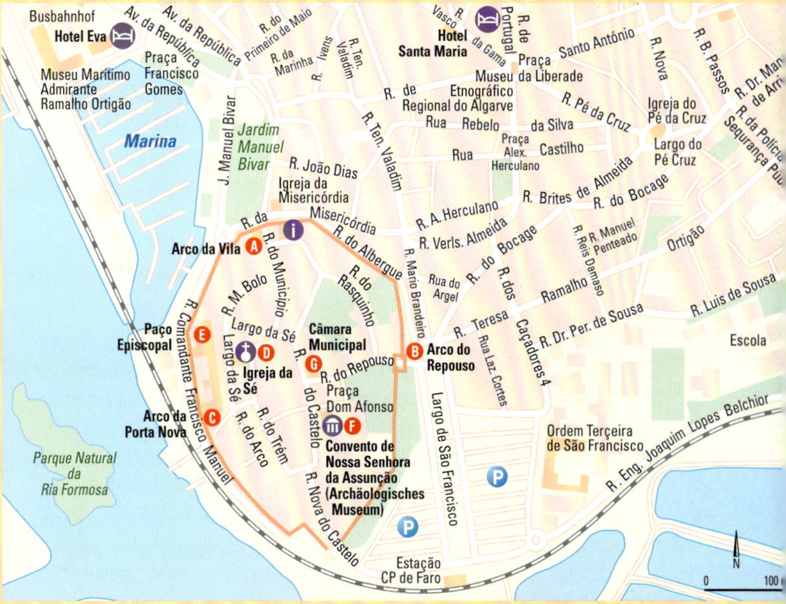

AUTORENTIPP!

**PORTUGALS SCHÖNSTE KUNST**
*Azulejos*, die bemalten Kacheln, zieren Kirchen, Bahnhöfe, Parkbänke, Brunnen und private Häuser. Ihr Name, wie die Kunst selbst, stammt aus dem Arabischen und basiert auf *az-zulayi*. Das bedeutet »kleiner Stein«. Nach der Vertreibung der Mauren im 13. Jahrhundert wurde das Kunsthandwerk nicht nur beibehalten – es entwickelte sich im Laufe der Zeit zur reichsten und authentischsten Kunstgattung der Nation. Die Techniken änderten sich ständig, ebenso die gängigen Farben, Stile und die Motivwahl. Typisch ist das *solto motivo* (einzelne Tiere, vor allem Rehe, Hasen, Vögel), ebenso die vielen Kachelbilder in blauer Farbe. Nach dem Erdbeben von 1755 führte die Gründung einer königlichen Kachel manufaktur zu einem regelrechten Kachel-Boom, weil nun Tausende neuer Häuser damit komplett verkleidet wurden. In der Algarve findet man besonders schöne Kacheln, z. B. in Faros Altstadt Cidade Velha, in der Kirche Igreja de Santo António in Lagos (mit Museum, siehe Seite 179) und der Capela de São Lourenço bei Almancil, Loulé.

Im Convento da Nossa Senhora da Assunção befindet sich heute das Archäologische Museum.

## Paço Episcopal

Das frühere Leben der Mönche, Nonnen und Priesterseminaristen kann man sich gut vorstellen, wenn man den bischöflichen Palast Paço Episcopal betrachtet. Er wurde Anfang des 17. Jahrhunderts erbaut und nach dem Erdbeben erneuert. Man kann sich gut ausmalen, wie rund um den weiten Platz vor der Kathedrale Fischer, Seeleute, Hafenarbeiter, Bedienstete, Sklaven und Bürger zugange waren. Schlendert man heute durch die Gassen und wirft einen Blick in die offenen Gartentüren, sieht man Einheimische zusammensitzen und die geliebten Sardinen grillen. Fischer flicken Netze, es werden Kaninchen gezüchtet und Mopeds repariert. Aus Radios klingt Fado-Musik. Heute noch herrscht innerhalb des Mauerkranzes ein durch und durch portugiesisches Leben, von neugierigen Touristenblicken wenig tangiert.

# Infos und Adressen

## ESSEN UND TRINKEN

**Restaurante Cidade Velha.** In unmittelbarer Nähe zur Kathedrale Sé befindet sich dieses vornehme Restaurant. Die Wände sind teils außerordentlich schön mit blauen *azulejos* verziert. Das Essen ist Algarve-klassisch und international. Mal kann auch draußen sitzen und die Vila Adentro erleben. Rua Domingo Guieiro 19, Mo–So 8–24 Uhr, Tel. 289 827 145 (außerhalb der Karte).

## ÜBERNACHTEN

**Hotel Eva**. Die Cidade Velha ist wie eine Insel in der Stadt. Es gibt keine Übernachtungsmöglichkeiten. Doch ganz in der Nähe liegt am Westrand des schmucken Hafenbeckens das 4-Sterne-Hotel direkt an der *marina* und neben der Altstadt. Pool und Restaurant auf dem Dach, Traumaussicht auf die Stadt und die Ria Formosa. 134 Zimmer. Shuttlebus zum Flughafen direkt vor der Haustür. Avenida da República 1, Tel. 289 001 000, www.tdhotels.com

Blick vom Kathedralenturm auf den Bischofspalast.

**Hotel Santa Maria**. Dieses preiswerte 3-Sterne-Stadthotel hat 60 Zimmer. Es liegt nur 200 m vom Hauptplatz Jardim Manuel Bivar entfernt und hat zahlreiche Restaurants und Shops in unmittelbarem Umkreis. Rua de Portugal 17, Tel 289 898 080, www.santamariahotelfaro.com

Kunsthistorisches zu bewundern.

## MUSEUM

**Museu Centro Ciência Viva do Algarve.** Das Museum liegt gleich hinter der Stadtmauer der Cidade Velha zur Meerseite an der Rua Comandante Francisco Manuel gegenüber der Feuerwehr, *bombeiros*. Tel. 289 890 920, www.ccvalg.pt. Öffnungszeiten: Di–So 10–17 Uhr. Eintritt: Erwachsene 4 €, Kinder und Jugendliche bis 18 J. 2 €, Familientarife vorhanden (außerhalb der Karte).

Vespas vor dem Archäologischem Museum (S. 81).

**Mitte:** Die Cockpit-Ansicht auf Faros Zentrum und den Bootshafen.
**Unten:** Vom Turm aus sieht man auch das neoklassizistische Rathaus.

# 12 Faro Stadt und Insel

## Mehr als ein Flughafen

**Auf der Suche nach neuen Handelsplätzen mochten Phönizier und Griechen den Hafen von Faro ganz besonders. Von der Ria Formosa vor Wellen geschützt, bot die Einbuchtung direkt vor der Stadt ideale Ankerplätze. Der Hafen wuchs, die Stadt wuchs. Heute ist es der Flughafen Faro, der 2500 Jahre später eine ähnliche Bedeutung erlangt. Die neueste Ausbauphase soll 20 Millionen Flugbewegungen pro Jahr ermöglichen.**

Die Bauherren des Internationalen Flughafens in Faro hätten sich nie träumen lassen, dass ihr 1965 im Haffland aufgeschütteter und seinerzeit hochmoderner Flughafen schnell viel zu klein für Faros Anforderungen werden würde. 2003 schloss man dann eine erste Ausbauphase ab, inzwischen steht die nächste an. Die Kapazität ist auf 20 Millionen Fluggäste pro Jahr ausgelegt. Die gesamte Logistik eines der wichtigsten Tourismusziele Europas ist nahezu perfekt organisiert, samt Autovermietung und Transfer zu den Hotels.

## Faros Vorstadt

Schade, dass die meisten Besucher der Algarve Faro nur als *aeroporto* kennen. Dabei hat die Metropole von Portugals südlichster Provinz viel Interessantes und Authentisches zu bieten und ist unbedingt einen Kennenlernausflug wert. Faros Freunde verehren sie als die schönste Stadt der gesamten Region – auch wenn das suburbane Hausgemenge rund um Faro solche Komplimente nicht verspricht. Gefällig wirkt unter den modernen Bauten lediglich das Einkaufs- und Kulturzentrum »Fórum Algarve«, das mit internationalen

Preisen ausgezeichnet wurde. Es ist eben wie in den meisten Großstädten: Erst muss man den charakterlosen Vorstadtgürtel durchfahren und sobald man im historischen Zentrum ist, lockt reiche Belohnung. Also ab ins Stadtinnere!

## Sehenswertes in Faro

Hat man die Cidade Velha erkundet (siehe Seite 78) und schlendert durch das herrlich schöne Stadttor Arco da Vila zum Platz Jardim Manuel Biva, locken weitere interessante Ziele. Unterwegs wird man immer wieder stehenbleiben und erstaunt so manche verkachelte Hausfront bewundern. Da gibt es solche aus dem 18. und 19. Jahrhundert, aber auch solche aus dem 20. Jahrhundert mit floralen Dekorationen – Art Déco der Algarve. Viele der Stadt-*palacetes* zeugen vom einstigen Wohlstand. Auch die Bankenfassaden am Hafen-Platz Jardim Manuel Bivar sind die Aushängeschilder einer stolzen Nation. Die Banco de Portugal zog 1926 (damals wurde Olivier Salazar Regierungschef) in den eigenwilligen Palast am Praça D. Francisco Gomes ein. Der neo-manuelinische

Prunkvolle Bauten säumen den Platz Jardim Manuel Bivar.

AUTORENTIPP!

**MOTO CLUBE DE FARO**

Jeden Hochsommer haben die Biker Europas ein Ziel: Faro. 50 000 Motorradfahrer fahren mit ihren Harleys und Hondas, BMWs und Kawasakis oder Suzukis durch den halben Kontinent, um dabei zu sein, wenn die Ilha de Faro zum Hotspot wird. Schon Tage vorher fallen die Biker in Schwärmen ein und führen voller Stolz ihre heiß geliebten Maschinen vor. Für jeden, der schöne Motorräder begehrt, ist das ein Anblick ohnegleichen. Auf dem 4-tägigen Festival spielen Rockbands aus Portugal, Spanien, Schweden und England, man sieht Motorrad-Shows und es gibt Bier und Caipirinhas bis zum Umfallen. Die Attraktion dieses gigantischen Bikertreffs lässt nicht nach, im Gegenteil: Man erwartet für die nächsten Jahre neue Rekordzahlen.

**Moto-Club-Laden**
Vale de Amoreira-Sé 328,
www.motoclubefaro.pt,
Tel. 289 823 845.

**Oben:** Eine der vielen lauschigen Gassen in der Cidade Velha.
**Mitte:** Vergoldete Altare gehören zu jeder barocken Kirche.
**Unten:** Die Igreja do Carmo beeindruckt durch eine imposante doppeltürmige Fassade.

Stil verblüfft den Besucher genauso wie die Referenzen an islamische Kultur am Hauptportal. Auch die Igreja Matriz de São Pedro ist einen Besuch wert. In ihrem dreischiffigen Bau überrascht sie mit wunderbaren *azulejos* und einem großartigen geschnitzten vergoldeten Altar, einem der ersten Exemplare des portugiesischen Barocks. Der Eingang stammt aus dem 16. Jahrhundert und ist im Renaissancestil gehalten, Doppelsäulen zieren ihn beiderseits. Einen Höhepunkt der hiesigen Kirchenkunst stellt die Capela do Santissimo mit einem barocken Altaraufsatz dar. Das Gemälde in der Sakristei stammt von Diogo Teixeira und gilt als bedeutendste manieristische Malerei der Algarve.

Wie überall in der Algarve, richtete das Erdbeben von 1755 schwere Schäden an, in Faro jedoch weniger als in der damaligen Hauptstadt Lagos. Der Regierungssitz des Königreichs Algarve wurde daraufhin nach Faro verlegt. Die Metropole festigte ihre Position und demonstrierte diese in zahlreichen Bauten.

## Museen in Faro

Es gibt viele Museen in Faro zu besuchen. Im Gebäude des Hafenmeisters direkt am Hafen befindet sich das Museu Marítimo, ein Schifffahrtsmuseum, in dem historische Schiffsmodelle und Fischfangmethoden der Algarve präsentiert werden. Im Gebäude der Bezirksverwaltung ist das ethnografische Museu Regional untergebracht. Zusammen mit Fotos über die Lebens- und Wohnverhältnisse sind hier kunsthandwerkliche Gegenstände, Trachten und detailgetreue Modelle der gesamten Algarve zusammengetragen. Für junge Leute ist das Museu Ciência Viva interessant, weil hier die Beobachtung des Alls und des Meeres im Vordergrund stehen und mit hypermodernen Maschinen, die man auch selbst bedienen kann,

## Von Kultur bis Shopping

**A Estação CP de Faro.** Der Bahnhof von Faro ist der Startpunkt. Man ist gleich mitten in Faro.

**B Igreja de São Francisco.** Vom Bahnhof über den Largo de São Francisco zur Igreja de São Francisco schlendern. Geöffnet Mo–Sa 7.30–9 Uhr und 17–19 Uhr, So 8.30–10.30 Uhr.

**C Jardim Manuel Bivar.** Ein Spaziergang vorbei an der Stadtmauer mit dem Arco de Repouso führt zum Platz Jardim Manuel de Bivar. Von da aus gelangt man in die Fußgängerzone.

**D Largo da Pontinha.** Über die Rua de Santo António erreicht man diesen Platz. Die Gegend ist ein einziges Kaufhaus unter freiem Himmel.

**E Teatro Lethes.** Wer rechts auf die Rua de Portugal abbiegt, stößt auf das Teatro Lethes. Der Bau aus dem Jahr 1605 wurde von den Jesuiten errichtet. 1855 ließ es ein Dr. Lázaro Doglioni in ein Theater umwandeln. Infos zu besonderen Veranstaltungen sind im Turismo-Büro erhältlich. Rua de Portugal 59 (am Ende der Rua de Lethes), Mo–Fr, 9–17 Uhr. Tel. 289 820 300.

**F Igreja Matriz de São Pedro.** In südwestlicher Richtung geht es zum Largo de São Pedro, wo die Igreja Matriz de São Pedro einen Besuch wert ist. Mo–Sa 10–13 und 15–17 Uhr, So 9–13 Uhr.

**G Convento de Santo António dos Capuchos.** Am Ausgang der Kapelle rechts abbiegen und zur Rua Serpa Pinto gehen – bis zum Konvent, erbaut 1620. Heute wird der Konvent als Totenkapelle genutzt und ist nur für Beerdigungen geöffnet.

**H Igreja de Nossa Senhora do Carmo.** Auf der Rua da Boavista bis zum Largo do Carmo gehen. Hier ragt die 1713 erbaute doppeltürmige Kirche Nossa Senhora do Carmo auf.
Mo–Fr 10–13 und 15–17 Uhr (im Sommer bis 18 Uhr), Sa 10–13 Uhr. Eintritt: 1 €.

AUTORENTIPP!

**FISCHESSEN BEIM FLUGHAFEN**
Man sieht hier wenige Touristen, obwohl das Restaurant Os Manos keine 300 Meter vom Flughafen entfernt im Stadtteil Montenegro liegt. Dona Celeste und ihr Mann João António haben es vor ein paar Jahren übernommen und zu einer tollen Adresse für die Liebhaber so richtig leckerer, frisch gegrillter Fische gemacht. Schon bei der Vorspeise fängt der Genuss an. Zunächst gibt es festgekochte Karotten mit viel Knoblauch, gewürzt mit Kreuzkümmel und anderen Geheimnissen, tolle Oliven und Bauernbrot dazu, und schon wird auch der Salat montanheira gereicht, mit kleingehackten Tomaten, Gurken, Zwiebeln, Paprika und gekochten Süßkartoffeln. Das Bauernbrot ist wunderbar, der Hauswein ebenfalls. Als Hauptgang nimmt man am besten die gemischte Fischplatte – dann serviert Grillmeister Leonel etwa alle zehn Minuten einen anderen frisch gegrillten Leckerbissen, sei es Sardine, Stichling, Streifenbrasse, Geißbrasse, Seebrasse, Lachs, Tintenfisch, Teufelsfisch und schlussendlich ein *bacalhau*. Ähnlich opulent geht er mit Schweine- und Hühnerfleisch um. Ein derartiges Festessen kostet hier ganze 9,50 € (ohne den Salat). Will man sich noch mehr verwöhnen, nehmen Sie Dona Celestes hausgemachten Kekskuchen als Dessert.

**Os Manos**
Rua Egas Moniz 96,
Tel. 289 817 335.

Sand, Sonne, Strand auf der Ilha.

anschaulich gemacht wird. Es liegt direkt neben der Eisenbahnbrücke und der Stadtmauer.

## Faros Insel

Auf der Ilha de Faro wird wild gebaut. Es klemmt sich ein Haus ans andere, einige sind barackenartig zusammengeschustert, andere wie Villen konstruiert. Viele sind illegal erbaut worden. Ihre Besitzer kommen fast alle aus Faro und sind verrückt nach der unmittelbaren Meeresnähe. Sie verbringen jede freie Stunde auf ihrer *ilha*, ihrem zweiten Zuhause.

Die Ilha de Faro ist über 8 km lang, man muss eigentlich sagen, zwei mal acht Kilometer. Denn sowohl zum Atlantik wie zur Lagune hin säumen Strandketten die Insel. Die wellengeschützte flache Lagune ist ein Badeparadies. Sie wärmt rascher auf und wird neuerdings immer mehr zum Tummelplatz für die Betreiber radikaler Sportarten: Kitesurfer steigen in die Höhe und landen wieder auf dem Wasser. Windsurfer sausen mit hoher Geschwindigkeit auf der glatten Wasseroberfläche dahin. Hunderte von Neugierigen schauen begeistert zu.

# Infos und Adressen

## INFORMATION

**Posto de Turismo de Faro.** Geöffnet Winter: Mo–Fr 9–18 Uhr, Sa/So 9–13 und 14–18 Uhr, Sommer: Mai–Sept 9–18 Uhr. Rua da Misericórdia 8–12, Tel. 289 803 604.

## ESSEN UND TRINKEN

**Entra...** Vielleicht die beste Adresse in Faro für ausgezeichnetes Essen & Trinken bei normalen Preisen. Super Service und Beratung. Nur 300 Meter nordwestlich der Cidade Velha. Praça Alexandre Herculano 21, Tel. 289 098 575.

**Restaurante Adega Nova.** Direkt am Bahnhof, ein Paradebeispiel für traditionelle Algarve-Küche. Fischeintopf, Bohneneintopf mit Hornschnecken oder Tintenfisch und Süßkartoffeln. Jeden Mittag ein Tagesessen, viel Betrieb, gute Atmosphäre. Rua Francisco Barreto 24, Tel. 289 813 433.

## ÜBERNACHTEN

**Hotel Sol Algarve.** Pensionscharakter, gepflegt, angenehm, sauber und preiswert, nahe des Bahnhofs. Rua Infante D. Henrique 52, Tel. 289 895 700, www.hotelsolalgarve.com (außerhalb der Karte).

## MUSEEN

**Museu Marítimo Almirante Ramalho Ortigão.** Interessante Dauerausstellung rund um Schiffe und Seefahrt. Rua Comunidade Lusiada, Tel. 289 894 990, Mo–Fr 9–12 und 14.30–17 Uhr, Eintritt: 1 €. (außerhalb der Karte)

**Museu Regional.** Utensilien aus dem Haushalt und Handwerk. Avenida Dr. Júlio de Almeida Carrapato 9, Mo–Fr 10–13.30 und 14.30–18 Uhr, Eintritt: 1,50 €. (außerhalb der Karte)

## EINKAUFEN

**Forum de Algarve.** An der EN 125 (Straße zum Flughafen). Großes Einkaufszentrum mit Riesensupermarkt, 119 Läden, 23 Restaurants und 9 Kinosälen. Täglich (auch So) von 10–23 Uhr, im Sommer sogar bis 24 Uhr geöffnet. www.forumalgarve.net. (außerhalb der Karte)

## NACHTLEBEN IN FARO

Hinter dem Stadthafen ist das Barviertel, vor allem in der Rua do Prior und Rua Concelheiro Bívar findet man eine Bar neben der anderen.

Im Sommer gibt es unzählige Feste in Faro, wie hier an der alten Stadtmauer.

**Mitte:** Die Dorfkirche von Estói bildet das Zentrum des schmucken Städtchens.
**Unten:** Der renovierte Rokokopalast von Estói ist ein besonderes Erlebnis.

# 13 Palácio de Estói

## Restaurierter Pousada-Palast

**Dieses majestätisch schöne Gebäude mit seinem eigenwilligen Mix aus Renaissance-, Barock-, Rokoko- und Art-Nouveau -Elementen sowie seinem zauberhaften, fast verwunschenen Park wurde über 20 Jahre vernachlässigt. Seine vielen Gemälde, Wandbilder, Wandteppiche, Stuckdecken und Skulpturen waren Wind und Wetter ausgesetzt. Heute ist Estói ein Unikat im Kulturgut der Algarve, ausgestattet mit Einrichtungen und Kunstwerken, die es nirgendwo sonst im Süden Portugals gibt.**

Estói liegt ca 10 km nördlich von Faro. Man erreicht es von Faro aus, indem man der Ausschilderung in Richtung São Brás de Alportel/Estói folgt. Das Gebäude wurde im frühen 18. Jahrhundert erbaut und ursprünglich in einem Stilmix konzipiert. Nun kam ein weiterer Stil hinzu: Die Moderne. Der Cocktail aus Stilen verleiht dem *pousada*-Palast einen dauerhaften Reiz.

## Geschichte der Restauration

Im Jahr 2008 stellte der neue Eigner, die Empresa Nacional de Turismo, 12 Millionen Euro für die Renovierung des Palasts bereit, um ihm seine alte Pracht zurückzugeben. Das Gebäude sollte nicht mehr als Museum, sondern als eine *pousada*, ein Staatshotel fungieren. Außerdem sollte ein neuer Flügel hinzukommen. Dafür bestellte man den berühmten Architekten Gonçalo Byrne, der ein 63-Zimmer-Hotel samt Wellnesszentrum, Pool und Bar entwarf. Während der Restauration des Palasts gab es viele Herausforderungen. Im 19. Jahrhundert war es Mode, Skulpturen aus billigen Mate-

rialien, wie Lehm, Kalk und Holz, herzustellen. Einige Gemälde waren auf Holztafeln aufgeklebt, die im Laufe der Zeit verrotteten und die Leinwand in Mitleidenschaft zogen. Fachleute mussten die Leinwand vorsichtig abziehen und den Klebstoff entfernen, noch bevor die Restaurierung der Gemälde beginnen konnte.

Stuck wird in der Rokoko-Architektur reichlich fürs Dekor eingesetzt, aber auch für figurative Darstellungen. Am Deckengemälde des *Salão Nobre* (Nobler Saal) mit den vielen Engeln und Rosenbouquetts fehlten zahlreiche Stücke. In der sogenannten Rigatino-Technik wurden fehlende Details so ersetzt, dass das restaurierte Werk möglichst authentisch wirkt. Im gleichen Raum sind die Girlanden, Skulpturen und Stillleben-Paneele von Jorge Pereira signiert. Sie entstanden 1899. Kleiner, aber nicht weniger zauberhaft sind die

**Oben:** Im Pavillon des Palastes locken romantische Gemälde und Figuren.
**Unten:** Die Renovierung wurde mit Liebe zum Detail ausgeführt.

AUTORENTIPP!

**PORTUGALS POUSADAS**

Pousadas de Portugal ist eine Kette, die in ganz Portugal über 40 luxuriöse Hotels unterhält, mittlerweile auch auf den Azoren und Madeira sowie in Brasilien. Jede *pousada* hat ihren ganz eigenen Charakter und Charme. Die meisten von ihnen befinden sich in historischen Gebäuden wie Burgen, Schlössern oder Konvents. In der Algarve gibt es neben dem Palácio de Estói noch die fantastisch auf den Klippen gelegene Pousada de Sagres, eine jener *pousadas*, die an landschaftlich ganz besonders faszinierenden Lokalitäten in den 1970er- Jahren gebaut wurden. Ein wahres Juwel ist auch die exklusive *pousada* im historischen Convento da Graça in Tavira (s. S. 55).

**Pousadas de Portugal**
www.pousadas.pt.

Räume *Sala das Visitas*, der Besuchersaal, und *Casa de Jantar*, der Speisesaal. Neben den Gemälden und Wandbildern ist es die *azulejo*-Kunst, die besticht. Die Restauration ist auch in diesen Sälen bestens gelungen. Neben den beeindruckenden *azulejo*-Bildern am Treppenaufgang zeigt die Palastküche romantische *azulejos* aus dem späten 19. Jahrhundert. Ähnliche Kacheln verzieren die Wände der Palastkapelle São José, den Altar und die Kanzel.

Bei der Restauration wurde viel Blattgold verwendet. In der Technik des *Oil Gilding* wurde erst Öl auf die zu vergoldenden Teile gestrichen, dann das hauchdünne Gold aufgelegt und mit einem Pinsel aus Eichhörnchenhaar aufgerieben, um ein möglichst sanftes Finish zu gewährleisten. Bei der Restauration waren insgesamt über 100 Fachleute beschäftigt. Neben den vorhandenen Figuren bereicherte man die Palastfassade mit den Größen der portugiesischen Geschichte, wie Seefahrer Vasco da Gama (1469–1524), Nationalpoet Luis de Camões (1525–1579) und den Lissabon-Erneuerer Marquês de Pombal (1699–782), die vor langer Zeit in Sicherheit gebracht wurden und in einem Museum in Faro überlebt hatten. Jetzt zieren sie diesen herrlich schönen Palast. Auch ein anderes außergewöhnliches Kunstwerk ist dem Palast verblieben: Die zauberhafte Kopie in weißem Marmor des neoklassizistischen italienischen Bildhauers Antonio Canova (1757–1822). Die Figur steht im Wasserfall-Raum in einer abgeschlossenen Nische. Also nicht verpassen!

Der Palast liegt mitten im Ort und ist gut ausgeschildert. Den zugehörigen Park kann man auch als Nicht-Gast der *pousada* besuchen und sich von dem märchenhaften Ambiente verzaubern lassen. Übrigens ein herrlicher Picknickplatz.

# Infos und Adressen

## INFORMATION

**Pousada Palácio de Estói.** Rua São José Estói. Tel. 289 990 150, www.pousadas.pt

## ÜBERNACHTEN

**Casa de Estói.** Direkt neben der Hautkirche von Estói liegt dieses stolze Stadthaus. Es wird vom Besitzer Senhor José sehr freundlich und aufmerksam als privates Hotel geführt. Neben der

Der alte Charme von Estói.

perfekten Lage hat es noch einiges mehr zu bieten. Es warten 6 Zimmer, gediegene Einrichtung, Gewölbesaal und Pool auf die Besucher. Außerdem ist dieses historische Gebäude ein idealer Ausgangspunkt für das Erkunden von Estói und Umgebung. Rua de Faro 80, Tel. 289 990 130.

**Quinta do Atlantico.** Bei dem Ort Santa Barvara de Nexe (zwischen Estói und Loulé) liegt dieses Hotel, das seinen Namen dem hervorragenden Ausblick auf die atlantische Küste verdankt. Es ist mit Pool, Garten und Terrassen ausgestattet. Pé do Cerro. Am besten im Internet buchen.

## ESSEN UND TRINKEN

**Flor da Ameixa.** Das Flor da Ameixa ist ein typisch portugiesisches, rustikales Straßenlokal. Hier gibt es frisch Gegrilltes, Schwein oder Hähnchen, Fisch oder Wurst, auf Vorbestellung auch deftige *cataplana*. Eine herrliche Versuchung, die man sich auf keinen Fall entgehen lassen sollte! Sítio Lagos e Relvas, Estrada de Bordeira, Tel 966 303 451.

**Restaurante da Sambada.** Meeresfrüchte-Reis und *cataplana* sind die Spezialitäten dieses Hauses, das im Vorort Sambada gelegen ist. Mo geschlossen, Tel. 289 991 560.

**V Terra.** Die Portugiesin Kitty und ihr belgischer Mann Günter Geenen eröffneten vor 15 Jahren dieses Restaurant gleich neben der alten Brücke bei Milreu, Estói. Es gelang ihnen, daraus ein stimmungsvolles Lokal auf zwei Geschossen plus Terrasse zu machen, wo Kunst und Gastronomie das Zepter in der Hand halten. Hier finden auch Ausstellungen statt und ab und zu gibt es Live-Musik. Ein geschmackvolles Kulturtempelchen, das immer einen Besuch lohnt. Mittags gibt es einen sehr preiswerten Tagesteller. Mo geschlossen, Sítio do Guelhim, Coiro da Burra, Tel. 964 579 646.

Wein, Brot, Oliven – Köstlichkeiten aus der Algarve.

**Mitte:** In der Altstadt von Loulé ist rosa die Lieblingsfarbe.
**Unten:** Frisches aus dem Hinterland – in der Markthalle von Loulé ein tägliches und gesundes Vergnügen.



# 14 Loulé

## Kirchen und Märkte

**An Liebeserklärungen mangelt es der Hauptstadt der Region Barrocal gewiss nicht. Manche zählen die Kunstschätze in den Kirchen auf, wie die im 13. Jahrhundert über einer Moschee erbaute Igreja Matriz. Andere erfreuen sich eher an Profanem: Am Einkaufen in der Markthalle und auf dem Zigeunermarkt. Jedenfalls ist Loulé stark gewachsen und mit Faro fast schon zusammengewachsen.**

Wie eine riesengroße Cremetorte wirkt die renovierte Markthalle in Loulé dank ihrer zwiebelförmigen Ecktürme und der satten Rosafarbe: Algarvisch-neoarabesker Stil vom besten. Hier herrscht täglich ein Betrieb wie in einem *souk* des Maghrebs. Lauthals und gestenreich wird feilgeboten, was die Bauern und Fischer der Umgebung tagesfrisch angeliefert haben: Obst, Gemüse, Fleisch, Käse, Wurst, Fisch, Muscheln und anderes Meeresgetier. Auch draußen im Freien wird verkauft – und tüchtig gehandelt.

### MAL EHRLICH

**DEN MARKTTAG MEIDEN**

Wenn Markttag und Zigeunermarkt zusammenkommen – und das ist jeden Samstag der Fall – dann strömen die Leute zu Tausenden herbei. Leider ist der Zigeunermarkt gar kein Zigeunermarkt mehr. Denn fast alles ist *made in China*, selbst der portugiesische Hahn, der angeblich aus Barcelos in Nordportugal stammen soll. Um das schöne Loulé hautnah und geruhsam zu erkunden, ist jeder andere Wochentag viel besser geeignet. Denn die Markthallen sind jeden Tag geöffnet.

## Maurisches Erbe

Jeden Samstag geht es in der betriebsamen Stadt noch turbulenter zu als an allen anderen Tagen. Dann lockt nämlich auch ein Zigeunermarkt – ein quicklebendiges Kaufhaus auf Klapptischen unter Schattenzelten (siehe auch Mal-ehrlich-Kasten nebenan). Von Jeans bis Slips, von Sonnenbrille bis Plastikschüssel, vom Destilliergerät bis zum Zaumzeug für Esel und Pferde findet man hier alles, was das Herz begehrt. Nirgendwo in der Algarve ist das maurische Erbe so lebendig wie in Loulé, auch wenn ein Großteil der hier angebotenen Ware in China produziert wird.

Dem Maurischen kommt man auch auf die Spur, wenn man sich innerhalb des Burgfrieds der alten Sarazenen-Festung treiben lässt. Sie wurde im 13. und 14. Jahrhundert von christlichen Rittern ausgebaut. Der komplette Mauerumlauf war über 900 m lang. Vom Markt ist man hier nur ein paar Schritte entfernt. Wenn man hier schlendert, stellt man bald fest: In dieser Stadt geht das Leben mit behaglicher Betriebsamkeit seinen Gang. Ein Widerspruch? Nicht in Loulé. Durch die Rua da Barbacã, Rua das Bicas Velhas, Rua Garcia da Horta bis zur Igreja Matriz lässt sich wunderbar schlendern– das sind kopfsteingepflasterte Gassen. Man erlebt Loulé, wie es leibt und lebt. Bis vor wenigen Jahren arbeitete in fast jedem Haus ein Handwerker. Jetzt ziehen immer mehr Künstler her. Vor allem rund um den Largo Dom Pedro gibt es einige Ateliers und kleine Galerien.

## Jardim dos Amuados

Der kleine, von Ruhe erfüllte Garten neben der Igreja Matriz de São Clemente heißt Jardim dos Amuados und war früher ein islamischer Friedhof. Garten und Kirche liegen ca. 200 m südwestlich

AUTORENTIPP!

**KARNEVAL IN LOULÉ**

Loulé ist die Karnevals-Hochburg der Algarve. Seit über 100 Jahren feiert man diese Tradition. In einem abgesperrten Gebiet paradieren über ein Dutzend LKWs auf der Avenida José da Costa Mealha mit Aufbauten, die die Regierung verhöhnen. Musik spielt, dazu tanzen gruppenweise junge Damen, Clowns sorgen für Unterhaltung und die Leute haben großen Spaß. Jeden Nachmittag vom Faschingssonntag bis Faschingsdienstag ab 14 Uhr gibt es einen Umzug, der im abgesperrten Bereich auf und ab zieht und Zehntausende nicht nur aus der Algarve, sondern ganz Portugal und Andalusien anzieht. Ähnlich wie in Köln, Mainz oder München ergreifen viele Bewohner an diesem Tag jedoch lieber die Flucht und begeben sich aufs Land.

Loulés Gassenlandschaft.

der Markhalle. Falls die Portale der Pfarrkirche Igreja Matriz offen sind, sollte man hineinschauen. Da gibt es sehr schöne *azulejos* zu sehen. Der quadratische Grundriss verrät, dass der Bau auf den Ruinen einer Moschee entstand. Das geschah im 14. Jahrhundert. Der Glockenturm hebt sich mit seinen grauen Steinen deutlich vom weißgetünchten Rest der Kirche ab. Er diente früher als Minarett. Im 16. Jahrhundert wurde er als Kirchturm adaptiert und barock verziert. Das Hauptportal ist eines der wenigen gotischen in der Region. Eindrucksvoll ist die schmiedeeiserne Kanzel, eine Vorzeigearbeit lokaler Handwerkskunst. Der Altaraufsatz wurde aus vergoldetem Gold erbaut, genau wie die Altarbilder.

## Museu do Lagar

Gleich daneben ragt ein stolzes Haus auf. Museu do Lagar heißt es, ist aber kein Museum, sondern ein Restaurant (siehe Autorentipp). Das Herz dieses ehemaligen Fabrikgebäudes ist eine stattliche Olivenpresse. Sie ist gut erhalten, so dass jederzeit der Betrieb von ehedem aufgenommen werden könnte. Alles steht parat, als wäre die Zeit stehen geblieben: die monumentale Presse nebst Schienen für kleine Loren gefüllt mit Oliven, Werkzeug, Zuber und Fässern. Das ist einen Besuch wert.

## Nossa Senhora da Conceição

In der schmalen Gasse Rua Dom Paio Peres Correia befindet sich die Ermida de Nossa Senhora da Conceição. Fast lehnt sich die Wallfahrtskapelle an die Stadtmauer an. Die schöne Kapelle wurde nach 1640 als Dank für die Befreiung von der spanischen Fremdherrschaft gebaut. Wahrscheinlich hat König João IV den Bau veranlasst. Denn unter seiner Führung hatte Portugal die Unabhängigkeit von Spanien errungen. Ihre Fassade ist

**Oben:** Ein typisches gutbürgerliches Lokal der Algarve, hier in Loulé.
**Mitte:** Vergoldete und geschnitzte Altare mit blauweißen Kacheln sind typisch für den Kirchenbau, wie hier in Lagos.
**Unten:** Im Städtischen Museum beim Convento Espírito Santo.

# Stadtrundgang Loulé

**A Câmara Municipal.** Der ideale Ausgangspunkt für eine Stadtbesichtigung liegt an der Praça da República am Largo Gago Coutinho: das Rathaus, ein klassizistischer Prachtbau. Von hier aus verläuft die Straße Praça da República gen Westen.

**B Mercado Municipal und Museu Municipal.** Nur einen Steinwurf entfernt an der Praça da República liegen der renovierte neoarrabeske Markt Mercado Municipal und das interessante Museu Municipal. Marktzeiten sind Mo–Sa 8–13 Uhr.

**C Ermida de Nossa Senhora da Conceição.** Wenn man am unteren Ende der Praça da República in die Rua Paio Peres Correia abbiegt, ragt links die etwas unscheinbare Ermida de Nossa Senhora da Conceição auf. Mo–Fr 9–17.30 Uhr, Sa 9–14 Uhr, So geschlossen.

**D Castelo de Loulé.** Gleich hinter der Ermida findet man eindrucksvolle Reststücke der über 4 m hohen Stadtmauer und des Castelo de Loulé.

**E Igreja de São Francisco.** Ein paar Schritte weiter erreicht man den Platz Praça Afonso III und die Igreja de São Francisco. Nun in südlicher Richtung in die Rua das Bicas Velha abbiegen.

**F Convento de Espírito Santo.** Der eindrucksvolle und teils rosa gestrichene Convento de Espírito Santo beherbergt einige Bereiche der Algarve-Universität und die städtische Galerie. Nun die Rua Vice-Almirante Cândido dos Reis entlanggehen, dabei die Biegung der Straße mitmachen und dann die kleine Straße gen Südosten nehmen auf die Rua Dr. Joao Nunes Saralva; von dort geht es gen Süden über die Rua Martim Farto bis zum Largo de Matriz.

**G Igreja Matriz de São Clemente am Largo de Matriz.** Nach etwa 300 m erreicht man die Hauptkirche, gleichzeitig eine der wichtigsten Sehenswürdigkeiten in Loulé. Sie entstand im 13. Jahrhundert auf den Fundamenten einer Moschee. Dem Glockenturm, der sich mit seinen grauen Steinen deutlich abhebt, sieht man jetzt noch an, dass er früher ein Minarett war. Täglich geöffnet von 12.30–14 Uhr.

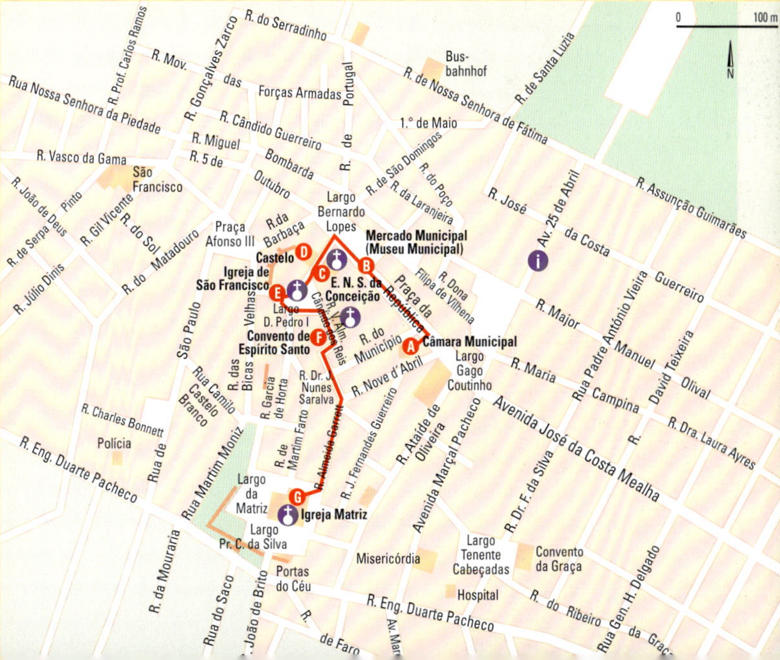

sehr schlicht und zählt zum »einfachen Architekturstil«, der *arquitectura chão*. Im Innenraum ist der Altaraufsatz recht klein, aber atemberaubend schön. Auch in dieser Kirche gibt es viele blaue *azulejos* zu bewundern.

## Igreja da Misericórdia

Die Igreja da Misericórdia findet man an der Avenida Duarte Pacheco. Man betritt das harmonische Bauwerk durch ein üppig dekoriertes bogenförmiges Portal aus der manuelinischen Epoche, die eigentlich kein eigener Baustil ist, sondern eine portugiesische Variante der gotischen Dekoration in exzellent gemeißelten Tor- und Fenstereinfassungen darstellt. Symbole aus der Schiffahrt – eine Referenz an die großen Entdeckungen im 15. und 16. Jahrhundert – treten bei dieser Ornamentik immer wieder auf, wie Anker, Knoten, Kompass oder das Kreuz des Christusordens. Hier in Loulé sind es besonders die kunstvoll gemeißelten Seile.

## Nossa Senhora da Piedade

Noch mehr Kirchen? Dann lohnt sich ein Abstecher zu der Wallfahrtskapelle Nossa Senhora da Piedade, deren Kuppel schon von Weitem sichtbar ist und jahrelang in Bau war. Man kann sie täglich von 9–12.30 Uhr und von 14–17.30 Uhr besichtigen. Montags ist sie, wie so viele Sehenswürdigkeiten, geschlossen. Sie ist das Zentrum der bekanntesten Prozession in der Algarve, der Mãe Soberana (»Ehrwürdige Mutter«), die zur Osterzeit stattfindet. In einer Prozession wird die Statue der Patronin der Stadt von der Igreja de São Francisco zur Wallfahrtskapelle Nossa Senhora da Piedade getragen. Am zweiten Sonntag nach Ostern wird sie wieder zurückgetragen. Das ist ein großes Spektakel, was man nicht verpassen sollte.

AUTORENTIPP!

**MUSEU DO LAGAR**

Die Granitmühle in der Mitte des großen, aber gemütlichen Lokals ist der Namensgeber. Es ist eine Olivenpresse (*lagar*). Wo früher Oliven aus der weiten Umgebung von den Bauern selbst angeliefert, in Loren zur Presse angekarrt und dann zu Öl kaltgepresst wurden, befindet sich heute der Speisesaal. Früher wurden die Oliven vor den Augen der Kunden gepresst, damit man auch wirklich das Öl der eigenen Früchte bekam. Der gesamte Arbeitsprozess wird von alten Gegenständen und Originalwerkzeugen eindrucksvoll veranschaulicht. In der Küche schwingt Marie Schmidt das Zepter und meistert eine Mischung aus kreativer Küche mit den Merkmalen der traditionellen Algarve-Küche. Hase mit weißem Bohnen oder Gambas mit Curry sind besonders zu empfehlen.

**Restaurante Museu do Lagar**
Largo Batalhâo Sapadores,
geöffnet Mo–So,
Tel. 289 422 718.

# Infos und Adressen

## INFORMATION

**Posto de Turismo Loulé.** Mo–Fr 9–18 Uhr, Sa/So 9–13 und 14–18 Uhr. Avenida 25 de Abril, 9, Tel. 289 463 900.

## ESSEN UND TRINKEN

**Monte da Eira,** Clareanes. Sehr gute portugiesische Küche mit Pfiff, wunderbare Aussicht. Von Loulé 5 km Richtung Querenca fahren, Tel. 289 438 129.

**O Grego,** Rua Eng. Das beste griechische (kleine) Lokal Portugals befindet sich mitten in Loulé. Tolle Stimmung, solides Essen, klasse Kuchen. Duarte Pacheco 116, Tel. 933 896 044.

Frisches aus dem Meer ist ein Muss!

**Restaurante 3 Wonders.** Das moderne Restaurant mit fantastischer Panoramaterrasse hat sein eigenes Konzept: Den ganzen Tag gibt es eine reiche Auswahl warmer und kalter Tapas, nachmittags Café- und Konditorspezialitäten, abends exzellente internationale Küche. Auch Vegetarier kommen auf ihre Kosten. Ab und zu gibt es traditionelle Live-Musik. Alto do Relógio, Betunes, Tel. 289 462 838, www.3wonders.pt (außerhalb der Karte)

## ÜBERNACHTEN

**Loulé Jardim Hotel.** Das Haus mit seinen 52 Zimmern ist ein gediegenes Stadthotel und relativ ruhig an einem kleinen Park mitten in der Altstadt gelegen. Praça Manuel de Arriaga Tel. 289 463 177, www.loulejardimhotel.com (außerhalb der Karte)

Turm und Stadtmauer der Serrazenenburg.

**Casa do Alto.** Das hübsche Landhaus liegt nahe der EN 125 in Monte Judeu bei Loulé. Es ist umrahmt von einem üppigen Garten mit Pool und Rasen und verfügt über 15 schöne und ruhige Zimmer. Der Service ist sehr freundlich und familiär. Monte do Poço, Vale Judeu, Tel. 917 242 670, www.hotel-casadoalto.com. (außerhalb der Karte)

## EINKAUFEN

Die 2011 frisch renovierte Markthalle am Largo Gago Coutinho öffnet Mo–Sa 7.30–15 Uhr.

Auf dem Markt wird gehandelt.

Die neoarabeske Markthalle (*mercado municipal*) wurde 2011 renoviert und erstrahlt nun mit ihren unverwechselbaren Zwiebeltürmen in alter Pracht. Gleich daneben befindet sich das Rathaus – ein Prunkstück der Architektur.

**Mitte:** In Milreu finden sich gut erhaltene Ruinen aus der Römerzeit. **Unten:** Die Römer waren Meister im Bau von Thermen.



# 15 Milreu

## Die Ruinen von Milreu

**Nur acht Kilometer nördlich von Faro, ganz in der Nähe von Estói, befinden sich die Ruinen von Milreu. Manchmal ist von einer römischen Kleinstadt die Rede. Was der Besucher dann zu sehen bekommt, ist eine stattliche römische Landvilla mit Tempel, Schwimmbad, Thermen und Mosaiken, die erstaunlich gut erhalten ist.**

Die im 2./3. Jahrhundert auf den Trümmern einer noch älteren Villa erbauten Mauern zählen zu einem Wohngebäude, zu dem auch eine Thermenanlage gehört. Archäologen legten sie frei und man kann sie besichtigen. Gegenüber der Villa wurde im 4. Jahrhundert ein Tempel dazu gebaut. Seine halbrunde Wand ist teils bis zum Dach erhalten geblieben.

Kultgebäude dieser Größe errichtete ein römischer Gutsbesitzer, um die Götter wohlgesonnen zu stimmen, aber auch, um sein Ansehen zu erhöhen. Man nimmt an, dass diese Villa der Wohnsitz eines Fischfabrikanten war. Fischpasteten aus Sardinen und Thunfisch (sog. *garum*) waren schon bei den Römern beliebt. Kein Wunder also, dass bei diesem Hausherrn Fische, Delfine und anderes Meeresgetier die Hauptmotive der vielen Mosaike sind.

### Römisch-klassischer Grundriss

Der freigelegte Grundriss der Villa und die Mauerreste zeigen den typischen Baustil der Entstehungszeit. Das Zentrum des Hauses stellte ein *pátio*-ähnlicher Garten dar. Das Wasserbecken in der Mitte war von Säulen umrahmt. Vom *pátio* aus betrat man die Wohn- und Schlafräume und den Küchenbereich. Südlich des Hauses lagen die ausgedehnten Thermen. Ein sechseckiges Wasserbecken innerhalb des Gebäudes lässt darauf schließen, dass der Hausbesitzer einem Wasserkult frönte (Nymphäum).

Im 6. Jahrhundert und im Rahmen der von den Königen angeordneten Christianisierung der Iberischen Halbinsel wurde Milreu in eine christliche Kirche umfunktioniert, wie ein Taufbecken im Hof anzeigt. Später nutzten auch die Mauren den stolzen Bau – arabische Grabinschriften deuten darauf hin. Als die Kuppel im 10. Jahrhundert einstürzte, wurde die Anlage verlassen und dem Verfall überlassen. Erst im 16. Jahrhundert entstand das Bauernhaus daneben.

In Milreu zeigt es sich deutlich: Ein Bad, eine Therme und ein Wellnessbereich mit kaltem und heißem Wasser gehörten in einer reichen römischen Villa zur Grundausstattung. Der Tempel durfte natürlich auch nicht fehlen, Bestandteile, die in den großen portugiesischen *quintas* ebenfalls nicht fehlen dürfen. Das angegliederte Museum ist modern und übersichtlich gestaltet.

## Funde zwischen Alvor und Lagos

Milreu hat man fein rausgeputzt. Es ist das Herzeigestück der römischen Geschichte in der Algarve. Es gibt auch noch eine Reihe anderer römischer Funde, um die man sich bis jetzt wenig kümmert. Ein Beispiel ist die Anlage zwischen Alvor und Lagos, mit Mosaiken wie in Milreu. Die Ruinen finden sich direkt an der EN 125 bei Mexilhoeira Grande. Es gibt keine Anlage, keine Öffnungszeiten, keine Besichtigungen. Einfach dem braunen Hinweisschild für historische Stätten und der Aufschrift »Abicada« folgen. In der Algarve warten Unmengen von Relikten darauf, ausgegraben und entschlüsselt zu werden.

## Infos und Adressen

### INFORMATION

**Ruinas de Milreu**

Öffnungszeiten: Sommer (Mai/Sept.): Di–So 9.30–13 und 14–18.30 Uhr, Winter (Okt/April): 9–13 und 14–17.30 Uhr, Mo geschlossen. Eintritt: €2

### ESSEN UND TRINKEN

Bitte beachten Sie unsere Tipps zu Estói auf Seite 93. Denn diese Restaurants befinden sich ganz in der Nähe.

### ÜBERNACHTEN

**Monte do Casal**

Als Mitglied der Kette »Small Luxury Hotels of the World« bietet dieses 4-Sterne-Luxury-Boutique-Hotel exquisiten Luxus – nicht den eines großen, sondern eben den eines kleinen Hauses, in dem man größten Wert auf Service und Wohlgefühl legt. Eine wunderbare Gartenanlage mit Teichen und Wasserläufen umgibt die exklusive 18.-Jahrhundert-Villa. Das dazugehörige Restaurant hat eine Terrasse mit toller Aussicht und einen sehr gepflegten Speisesaal. Die Küche genießt einen ausgezeichneten Ruf. Monte do Casal, Cerro do Lobo, westlich von Estói, Tel. 289 990 140.

Delfine waren bei den Römern ein sehr beliebtes Motiv für kunstvolle Mosaike.

**Mitte:** An die 800 Jachten aus aller Welt liegen vor Vilamoura.
**Unten:** Bei Flut wird es etwas eng am Praia da Falésia.



# 16 Vilamoura

## Ein geplantes Urlaubsresort

**Mit Argwohn sahen die für den Tourismus der Algarve Verantwortlichen, wie sich schon in den 1960er-Jahren der Fremdenverkehr und mit ihm zahllose Bauprojekte planlos ausbreiteten. Die gesamte Region schien Gefahr zu laufen, dem Billigtourismus zu verfallen. Deshalb wurde beschlossen, den Ort Vilamoura in der engen Nachbarschaft von Quarteira als Gegenmodell ins Leben zu rufen.**

Das Urlaubsresort erreicht man über die EN 125. Vilamoura bezeichnet eigentlich nicht nur den Ort, sondern ein ganzes Gebiet. Immerhin nimmt es über 2000 Hektar ein, womit Vilamoura eines der flächengrößten Resorts Europas ist. Es ist umgeben von Pinienwäldern und Marschland. Bei allen Baumaßnahmen hat man glücklicherweise stets die Umwelt beachtet. In die vielen Resorts ziehen im Sommer einige Nordportugiesen und Lissabonner, um den Sommer in der Algarve zu verbringen, wie es sich für portugiesische Familien eben gehört. Die Stimmung ist offen und ungeschminkt.

Der Jachthafen (*marina*) ist der Knotenpunkt von Vilamoura. Binnen weniger Jahre wurde die *marina* ein feudaler Ankerplatz für nahezu 1000 Boote aus aller Welt. Die monumentalen Hotels lassen Vilamoura wie ein kleines Mini-Manhattan am Meer aussehen.

### Freizeitaktivitäten

Mit sechs ausgezeichneten Plätzen spielt Golf eine große Rolle in diesem Gebiet. Der Strand reicht bis zum Praia da Falésia. Hier sind Wassersportarten

# Von Strand zu Strand

**A Jachthafen.** Die *marina* bildet das mit Ebbe und Flut pulsierende Herz des vornehmen Ortes, der ganz und gar vom Tourismus geprägt ist. Die Einbahnstraße Rua Marina de Vilamoura führt an der *marina* entlang und durch den gesamten Ort zu allen großen Hotels. Fast alle Restaurants, Boutiquen und Geschäfte sind an ihr aufgereiht.

**B Praia da Falésia.** Westlich der *marina*-Einfahrt beginnt diese Traumstrandkette, die sich auf über 8 km Länge fast bis nach Albufeira zieht und von einer orangeroten Sandklippenwand eingegrenzt wird. Bei Flut wird es hier eng.

**C Praia da Marina.** Östlich der Hafeneinfahrt von Vilamoura beginnt dieser lange Sandstrand, den ebenfalls große Hotels säumen. Er reicht bis zur Einfahrt des Fischerhafens von Quarteira und gilt als Hausstrand für beide Orte.

**D Cerro da Vila.** Die beeindruckenden römischen Ausgrabungen finden sich 200 m vom Ufer am Nordwestrand der *marina*. Es dürfte sich um ein stattliches Landgut umgeben von Feldern gehandelt haben. Aus einem 2 km entfernten Stausee wurde das Wasser herbeigeleitet – schließlich liebten die Römer die Wasserkultur über alles. Mehrere Thermen mit prächtigen Mosaiken zeugen davon. Einige Wohnräume sind erkennbar, auch der Bereich, wo die Sklaven in viel kleineren Zimmern hausten. Der Rundgang ist gut markiert, die Hinweistafeln informieren gründlich. Die Ruinen sind ein eindrucksvolles Erbe der römischen Epoche in der Algarve und veranschaulichen die hohe Kultur, die hier vor 2000 Jahren herrschte. Täglich geöffnet von 9.30–12.30 Uhr und 14–18 Uhr, Eintritt: 4 €.

AUTORENTIPP!

**SETE CAFÉ**

Der 1972 geborene Luis Figo trat 2009 als aktiver Fußballer zurück, nachdem er es als Stürmer mit der Nummer 7 zu Weltruhm gebracht hatte. Heute noch laufen viele Leute in einem weinroten T-Shirt mit dem Aufdruck »7« herum. Die verblüffende Popularität des Fußballers erklärt sich wohl aus seiner immerfreundlichen Art. Seine Ehe mit dem Ex-Modell Helen Svedin gilt als vorbildlich. Mit so vielen Lorbeeren ausgestattet, eröffnete er in Vilamoura direkt an der Marina das Sete Café, das prompt zu einem Zielhafen nicht nur von VIP-Leuten und Fußballfans geworden ist.

**Sete Café**
Marina de Vilamoura, Quarteira
Tel. 289 380 243,
www.setecafe.com

angesagt. Außerdem kann man von der *marina* aus Bootstrips und Jachttörns unternehmen und die Algarve von ihrer schönsten Seite erleben. Man gleitet ganz gemütlich an den weltberühmten Grotten und skurrilen Felsgebilden vorbei.

Neben dem Lawn Bowling Club locken ein Tennis-Center, ein Center für Bogenschießen, ein gut geführter Reitstall, Nachtclubs – und sogar ein Museum neben den römischen Ausgrabungen Cerro da Vila. Die archäologische Station und das Ausgrabungsfeld liegen etwa 200 m nordöstlich des Jachthafens von Vilamoura. Es gibt auch ein Casino in Vilamoura.

## Der Nachbarort Quarteira

Früher war Quarteira ein Fischernest, heute ist es ein Touristenzentrum. Der Strand ist riesig. Hier begann das Bauen in den 1960er-Jahren – aber nicht von nordeuropäischen Investoren, sondern von Portugiesen. Es wurde wild drauflos gebaut, das merkt man der Stadt heute noch an. In Quarteira leben ganzjährig die vielen Tausend Menschen, die in den umliegenden Resorts arbeiten.

Quarteira ist ein typischer Badeort mit einem ca. 4 km langen Strand. Der flache Sandstrand wird sehr gepflegt und von Dünen umrahmt. Das Wasser fällt flach ab. Er gehört mit zu den kinderfreundlichsten Stränden Portugals. Parallel zum Strand befindet sich die Promenade. Entlang der Promenade wurden Hotels und Apartmentanlagen gebaut. Urlauber können vom Hotel direkt bzw. nach kurzem Überqueren einer Straße zum Strand gelangen. Das ist an der Algarve nicht sehr oft möglich. Es gibt eine Touristeninformation, die durch ihren modernen Betonbau auffällt. Direkt daneben befindet sich die Galeria Municipal mit wechselnden Kunstausstellungen.

# Infos und Adressen

## ESSEN UND TRINKEN

**Chico's Restaurant.** Angenehmes portugiesisches Restaurant in der MuliKulti-Stadt. Sehr freundliche Bedienung, am besten von Chico oder Carlos persönlich, Rua do Sol 25, Tel. 289 388 028.

**La Cabane.** Das kleine Restaurant liegt mitten in Quarteira. Sehr beliebt bei den Einheimischen. Unbedingt empfehlenswert ist der Tagesteller. Eher rustikales, aber gutes Essen. Rua do Levante 19, Quarteira, Tel. 289 313 819. (außerhalb der Karte)

## ÜBERNACHTEN

**Quinta da Cebola Vermelha.** Ungefähr 10 km von Vilamoura ins Landesinnere befindet sich das typische Algarve-Landhaus. Es ist einstöckig, sehr breit angelegt und dunkelrot gestrichen. Sehr schöne Garten- und Poolanlage, gemütlich eingerichtete Zimmer, sehr freundliche und familiäre Atmosphäre. Boliqueime, Tel. 289 363 680, www.quintadacebolavermelha.com (außerhalb der Karte)

**The Lake Resort.** 2005 eröffnet. Verbindet maurisch-marokkanisches Design mit asiatischen Merkmalen. Das Spa ist ausgezeichnet. Praia da Falésia, Apartado 811. Tel. 289 320 700, www.thelakeresort.com. (außerhalb der Karte)

## GOLFRESORTS

**Victoria Golf Course.** World Cup Course 2005, ab 118 €, Tel.289 310 333. (außerhalb der Karte)

**Oceanico Millenium Golf Course.** Am Ortseingang von Vilamoura den Schildern folgen, Caminho da Fonte do Lume, Tel. 289 310 333, ab 85 €. Für viele gilt er als einer der besten Plätze Europas.

**Laguna Golf Course.** PP7, Zona 1, Subzona 2, Tel. 289 323 023, ab 85 €. (außerhalb der Karte)

Prunkvilla im Goldenen Dreieck.

Schlendern an der *Marina* in Vilamoura.

# 17 São Lourenço de Matos

## Kapelle mit Kachel-Kunst

**Mitte:** Die Kirche São Lourenço de Matos bei Almancil.
**Unten:** Der Kirchenraum ist komplett mit von Hand bemalten Kacheln geschmückt.

**Will man Portugals schönste Kunst bewundern, die Kachel-Kunst, so muss man sich die Kapelle São Lourenço bei Almancil anschauen. Die meisten Autofahrer sausen auf der EN 125 fast direkt daran vorbei, aber wer die Augen öffnet, erkennt schon von außen an den Türmen und dem komplexen Bau, dass hier etwas ganz Besonderes verborgen ist.**

Almancil liegt ca. 13 km westlich von Faro und ist ein Mekka für Kunstliebhaber. Um die Schätze muss man aber noch in das ca. 2 km entfernte winzige Dorf São Lourenço fahren. Es handelt sich um die Igreja de São Lourenço de Matos, eine vollständig mit weiß-blauen *azulejos* ausgeschmückte Kirche – einzigartig für ganz Portugal – und um das Centro Cultural de São Lourenço, ein Kulturzentrum für moderne Kunst. São Lourenço liegt nördlich der EN 125, der Ort Almancil selbst südlich. Wenn man aus Richtung Faro anreisen und nur die Kirche und das Kulturzentrum besuchen will, biegt man etwa 2 km vor der Abfahrt Almancil rechts ab. An dem Gotteshaus wurde von 1722 bis 1742 gebaut. Es entstand also noch vor dem großen Erdbeben. Die Kapelle ist ein Paradebeispiel für den Barock der Algarve und wurde von den Bürgern der Umgebung finanziert, die Gelübde verbunden mit Spenden abgaben. Die Kapelle São Lourenço war sehr bekannt und gut besucht und wurde deshalb zur Hauptkirche von Almancil erkoren.

### Innenraum

Die *capela* hat ein Längsschiff mit Seitenkapellen und eine quadratische Kanzel, deren Baldachin mit *azulejos* verkleidet ist. Fast alles in dieser Kapelle ist verkachelt. Mit diesem überreichen Dekor gilt sie als eine der herausragenden Kulturschätze des Landes. Sogar die Gewölbedecke ist mit blauen *azulejos* verkleidet, die in Bildergeschichtenstil die Lebensgeschichte des Namenspatrons der Kapelle, des Heiligen Laurenzius aus Rom, erzählen. Die *azulejos* werden übrigens dem Meister der Kachelkunst zugeschrieben, Policarpo de Oliveira Bernardes (1695–1778) aus Lissabon. Barock-pompös wie das gesamte Gotteshaus, so ist auch der geschnitzte und vergoldete Altar (*talha dourada*). Er wurde von Manuel Martins gebaut und ist ein prachtvolles Meisterwerk der Schnitzkunst. Diese Kunstform kommt im portugiesischen Barock häufig vor und heißt *talha dourada*. Eine Reihe von Heiligenfiguren aus dem 17. und 18. Jahrhundert runden den Eindruck ab, dass man soeben einen reichen Kirchenschatz in Augenschein nimmt. Die Skulpturen und das gesamte Gotteshaus verbergen nicht, in welchem durch die Kolonien finanzierten Reichtum das Land einst lebte. Fotografieren ist nicht erlaubt.

## Centro de Arte in Almancil

Wer sich für lebendige moderne Kunst interessiert, findet in Almancil Außergewöhnliches im Centro de Arte. Was sofort besticht, sind die kräftigen Farben, die Candida Paz und Filipe Bota in großem Stil kombinieren: Ganze Gebäude sind farbig abgestimmt, stattliche Installationen stehen dazu im farbigen Kontrast. Hier fühlen sich Erwachsene, sowie auch Familien mit Kindern ausgesprochen wohl und Kunstinteressierte lieben das Plauschen mit anderen, ähnlich gesinnten Leuten. Einzigartig in der Algarve! Caminho das Pereiras, Tel 289 393 191.

## Infos und Adressen

### ÜBERNACHTEN

**Hospedaria Golda So.l** Die Pension mit 15 Zimmern liegt 4 km außerhalb von Almancil in Richtung Hinterland, hat Blick in die weite Umgebung, Pool, mittlerer Luxus, preiswert. An der EN 125 in Goncinha, Alfarrobeira, Tel. 289 432 404.

### ESSEN UND TRINKEN

**Restaurant Solar do Poeta.** Kleines Restaurant, ordentliche Küche, freundliche Stimmung, Sítio da Igreja São Lourenço, Tel. 289 358 114.

### SEHENSWÜRDIGKEITEN

**Capela de São Lourenço.** Bekannt vor allem durch die grandiosen *azulejo*-Bilder und die vergoldeten Holzschnitzereien. Fotografieren ist verboten. Sommer: Di–Sa 10–13 und 15–18 Uhr, Mo 15–18 Uhr, Winter: Di–Sa 10–13 und 14.30–17 Uhr, Mo 14.30–17 Uhr, So geschlossen, Eintritt 2 €.

**Centro de Arte in Almancil.** Caminho das Pereiras, Tel. 289 393 191.

Handbemalte Kacheln (Azulejos), die wohl schönste Kunstgattung Portugals.

**Mitte:** Eine der vielen Villen in dieser noblen Region.
**Unten:** Süßwasserseen, Schilf und Schirmpinien – das zeichnet am Quinta do Lago die Natur aus.



# 18 Das Goldene Dreieck

## So richtig reich

**Am Algarve-Highway EN 125 zwischen Loulé und Faro gelegen, hat sich Almancil binnen 30 Jahren von einem ärmlichen Dorf zu einem Zentrum entwickelt, das die nahen »Millionärs-Resorts« im »Goldenen Dreieck« versorgt, mit Ärzten, Rechtsanwälten, Restaurants, Cafés, Bars, Boutiquen, Supermärkten, Handwerkern und der gesamten Infrastruktur, die für den Betrieb einer Luxusgegend angesagt ist. Hier ist natürlich alles eleganter und teurer als anderswo.**

Es ist in der Tat fast ein gleichschenkliges Dreieck, das sich zwischen den drei Zentren von Almancil, Quinta do Lago und Vale do Lobo ziehen lässt – quer durch Villengegenden, die man kaum in Portugal vermuten würde. Luxus pur, kapitale Häuser, dicke Autos.

## Quinta do Lago

Als Multimillionär André Jordan die Gegend um die Quinta do Lago besuchte, fuhr er durch einen unberührten Schirmpinienwald. Er bummelte an den Ufern eines Süßwassersees in Strandnähe, beobachtete die vielen tausend Vögel, die hier am Beginn der Ria Formosa im Lagunenwasser stocherten. Er bewunderte die Pastelltöne, die lauen Winde, die salzigen Gerüche des Meeres und der Pinien. Jordan erwarb das gesamte Areal, hunderte von Hektar Traumgebiet. Er teilte es in Parzellen auf und verkaufte sie vorwiegend an betuchte Engländer, die sich damit ein Stück vom Paradies erwarben, angelockt durch die Tatsache, dass gleich mehrere Golfplätze entstanden, die zu den weltschönsten zählen. Das Kernstück war ein

Kinder und Erwachsene genießen die Umgebung rund um die Süßwasserseen.

Golf-Grandhotel unter Leitung der legendären Orient-Express-Gesellschaft.

Quinta do Lago ist ein gigantisches Puzzle, in welchem jedes Detail stimmt. Zwischen den Pinien ragen Villen auf, bewohnt vom Geldadel aus aller Welt, eine exklusive Gegend wie aus einem Hollywood-Film. Quinta do Lago avancierte zu einem der exklusivsten Wohngebiete der Alten Welt. Die Tatsache, dass es hier nur ein hochexklusives Hotel gibt, zeigt an, dass die Reichen unter sich sein wollen. Das Hotel ist sozusagen ein erweitertes Gästehaus. Am Eingang von Quinta do Lago breitet sich das Einkaufszentrum Buganvilia aus, wo man alles finden kann. Das hat natürlich auch seinen Preis.

## Vale do Lobo

Wenige Kilometer entfernt breitet sich ein weiteres Golf-Eldorado aus: Vale do Lobo. Es ist etwa dreimal so groß wie Monaco und hat eine

AUTORENTIPP!

### EUROPAS LÄNGSTE HOLZBRÜCKE

Wo die Ria Formosa ihren Anlauf nimmt, um sich über 60 km weit fast bis zur spanischen Grenze zu erstrecken, liegt der Strand von Quinta do Lago. Über eine 300 m lange Holzbrücke gelangt man hin und kann das Kommen und Gehen der Gezeiten sehen, die Krustentierfischer bei ihrer Arbeit und – mit ein wenig Glück – Schwärme graziöser Flamingos beobachten. Es ist ein Gebiet, das wirklich hervorragend zur Beobachtung von zahlreichen Arten von Wasservögeln geeignet ist. Von einem hoch gelegenen Aussichtsplatz am Lago de São Lourenço kann man Stockenten, Bläss- und Sultanshühner ganz aus der Nähe sehen. Am Strand findet man das schicke Restaurant Gigi, ein Stelldichein der Schönen und Reichen des Goldenen Dreiecks (wie z. B. Carolina von Monaco). Bei der Brücke beginnen zwei schöne Wanderwege: Links zweigt der 3,3 km lange Weg „São Lourenço" ab. Holzstangen mit blauen Ringen markieren ihn. Rechts beginnt ein 2,3 km langer Weg, der vor allem Pflanzenfreunde fasziniert.

**Oben:** Schicke Restaurants locken die Gäste zum Strand von Quinta do Lago.
**Mitte:** Golfen ist hier weit verbreitet.
**Unten:** Wellness am Atlantik, das ist Luxus pur.

ähnliche Klientel. Villenkomplexe umrahmen die Greens. Das ständig klackende Geräusch des Ballschlagens ist den Golf-Freunden so lieb wie das Trällern der Nachtigallen, von welchen es hier ebenfalls etliche gibt. Vale do Lobo hat sich in jüngsten Jahren zu einem gediegenen Sportzentrum gemausert, das auch deutschen Bundesliga-Teams als Trainingsort dient. Hier war 1962 der Reichtum eingezogen, als die britische Trust House Fortes 450 Hektar erwarb. Aus dem Areal machte Trust House ein Luxus-Resort für Touristen. Eine vielleicht mutige Investition, weil die Algarve zu dieser Zeit eine Provinz der Bauern und Fischer war. Es gab nur eine Straße nach Lissabon, und die war miserabel. Trotzdem wurde ein grandiose Golfanlage gebaut, für die Sir Henry Cotton verantwortlich war. Man setzte auf Flugzeuge als Transportmittel. Der Flugplatz war ja nur ein paar Kilometer entfernt und wurde 1966 ausgebaut. Jetzt war Faro zwar nicht so gut an Lissabon, aber an London und andere Metropolen Europas angeschlossen. 1989 kam ein neuer Terminal hinzu. Inzwischen hatte sich der moderne Tourismus längst breitgemacht und in seinem Gefolge die Ansiedlung wohlhabender Ausländer.

1977 übernahm der niederländische Entrepreneur Sander van Gelder die Anlage, baute die Golfanlagen aus, Villen und Hotels kamen hinzu. Ähnlich wie Quinta do Lago, ist Vale do Lobo nicht in erster Linie ein Touristenzentrum, sondern der Zweitwohnsitz und Anlaufstelle für ein internationales reiches Publikum. 2006 übernahm ein internationales Konsortium den gesamten Resort, modernisierte die Spas- und Wellnessbereiche und die Golfakademie Barringtons und erweiterte die Sicherheitsmaßnahmen, auf dass sich das millionenschwere Klientel stets unbeschwert, eben ganz unter sich, wohlfühlen kann.

# Infos und Adressen

## ESSEN UND TRINKEN

**O Limoeiro – The Lemon Tree.** Internationales herrscht nun eben einmal vor im Goldenen Dreieck. Auch bei diesem Restaurant, welches die Schotten Robert und Anne Pattis übernommen haben. Die Küche ist portugiesisch geprägt, ab und an gibt es auch Schottisches. Avenida Duarte Pacheco 210, Almancil (bei der Millennium Bank), Tel. 289 395 399.

Das Auge isst mit, besonders an der Algarve.

**Bistro des Z'Artes.** Chef Jonathan Pratt erfreut seine Gäste mit einer sehr geschickt präsentierten Verbindung aus irischem Charme und international-raffinierter Küche. Das In-Restaurant ist im Bistro-Stil eingerichtet, die Wände voller Gemälde und Kunstobjekte. Das Sonntagslunch ist fast immer ausgebucht, und auch an Wochenenden sollte man unbedingt reservieren. Rua Calvário 69, Tel. 919 407 366, www.bistroalgarve.com.

Weniger ist mehr – die Maxime der Restaurants.

Feudales Interieur im Nobelhotel.

## ÜBERNACHTEN

**Monte da Quinta Club.** Dieses Ressort liegt mitten im Quinta-do-Lago-Gebiet und ist von einer harmonischen Verbindung von Architektur und Landschaft geprägt. Die Villen variieren von 2 bis 5 Schlafzimmern und haben allen Luxus, wozu auch eigene Pools und Gärten zählen. Eine eigene Luxusjacht steht zur Verfügung. Tel. 289 000 300, www.mqclub.com.

**Quinta Jacintina.** Mitten im Goldenen Dreieck liegt dieses Boutique-Hotel mit 11 luxuriös und individuell ausgestatteten Zimmern. Herrliche Garten- und Poolanlage. Ein kleines Paradies und das nur 2 Minuten vom Strand und 5 Minuten vom Golfplatz entfernt. Urbanização Quinta Jacintina, Almancil, Tel. 289 350 090, www.algarvehotel.co.uk.

Luxus pur in der Suite des Quinta do Lago Hotels.

# DIE ZENTRAL-ALGARVE

# 19 Albufeira

## Ein Magnet bei Tag und Nacht

**In Albufeira kommen alle auf ihre Kosten. Für die einen ist dieser melodiöse Ortsname gleichbedeutend mit einer idealen Urlaubskombination aus Traumstränden und täglichem Trubel in einer sonnigen Stadt am Meer. Andere möchten sich in der hippen Szene einer monumentalen Disco-Meile austoben. Albufeira wurde zum Inbegriff des Algarve-Tourismus im großen Stil. Neben Hotelanlagen, Resorts, zahllosen Bars und Restaurants gibt es auch eine grandiose Naturkulisse.**

Westlich von Albufeira breitet sich ein kilometerlanger Streifen aus Klippen, Dünen, Buchten und Stränden aus. Zum langgestreckten Praia da Galé hin sieht man teils bizarre Felsgebilde am Strand: von Wind und Wetter gemeißelte Grotten und Türme und andere skurrile Formationen aus rot-orangefarbenem Sandstein. Und im Osten von Albufeira erstreckt sich der Praia da Falésia. Auch

### MAL EHRLICH

**EIN TIPP ZUR SICHERHEIT AN STRÄNDEN**

Die Felsen der Algarveklippen sehen aus wie hingemalt, ganz wie im Katalog des Reisbüros, aber dennoch sind sie ein Teil der Natur und die nimmt keine Rücksicht auf Strandurlauber. Jährlich werden die portugiesischen Strände auf Sicherheit geprüft. Hier und dort wird mal ein Stück lockerer Fels gesprengt. Trotzdem kam es 2009 zu einem tragischen Unfall an einem der Strände Albufeiras, bei dem fünf Menschen mit ihrem Leben bezahlten, als sich große Felsbrocken von den Klippen lösten. Also sollte man immer einen Sicherheitsabstand halten und Hinweisschilder beachten.

**Vorangehende Doppelseite:** Die Zentralalgarve bietet perfekten Urlaubsflair, wie hier im pittoresken Fischerdorf Ferragudo.
**Mitte:** Der Strand Praia dos Pecadores ist der Hausstrand von Albufeira.
**Unten:** Im Restaurant Ruina gibt es leckere Langustengerichte.

dieser 8 km lange Strandstreifen hat zahllose Freunde, die sich jeden Tag aufs Neue an den Farben begeistern, in welchen die Sandsteinklippen am späten Nachmittag aufleuchten. Dieser Strand ist in eine Handvoll Abschnitte eingeteilt.

## Beliebter Ferienort

Albufeira breitet sich im größten Taleinschnitt dieses pittoresken Küstenabschnitts mit vielen weißen Häusern und über 200 Hotelkomplexen, Ferien- sowie Golfanlagen aus. Leben normalerweise knapp 40 000 Menschen in der Stadt, so verzehnfacht sich diese Zahl im Hochsommer. Dann wird Albufeira zu einer Sommer-Sonne-Strand-Stadt. In den Gassen zwischen dem Cais Herculano, der Rua 5 de Outubro und dem Largo Engenheiro Duarte Pacheco wird es laut und eng.

Albufeira ist Algarve-Besuchern durch typische Postkarten und Titelfotos in Reiseführern bekannt: Bunte Fischerboote am Praia dos Pescadores, dem Strand der Fischer. Dahinter steigt eine Kaskade weiß getünchter Häuser in die Höhe. Am Rand einer Steilklippe ragen die Ruinen einer ursprünglich römischen Festung auf. Das sind bewohnte Ruinen. In den Gassen innerhalb des uralten und hier noch bruchstückhaft erkennbaren Burgdorfs Cerro da Vila grillen Einheimische Sardinen und *carapaus* (Stöcker), Wäsche flattert an Schnüren, die zwischen den Häusern gespannt sind und Schwalben bauen an ihren Nestern. Trotz des Massentourismus hat Albufeira seine charakteristischen Ecken und Kanten erhalten.

## Stadtgeschichte

Vom ersten bis zum letzten Sonnenstrahl werden die Stadtstrände Praia dos Pescadors und Praia do Peneco bevölkert. Viele Badelustige streben in

AUTORENTIPP!

**TIERZIRKUS**

Die Zoomarine ist eine Kombination aus Zoo und Spaß mit trainierten Tieren. Das Aushängeschild ist die Delfinshow. Selbst Leute, die der Dressur von Tieren zu Recht skeptisch gegenüber stehen, lassen sich von der Art, wie die Trainer agieren, begeistern. Eine Trainerin steht wie eine Märchenprinzessin auf dem Rücken von zwei Delfinen und reitet halb im, halb über dem Wasser. Oder sie lässt sich hoch in die Luft katapultieren. Anschließend stellt sie sich tot, und die Delfine tragen sie an Land. Eine Lachsalve nach der anderen ertönt, wenn die Seelöwen aktiv werden: einer ist der Gehilfe eines Sheriffs, der andere ist Mitglied eines Gaunerduos. Außerdem gibt es Raubvogelshows, ein begehbares Riesenaquarium, Riesenrad, Piratenschaukel, Wasserrutschen. Alle Extra-Vergnügen sind im Eintrittspreis inbegriffen. In der Hauptsaison geöffnet von 10-19 Uhr.

**Zoomarine**
Eintritt für Erwachsene 24 €, für Kinder (5-10 J.) 15 €, Tel. 289 560 300. Wer online bucht, bekommt 10 % Rabatt: www.zoomarine.pt

**Oben:** Man gönnt sich eine kleine Pause in der Fußgängerzone.
**Mitte:** Stände über Stände! Eine lange Gasse als Marktplatz.
**Unten:** In Albufeira herrscht Betrieb bei Tag und Nacht.

Shorts und Bikini durch die Stadt zum Tunnel, zum Cais Herculano oder zu der neuen Rolltreppe am Ostrand der Strände oder dem Lift am Westrand. Unterwegs gibt es zahllose Shops für Sonnenbrillen, Sonnencremes und Sonnenschirme, kleine und große Cafés sowie viele Restaurants.

Das Zentrum im Zentrum stellt der Platz Largo Engenheiro Duarte Pacheco dar, den Cafés säumen und wo Straßenkünstler für Unterhaltung sorgen, oft sogar sehr gute Unterhaltung! Die Hauptachse führt quer durch die Innenstadt, und die Rua 5 de Outubro endet am berühmten Túnnel. Dahinter breiten sich unter dem Betrachter die beiden Stadtstrände aus. Auf dem Wasser tummeln sich Wasserskis und Tretboote. Motorjachten liegen vor Anker, Surfer sausen dahin. Es herrscht viel Betrieb und den Strandgängern wird ein echtes Wassertheater geboten.

## Nachtleben

Und heute? Laut, hip und tolerant ist Albufeira. Und das Nachtleben ist ein Erlebnis! Die hiesigen Discos zählen zu den *topo de gama* auf der Iberischen Halbinsel. Im Sommer zieht es den Jet-Set aus Lissabon, Porto, Sevilla und Madrid zum »Strip« im Vorort Montechoro. Der Strip ist die »Party-Promenade«, die Avenida Dr. Francisco Sá Carneiro, die wiederum die Avenida Dos Descobrimentos kreuzt und die bis zu den Stränden führt. Hier am Strip konzentriert sich die Szene und gibt den Partygängern das Gefühl, im Saint Tropez der Algarve zu sein.

## Jachthafen

Man schaufelte Unmengen von Fels und Erde am Westende von Albefeira weg, öffnete einen Meerwasserzulauf und legte Bootsanlegestellen an.

Albufeira hat nun also auch einen Jachthafen, eine *marina*. Anscheinend finden die schachtelhaften Apartmenthäuser gleich daneben mit ihren schrillen Außenfarben und der unmittelbaren Wassernähe prächtigen Absatz.

## Die Umgebung von Albufeira

Olhos de Água, 5 km östlich von Albufeira gelegen, ist Standort einiger luxuriöser Ferienanlagen. Mit »Wasseraugen« übersetzt man den Ortsnamen. Er stammt von Schlieren auf dem Wasser, erzeugt von im Meerboden austretenden Süßwasserquellen. In den 1930er-Jahren wollte man die gravierenden Trinkwasserprobleme von Albufeira mit dem Süßwasser dieser Quellen lösen. Alle Pläne scheiterten indes an der Mechanik. Das Quellwasser so zu erfassen, dass sich kein Salzwasser beimengen konnte, erwies sich als kaum realisierbar. Bei ruhigem Meer mag das einfach erscheinen, aber eine einzige wütende Welle ist bekanntlich in der Lage, eine viele Meter dicke Betonmauer wegzuspülen. Man legte die Pläne zur Seite. Die Quellen sprudeln immer noch.

## Neue Zentren von Albufeira

Die kleinen Orte an den Stränden sind über die Jahre zu stattlichen Ferienzentren angewachsen. Westlich von Albufeira beginnt hinter dem Jachthafen ein Strandgebiet der Superlative. Einer der schönsten Strände ist São Rafael, wo sich die Einflüsse der Erosionen durch den Wind und das Meer in Klippen, Felsspalten, Felsenpools und skurrilen Felsformationen, die wie hingemeißelt aus dem Wasser ragen, zeigen.

Praia do Evaristo ist ein Felsenstrand mit einem vielseitigen marinen Leben. Hier finden Taucher und Schnorchler Nasenknebel, Muscheln, Napf-

AUTORENTIPP!

**SÜSSE FREUDEN**

Bekannt wurde Senhora Maria Encarnação durch ihr Gebäck *doces conventuais*, die sie in ihrer *quinta* dos Avós herstellt - genau so, wie man es früher in den Konventen und Klöstern machte: Johannisbrot, Feigen- und Orangenkuchen, Feigen- und Mandel-Sterne, Konfitüren, Feigenliköre, Schnäpse. Die Senhora verwendet fast ausschließlich Produkte der eigenen *quinta*. Im Sommer 2011 wurde sie bei einem griechischen Gastronomie-Festival als »Europas beste Herstellerin traditioneller Süßgebäcke« ausgezeichnet. Jetzt soll sie auch noch einen Michelin-Stern erhalten! Ihr Mann wollte dem Erfolg der Ehefrau nicht nachstehen und baute ein kleines Museum aus. In seinem Laden betritt man eine Welt, wie sie vor 50 Jahren aussah. Das gilt auch für das, was in den Regalen steht. Sein höchstes Gut sind die hergerichteten alten Eselkarren, die immer wieder für Filmproduktionen ausgeliehen werden.

**Quinta dos Avós**
Geöffnet 14–20 Uhr, Di geschlossen,
Tel. 282 576 459,
www.quintadosavos.pt.

Albufeira war früher ein Fischerort.

AUTORENTIPP!

**STIERKAMPF**

Der portugiesische Stierkampf unterscheidet sich ganz erheblich vom spanischen. Denn der Stierbulle wird im Kampf nicht getötet. Außerdem agiert der *toureiro* nicht am Boden, sondern auf einem Lusitanerpferd. Pferde sind Fluchttiere. Was hier also abläuft, ist auch ein Kampf zwischen Pferd und Stier und verlangt höchste Reiterkunst. Der populärste Teile des Kampfes kommt am Ende, wenn die *forcados* in die Arena stürmen und den Stier mit bloßen Händen zu Fall bringen. Da braust eine Welle der Begeisterung auf, bis die Männer es geschafft haben, den Stier aus dem Ring zu drücken. Solche Stierkämpfe kamen im 16. Jahrhundert auf und waren nur den Noblen des Landes zugänglich. Heute ist es, vor allem in Albufeira, ein Event für den Tourismus, ein erfolgreicher, auch wenn Gegner des Stierkampfes immer wieder protestieren. Gloßflächige Plakate weisen aktuell auf die Veranstaltungen hin.

Der Uhrenturm Torre do Relógio in Albufeira.

schnecken und Fischschwärme – und ein Restaurant, wo sich im Sommer die VIPs aus Lissabon einstellen. Bis zum Praia da Galé, der zahlreiche erstklassige Hotels wie das Vila Joya im Rücken hat, reicht diese Strandkette.

## Stadtgeschichte

Albufeira hat eine über 2000-jährige Geschichte. Von den Römern »Baltum« genannt, wandelten die Mauren den Namen in »al-buhere« um: Burg über dem Meer. Die auf dem Felsen erbaute Stadt galt wegen ihrer Lage jahrhundertelang als uneinnehmbar. Die Mauren konnten erst 1249 von Afonso III aus der Stadt vertrieben werden. Knapp 500 Jahre später zerstörte das Erdbeben von 1755 und der folgende verheerende Tsunami die Stadt fast vollständig. Ganze 27 Häuschen des damals schon recht großen Ortes standen noch, dann riss Stunden später der Tsunami auch diese weg.

1833 sahen sich die Einwohner neuem Grauen ausgesetzt: Absolutistische Anhänger von Prinzregent Miguel riegelten das liberale Albufeira ab. Anhänger des aus Brasilien herbeigeeilten Kaisers Pedro (Bruder von Miguel) verteidigten die Stadt. Bei einer heimtückischen Attacke drangen die Miguelisten ein und töteten 200 Einwohner. Die übrigen brachten sich in nahen Verstecken in den Steilklippen in Sicherheit, erreichbar nur für Eingeweihte durch geheime Galerien und Schächte. Cova do Xorino heißt eines dieser Felsgebilde mit Ministrand. Hier stießen die vor den Miguelisten Fliehenden auf maurische Fischerfamilien. Ein halbes Jahrtausend lang hatten ihre Nachkommen in den Felsverstecken Schutz vor Christen gefunden. Einige Fischer flohen mit Booten nach Faro und kamen mit Verstärkung zurück. Die Miguelisten verzogen sich. Auch im Süden Portugals standen dem Liberalismus nun die Tore offen.

## Die wichtigsten Sehenswürdigkeiten

A **Fußgängerzone.** Südlich vom Parkplatz wird die Avenida zu einer Fußgängerzone. Man kann spektakuläre Ornamente im Kopfsteinpflaster entdecken! Außerdem gibt es zahllose Geschäfte.

B **Largo Engenheiro Duarte Pacheco.** An diesem von Straßencafés umringten Platz treten oft Straßenkünstler auf. Am unteren Ende des Platzes rechts abbiegen zur Rua 5 de Outubro.

C **Rua 5 de Outubro.** Ab hier ist die Rua Teil der Fußgängerzone. Reger Betrieb in zahllosen Shops und Cafés. Und am unteren Ende der Straße sieht man schon den berühmten Tunél.

D **Tunél.** Er wurde unten der Klippe hindurch gegraben und erlaubt den direkten Zugang zum Stadtstrand.

E **Praia do Peneco.** Der Hausstrand von Albufeira wird auch Praia do Tunél genannt und ist herrlich feinsandig. Auf dem Wasser tummeln sich Wassersportler aller Art.

F **Posto de Turismo.** Vor dem Tunnel liegt linkerhand das Fremdenverkehrsbüro. Man wird freundlich bedient, erhält eine gute Stadtkarte und reichlich Infomaterial. Rechterhand geht es zur Rua Miguel Bombarda.

G **Igreja Matriz.** In der Rua Miguel Bombarda ragt die Hauptkirche auf, ein stattlicher Bau aus dem 18. Jahrhundert.

H **Rua da Bateria.** Vor dem Tunnel biegt man nach links (Osten) in die Rua da Bateria ab. Toller Ausblick auf den Strand. Man passiert die Ruinen der maurischen Burg, dann das Restaurant Ruina.

I **Ruina.** Das ehemalige Zisternenhaus ist als Restaurant extrem beliebt. Es ist mehrstöckig und liegt direkt am zweiten Stadtstand, dem Praia dos Pescadores. Geöffnet 12.30–15 Uhr und 18.30–22.30 Uhr, Tel. 289 512 094.

J **Markthalle.** Unmittelbar daneben stößt man auf eine ehemalige kleine Markthalle am Cais Herculano. Die Terrasse am Kai ist ein beliebter Treffpunkt.

K **Gassenlandschaft.** Hinter dem Cais Herculano beginnt eine betriebsame Zone. Hier geht es durch schöne Gassen wie die Rua Nova, die Rua do Saco oder Rua da Igreja Velha und die Rua São Gonçalo de Lagos, gesäumt von Cafés und Marktständen (nicht alle in der Karte eingezeichnet). Die Gassen münden in die Rua Afonso III, die zurück zum Largo Engenheiro Duarte Pacheco führt.

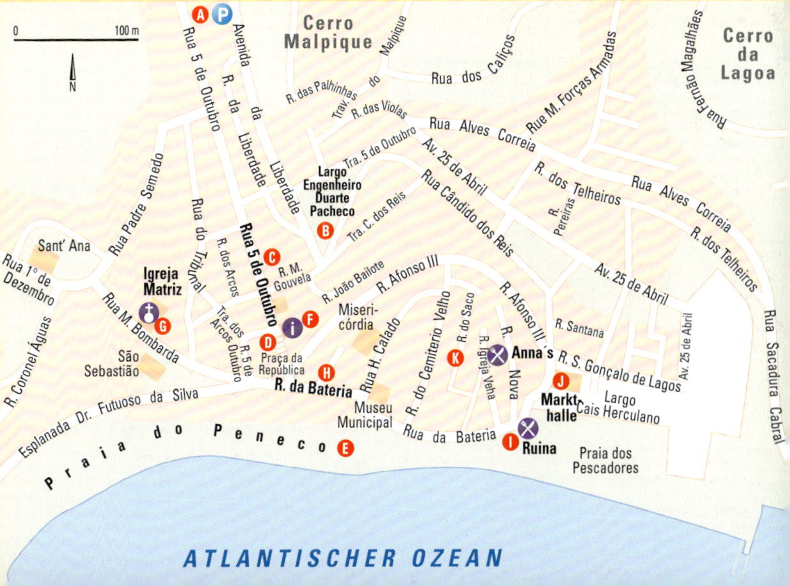

# Infos und Adressen

## INFORMATION

**Posto de Turismo Albufeira.** Mo-Fr 9–13 und 14–18 Uhr. Rua 5 de Outubro. Tel. 289 585 279.

**Posto de Turismo de Santa Eulália.** Estrada de Santa Eulália (beim Resort Santa Eulália). Im Sommer: Mo–Sa 9–20 Uhr, im Winter 9–18 Uhr . Tel. 289 515 973.

## ESSEN UND TRINKEN

**A Tasquinha do Rossio.** Mini Speisekarte, maxi authentisch. Und gut. Und preiswert. Tipp: Große Fischplatte. Im Sommer unbedingt reservieren, Rua Dr. Santos Silva 58, Tel. 964 063 481.

**Bistro** (ehemals Tequila Cafe, in der Altstadt). Waschecht portugiesisches, freundliches Lokal, sehr gutes Essen, »da kann man nicht meckern«, Rua Alves Correia 37.

**O Lusitano.** Nicht die allerbeste Lage und nicht leicht zu finden, aber eines der angenehmsten Lokale im Ort. Traditionelle und sehr gute portugiesische Küche, klasse Weine, gute Beratung, Avenida Salgado Zenha, Tel. 289 592 217.

**Restaurante Vila Joya.** Einmal wie ein König essen, wer das möchte (und auch wie ein König bezahlen kann), der ist im Vila Joya, dem einzigen Restaurant mit 2 Michelinsternen in Portugal, an der richtigen Adresse. Man wird vom österreichischen Chefkoch Dieter Koschina überrascht. Mittags *à la carte*, abends nur Menü, Estrada da Galé 120, Tel. 289 591 795, www.vilajoya.com.

Eisdielen, Bars, Cafés und Läden gibt es zu Hauf.

## ÜBERNACHTEN

**Monte das Cortelhas.** Beim westlich von Albufeira gelegenen Guia liegt das Landgut Monte das Cortelhas. Der Agrarbetrieb ist noch im Gange! Haus und Garten mit Pool sind gemütlich angelegt und gut gepflegt und in der Nähe des Strandes Praia da Galé. Caminho do Monte, Tel. 289 561 487, www.montecortelhas.com.

*Uma cerveja, se faz favor* – ein Bier bitte!

**Porto Bay Falésia.** Oberhalb der Praia da Falésia findet sich beim Ort Olhos de Água Més das Porto Bay Hotel. Das brandneue 4-Sterne-Haus ist von A–Z auf sonnenhungrige Urlauber eingestellt. Es verfügt über einen eigenen Zugang zum 8 km langen weißen Sandstrand mit roter Klippenkulisse. Herrliche Aussicht, schöne Gartenanlage mit gleich drei tollen Pools, Restaurants, Bars, Live-Musik. Tel 291 708 750, www.portobay.pt.

**Vila Channa.** Drei Sterne hat das kleine Hotel. Es ist sehr ordentlich, hat freundliches Personal,

Eine der vielen Bars an der Nightlife-Avenida, dem Strip. Ab Mitternacht geht es hier richtig los.

Strände und Restaurants im Umkreis, zur *marina* sind es 15 Gehminuten. Gutes Frühstücksbuffet, preiswert. São Rafael, West-Albufeira, nicht direkt zu buchen, nur online über eines der vielen Buchungsportale.

**Alísios Hotel.** Das Meer vor der Haustür – das macht es aus! Das 4-Sterne-Haus bietet alles für einen runden Urlaub und das richtige Wohlbefinden. Es liegt nur wenige Minuten östlich von Albufeira. Zimmer und Suiten sind komfortabel. Die Unterkunft wird von dem Panorama-Restaurant und der Bar Hibiscus ergänzt. Av. Infante D. Henrique 83, Tel. 289 589 284, www.hotelalisios.com.

## EINKAUFEN

**Algarve Shopping.** Im Rieseneinkaufszentrum in Guia, etwas außerhalb von Albufeira, findet sich alles unter einem Dach: Schuhe, Kleidung, Elektrogeräte, Bücher, Supermarkt, Fast Food, Kino, alles ist vorhanden. Das 2001 eingeweihte attraktive Shoppingcenter ist für alle, die gerne bummelnd shoppen gehen, einen Ausflug wert. Ideal für Regentage. www.algarveshopping.pt.

**Verkaufsstände.** Die Innenstadt ist ein einziger offener Markt, denn in den Gassen zum ehemaligen Fischmarkt und auf den Plätzen reiht sich ein Stand mit Krimskram, billigem Schmuck, Spielzeug etc. an den anderen. Leider viel Chinaware, aber mitunter findet man auch ein paar brauchbare Utensilien und Souvenirs.

## NACHTLEBEN

**Le Club.** Schick, modern und in – Restaurante, Bar und Disko. Wer das sucht, der ist richtig im Le Club am Praia de Santa Eulália. Hat nur im Juli und August geöffnet, Tel. 289 598 070, www.leclubsantaeulalia.com.

Abendbummel im Zentrum beim Cais Herculano.

**Mitte:** Überall in der Algarve wird Wein gewonnen. Am meisten in Lagoa.
**Unten:** In diesen Fässern lagert der edle Traubensaft aus dem Weingut von Sir Cliff Richard.



# 20 Weinanbau

## Beeindruckender Algarve-Wein

**Noch vor 30 Jahren waren viele Küstenbereiche der Algarve von Weinfeldern bedeckt. Mehrere Kooperativen produzierten große Mengen an Wein. Die Weine der größten Kooperative in Lagoa gab es in jedem Supermarkt der Nation und in den Kolonien. Der Wein war nicht schlecht. Er war aber auch nicht sehr gut. Erst in jüngsten Jahren und im Zuge der Erfolge der Weine aus der Nachbarprovinz Alentejo hat sich auch hierzulande eine Aufbruchstimmung breitgemacht. Sie wurde von einem englischen Weltpopstar eingeläutet, von Sir Cliff Richard.**

Der algarvische Wein verdankt seine Popularität vielleicht dem Popstar. Seine Schwäche für Europas sonnige Südwestkante hatte der britische Sänger Sir Cliff Richard schon drei Jahrzehnte lang gehegt und gepflegt. Bei Guia/Albufeira baute er 1997 die ersten Rebstöcke an, zur Jahrtausendwende gab es Milleniumstropfen, die sich auch gut verkauften. Das sprach sich herum.

## Weinanbau wird populär

Andere Weinbauern und Enologen folgten dem Beispiel des Popstars und siedelten sich im Raum Albufeira an. Sie orientierten sich bei der Gestaltung ihrer Weine am Erfolgsrezept der Weinmacher im benachbarten Alentejo. Zum Vorteil der Weinfreunde wird der Wettbewerb zwischen den beiden Weinanbaugebieten die hohe Qualität nur fördern. Die neuen Weine sind rund und vollmundig, sie haben einen leichten Geschmack von dunklen Beeren und sind tanninhaltig, bedingt durch ihre Reifung in Holzfässern.

Weinfelder bei Albufeira.

Der Staat förderte Weinanbau-Initiativen in Albufeira. Immerhin wurden 25 % der noch intakten Rebfläche neu bepflanzt und umstrukturiert. Mit 30 000 Hektolitern produziert man gerade mal ein halbes Prozent der nationalen Erzeugung – aber die Kehrtwende ist geschafft.

Nationale und internationale Investoren haben nun auch im Wein ein neues attraktives Betätigungsfeld gefunden, nachdem Enologen erkannten, dass die Bodenbeschaffenheit der Algarve dank ausreichend Kalk und vielen Mineralien für Wein ideal ist. Das bewiesen Untersuchungen an den Wein-Universitäten in Bordeaux, Évora und Hohenheim. Um den Absatz des edlen Tropfens brauchen sich die Weinbauern also keine Sorgen zu machen. Die Millionen Urlauber und Residenten sind ein kaufkräftiges Klientel. Letztere werden bestimmt schnell zu Stammkunden.

## Interessante Weingüter

Bei Weißweinen ist die knackige Verdelho-Traube der Renner, welche im Dourotal unter dem Namen

AUTORENTIPP!

**WISSENSWERTES NACHLESEN**

»*Weine der Algarve*« heißt eine vorbildlich produzierte Publikation, die in den Tourismus-Infostellen in allen großen Orten erhältlich ist. Sie kostet 7 € und informiert zuverlässig und ausführlich über die 16 Erzeuger in der gesamten Provinz und deren Weine, die alle einzeln vorgestellt werden. Die Zeitschrift »*Entdecken Sie Algarve*« veröffentlichte 2009 eine Serie über die Weinanbaugebiete Portugals, verfasst von Rolf Osang, dem Autor dieses Buches. Die Artikel kann man online abrufen auf www.entdecken-sie-algarve.com.

Die Stadtverwaltung von Lagoa und die Galerie Arte Algarve planen die Eröffnung eines Weinmuseums in der Adega Cooperativa in Lagoa für Sommer 2014.

**Oben:** In Portugal gedeihen weit mehr als 300 Rebsorten.
**Mitte:** Immer mehr Weinkellereien investieren in moderne Ausstattung.
**Unten:** Eine Weinkellerei lässt tief ins Innere blicken.

*Gouveio* bekannt ist. Eine wahre Renaissance erleben die Rosé-Weine. Überall im Land werden erst seit wenigen Jahren hochklassige Rosé-Weine erzeugt, weil sie recht kompliziert zu keltern sind. Doch die Mühe lohnt sich: »Portugals bester Rosé« (so das größte Weinmagazin des Landes) kommt nicht vom Douro und nicht vom Alentejo, sondern aus der Algarve. In seinem Weingut Quinta do Barranco Longo produziert Rui Virgínia einen exzellenten Roséwein, der schon höchste Premien erhielt. Auch Winzer João Mendes produziert in der Quinta do Morgado in Alcalar bei Alvor ausgezeichnete Tropfen, ebenso wie João Mariano mit dem raffinierten Foral de Portimão. An der Westküste versuchen sich einige Weinmacher ebenfalls an Roséweinen, einige davon als Bioweine. Die ÚNICA – Adega Cooperativa do Algarve in Lagoa verarbeitet 85 % der Traubenernte der Algarve und bringt eine Reihe neuer Weine auf den Markt, darunter einen Porches Primeur. Die Verbindung mit der Galerie ARTE ALGARVE bringt dabei viele neue Käufer. Bei Tavira entstehen leckere Bauernweine. Und auch im Tal des Rio Guadiana gibt es einige private Erzeuger, die kräftige Rotweine direkt verkaufen. Einfach dem Schild »Vende-se vinho« folgen.

Von Erfolg gekrönt sind die Anstrengungen in der Quinta dos Vales bei Estômbar, die 2011 begehrte Prämien einholte und den nationalen wie internationalen Markt erobert. Der Marquês dos Vales wird vom Winzer selbst als Wein mit Stärke und Hingabe zur Qualität beschrieben. Wer auf deren Weingut spazieren geht, erlebt auch einen schönen Skulpurengarten. Die Adega-Weine in Lagoa sind preiswert (ca. 2,30–5,50 €/Flasche). Etwas teurer sind die sophistizierten Weine der kleineren Weinkellereien, sie liegen zwischen 4 und 12 € und damit angesichts ihrer hohen Klasse weit unter dem Preisniveau anderer Länder.

# Infos und Adressen

## DIE SCHÖNSTEN WEINGÜTER DER ALGARVE

Weingüter mit Weinproben und Führungen nach Reservierung, in der Regel nur für Gruppen ab 5 Personen:

**ÚNICA – Adega Cooperativa do Algarve.** Kooperiert mit der Galerie ARTE ALGARVE. Mitten in Lagoa gelegen, direkte Zufahrt von der EN 125 an der Kreuzung nach Carvoeiro. Im Sommer 2014 soll neben der Galerie ein Weinmuseum eröffnet werden. Tel. 282 342 181, adega.lagoa@sapo.pt.

Die Weinlese findet in der Regel Mitte August statt.

**Monte da Casteleja.** Das Weingut hat auch ein Bed & Breakfast. Monte da Casteleja, Lagos, Tel. 282 798 408, www.montedacasteleja.com.

**Quinta do Morgado da Torre.** Sítio da Penina, Mexilhoeira Grande, Tel. 282 476 866.

**Quinta do Francês.** Der Franzose Patrick und seine portugiesische Frau Fátima ließen sich 2001 am Ufer des Odelouca nieder. Seit 2008 ist das Weingut komplett fertiggestellt. Sítio da Dobra, Odelouca, Silves, Tel. 963 963 616, www.quintadofrances.com.

**Quinta de Mata-Mouros.** Geschichtsträchtiger Bauernhof in der Nähe der mythischen Stadt Xelb, des heutigen Silves. Seit dem Jahr 2000 widmen sich die Besitzer auch dem Weinanbau. Zwei ihrer Weine sind der Ypsilon und der Xelb. Apartado 15, Tel. 916 386 679, www.mata-mouros.com.

Das Team vom Weingut Adega do Cantor do Miradouro ist gern für Sie da.

**Quinta da Vinha.** Sítio da Vala, Silves, Tel. 282 449 277.

**Quinta dos Vales.** Sítio dos Vales, Caixa, Estômbar. Tel. 282 431 036, www.quintadosvales.eu.

**Adega do Cantor.** Weingut von Sir Cliff Richard. Die Weinberge sind auf insgesamt drei Weingüter verteilt: Quinta do Miradouro und Vale do Sobreiro befinden sich im Besitz der Familie Birch. Quinta do Moinho ist das Eigentum von Sir Cliff Richard. Quinta do Miradouro, Álamos, Guia, Tel. 289 572 666, www.winesvidanova.com.

Die Quinta dos Vales ist eines der neuen Weingüter.

**Mitte:** Die Schönheit der Barlavento-Küste aus der Luft.
**Unten:** Die knalligen Farben der Fischerboote dienen der Sicherheit – bei Nebel kann man sie besser sehen.



# 21 Armação de Pêra & Alcantarilha

## Wo Portugiesen Urlaub machen

**Auf der Suche nach Scholle und Sonne kamen die Kelten bis hierher und nicht weiter. Dass sie hängen blieben, obwohl sie großartige Bootsbauer waren, verwundert nicht: Das fruchtbare Hinterland und die anscheinend unerschöpflichen Fischschwärme des Atlantiks besorgten eine sichere Existenz. Heute sind es die Menschenschwärme, welche die ganze Gegend auf Trab halten.**

Um 1577 gab es an der Mündung der Ribeira de Alcantarilha eine Kommune von über 150 Fischern und ihren Familien. Notiert wurde es, weil man eine Volkszählung organisierte und erste Wachtburgen zum Schutz vor Piraten baute.

## Armação de Pêra

Armação de Pêra hat sich zu einem der wichtigsten touristischen Ballungsgebiete der Algarve entwickelt. Bereits im Jahr 1841 schreibt ein Historiker, dass im Fischerdorf Armação dort, wo es vor wenigen Jahren nur Hütten gab, nun stolze Häuser stünden.

Seinen wenig attraktiven Namen schuldet der Ort der Tatsache, dass die Leute aus dem nahen Dorf Pêra ein Lager (*armação*) für Thunfische anlegten. Ende des 16. Jahrhunderts blieben die großen Fische aus unerklärlichen Gründen der Küste fern. Auch in den Jahren 1621 und 1790 trat dieses Phänomen auf. Rasch stellte man auf Sardinen um. Während landeinwärts die Bauern von Alcantarilha oder Pêra ein beständig hartes, aber genügsames Leben führten, blieb das Leben der Fischer sehr wechselhaft. 1755 wurde der kleine Fischort durch das Erdbeben und den Tsunami fast vollständig zerstört. Doch weil die kleine Stadt einen der schönsten und größten Sandstrände hat, zog bald der Tourismus an.

Seit 1970 ist Armação bereits ein Inbegriff für den perfekten Strandurlaub. Freilich ist der Ort unkontrolliert angewachsen. Es wurde groß investiert und gebaut. Besonders in den 60er- und 70er-Jahren entstanden die für die damalige Zeit typischen Hotelhochhäuser. Entsprechend unübersichtlich ist die Verkehrsführung.

Die Stadt ist in erster Linie der Lieblingsort portugiesischer Urlauber. Hat sie im Winter 8000 ansässige Menschen, so erhöht sich diese Zahl im Sommer auf 100 000. Trotzdem funktioniert alles, irgendwie. Findet man sich in dem lässig-chaotischen Trubel zurecht, hat man schon einiges von der portugiesischen Lebenskunst begriffen.

## Die Uferpromenade

Die Uferpromenade ist eine Fußgängerzone, die sich abends in eine quirlige Shopping- und Bummel-*avenida* verwandelt. An etlichen Ständen wird chinesische Touristenware feilgeboten. Es gibt auch schöne Kaffeehäuser, wo viele Gäste viele Stunden bei Kaffee und leckeren Backwaren, den *bolos*, verbringen. Direkt am Strand, der parallel zur Promenade verläuft, wird ebenfalls für das leibliche Wohl gesorgt: verführerische Grilldüfte strömen aus zahllosen Restaurants. Zu den meisten Hotels ist es ebenfalls nicht weit: sie stehen hochgebaut gleich hinter der Promenade Schlange. In diesem Umfeld wirkt die Burgruine etwas verloren. Aber der Strand macht alles wett.

AUTORENTIPP!

**EINE MÜHLE ALS UNTERKUNFT**

Ein Juwel im touristischen Angebot ist diese altehrwürdige Mühle! Die Rede ist von der Moinho do Pedro, eine restaurierte Windmühle, gelegen auf einer Hügelspitze bei Algoz mit grandiosem 360-Grad-Rundum-Blick. Die Mühle stammt aus dem 17. Jahrhundert und wurde von Designerhand in ein romantisches Refugium umgewandelt. Die liebevoll restaurierten Gästehäuser in maurisch-portugiesischem Stil bieten den Komfort, den man sich für gelungene Ferien wünscht. Ob einzeln angemietete Gästezimmer für Individualisten, komfortable Apartments für Anspruchsvolle, das komplette Gästehaus mit 4 DZ für gesellige Gruppen oder das gesamte Anwesen mit Mühlensuite exklusiv – hier lassen sich Träume verwirklichen.

**Moinho do Pedro**
Michaela & Emanuel dos Santos, Moinho do Pedro, Sítio dos Moinhos, Tel. 282 575 469, emanueldossantos@t-online.de, www.moinhodopedro.com

Das Vila-Vita-Resort ist perfekt in die Küstenstruktur integriert.

**Oben:** Die Strände der Zentralalgarve sind von Klippen und Felsgebilden gesäumt.
**Mitte:** Die grandiose Küste vom Boot aus gesehen, hier zwischen Carvoeiro und Ferragudo.
**Unten:** Armação de Pêra boomt, hat aber seinen Charme bewahrt.

## Pilgerkapelle Nossa Senhora da Rocha

Die von Fischern erbaute Kapelle Nossa Senhora da Rocha (Kapelle der Jungfrau auf dem Felsen) basiert auf uralten Ruinen, nur 2 km westlich von Armação. Wie ein Schiffsbug ragt ein Felsvorsprung ins Meer. Auf ihm duckt sich die weiße Kapelle mit achteckiger Kuppel wie eine Echse an den Felsengrund. Sie stammt aus dem 16. Jahrhundert und wurde nach dem Erdbeben 1755 restauriert. Archäologisch Interessierte finden westgotische Spuren aus dem 6. bis 8. Jahrhundert an den Kapitellen, andere suchen ganz in der Nähe nach römischen und maurischen Funden an der Ponte dos Mouros. Links und rechts des Felsvorsprungs breiten sich die windgeschützten Strände Praia de Nossa Senhora da Rocha und Praia Nova aus. Sie sind durch einen circa 80 m langen Tunnel verbunden, der durch den Fels gegraben wurde. In Richtung Carvoeiro breiten sich exklusive Resorts aus, vielleicht die schönsten der ganzen Algarve.

## Alcantarilha

Der von Mauren gegründete Ort liegt 18 km östlich von Portimão und 3 km von Armação de Pêra entfernt. Stolze alte Bürgerhäuser zeugen von einem Wohlstand, den der Agrarbetrieb einst erzeugte. Heute sind leider einige in ziemlich schlechtem Zustand. Alcantarilha ist trotzdem einen Besuch wert. Denn in den Straßen des Dorfes sieht man noch Mauerreste, die an die maurische Burg erinnern. Die Kirche Igreja Matriz de Nossa Senhora da Conceição aus dem 16. Jahrhundert stellt den Mittelpunkt des Ortes dar. Die Wände der angeschlossenen Knochenkapelle wurden aus Tausenden von Schädeln und Oberschenkelknochen früherer Bewohner des Dorfes erbaut.

# Infos und Adressen

### INFORMATION

**Posto de Turismo Armação de Pêra.** Geöffnet Di–Sa 9–13 und 14–18 Uhr, So/Mo geschlossen, Avenida Marginal, Tel. 282 312 145.

### ESSEN UND TRINKEN

**A Tasca** (Seitengasse beim Ende der Uferpromenade Rua da Praia). Ein Tempel für Garnelen-Liebhaber ist dieses urige Lokal. Nur 100 m vom Strand entfernt, Travessa Do Tresmalho 3.

**Casa de Pasto Zé Leiteiro.** Urtypische portugiesische Kneipe mit bestem frischem Fisch. Authentisch. Rua Portas do Mar 19.

**Restaurante A Grelha.** Beliebtes Lokal, freundlicher Service und gutes Essen, Rua Alentejo 2, Tel. 282 312 245.

**Rocha da Palha.** Im Sommer immer sehr voll. Am besten ist die Lage: direkt am Strand, Rua Nossa Senhora dos Navegantes. Tel. 282 315 596.

### ÜBERNACHTEN

**Vila Vita.** Wohnen im Vila Vita – das ist Urlaub mit Stil. Das Beste ist hier gerade gut genug, sei es der Service oder die Einrichtung der Zimmer, die exzellenten Restaurants, das eigene Dorf, der Biergarten und vieles mehr. Eine exklusive Welt für sich – unter deutscher Leitung, die die Hausphilosophie, eines der führenden Häuser der Welt zu sein, konsequent verfolgt. Rua Anneliese Pohl, Porches, Alporchinhos, Tel. 282 310 100, www.vilavitaparc.com.

**Casa Bela Moura.** Unweit von Nossa Senhora da Rocha und dem Dorf Porches befindet sich das kleine, familiär geführte Hotel Casa Bela Moura. Romantische Gästezimmer und das reiche Frühstücksbüffet machen es zu einem idealen Ausgangspunkt für Strandtage und zum Entdecken der Umgebung. Wer es also gemütlich liebt, ist hier genau richtig. Estrada de Porches, Alporchinhos, Tel. 282 313 422, www.casabelamoura.com.

Heimatliches Flair im Biergarten von Vila Vita.

# 22 Keramik aus Porches

## Die hohe Kunst der Keramik

**Vor über 45 Jahren war der Ire Patrick Swift beseelt von dem Wunsch, eine Töpferei zu gründen und das marode Keramik-Kunsthandwerk der Algarve zu beleben. Er entschied sich für Porches bei Lagoa, weil dieser Ort schon seit Generationen ein Zentrum der Töpfer in der Region war. Hier fand er auch den wichtigsten Rohstoff: Lehm.**

Schon bei seinem ersten Besuch in der Algarve war der Schriftsteller und Maler Patrick Swift (1927–1983) sehr angetan vom Kunsthandwerk der Töpfer, die rund um Lagoa und Porches in zahlreichen Werkstätten billige Teller, Tassen, Vasen, Schüsseln und andere Gefäße herstellten. Aber auch in Portugal wurden in den 60er-Jahren Billigprodukte aus Blech und Plastik in Massen hergestellt und eingeführt. Den Töpfern ging es daraufhin immer schlechter. 1965 stellte Swift in seinem veröffentlichten Buch *Algarve: Portrait And Guide* fest: »Viele der hübschen Küchenutensilien kann man leider nicht mehr bekommen. Die Leute wollen sie nicht kaufen, sagen die Töpfer, also machen wir keine mehr.«

## Renaissance bemalter Keramik

Der Markt bestimmt die Produktion, und dieser Markt wird sich ändern – davon war Mr. Swift überzeugt. Er spekulierte darauf, dass vor allem ausländische Touristen die bemalte Keramik kaufen würden. Er traf sich mit den Töpfern aus Lagoa und studierte die alten Dekorationen und Muster, die sie von ihren Vorfahren übernommen hatten. Manche Dekors gehen auf die maurische Epoche zurück! Die Männer verrieten Swift eine

**Mitte:** Die Pottery bei Lagoa zeichnet sich durch grazile und rustikale Schönheit aus.
**Unten:** Keramik wird in der Algarve für Hausnamen, Hinweisschilder und vieles mehr verwendet.

Menge Tricks und gingen mit ihm im nächsten Handwerksladen billige Oxyde für das Einbrennen von leuchtenden Farben kaufen. Er baute einen holzgefeuerten Ofen und ersetzte ihn bald durch einen viel größeren in Lissabon gekauften. Schnell eröffnete er eine Töpferei an der Hauptstraße EN 125 und zog bald danach in das von ihm in jedem Detail geplante Haus um, das als »Pottery Porches« einen ausgezeichneten Ruf genießt. Täglich strömen viele Besucher hin. Das hübsche Restaurant-Café Bacchus verkleidete Swift vollständig mit eigenen *azulejos.*

## Majolica-Technik

Swift wendete die sogenante Majolica-Technik an, bei der dünnwandige und schon gebrannte und glasierte Keramikgefäße von Hand bemalt und dann ein zweites Mal gebrannt werden. *Biscuits* sagen die Fachleute dazu. Diese Technik stammt aus Mesopotamien. In Porches läuft der gesamte Arbeitsprozess vor den Augen des Publikums ab. Gleich beim Ausstellungsraum sieht man mehrere Frauen beim Bemalen von Tassen, Pötten, Vasen, Schalen etc., alle im unverkennbaren »Porches-Stil« in vornehmlich blauen und grünen Tönen. Dieser Stil war im 17. Jahrhundert in der Region Lagoa besonders beliebt. Und so können sich die Liebhaber exquiter handbemalter Keramik mit eigenen Augen ein Bild davon machen, wie der Gegenstand entstanden ist, der ihnen nachher beim täglichen Gebrauch so viel Freude bringen wird. Exponate der Porches Pottery sind auch in der Galerie ARTE ALGARVE in der altehrwürdigen ÚNICA - Adega Cooperativa do Algarve in Lagoa an der EN 125 ausgestellt und können dort erworben werden. Swift hatte also Recht behalten. Der Markt änderte sich und heute sind die bemalten Keramiken vielen Urlaubern das liebste Mitbringsel aus der Algarve.

## Infos und Adressen

### INFORMATION

**Porches Pottery.** Öffnungszeiten: Töpferei: Mo–Fr 9–18 Uhr, Sa 10–14 Uhr. Café Bachus: Mo–Fr 10–17 Uhr, Sa 10-15 Uhr, Tel. 282 352 858, www.porchespottery.com

### WEITERE TÖPFEREIEN

Das Kennerauge wird die rustikalen Szenen auf den handbemalten Tellern und Schüsseln aus der Algarve und der Nachbarprovinz Alentejo wohl auf den ersten Blick erkennen. Wer noch ein bisschen weiterstöbern möchte, findet viele ähnliche Shops an der Straße von Portimão hoch nach Monchique, beispielsweise **Olaria Pequena.** An der EN 125, Porches, Lagoa. Tel. 282 381 213, info@olariapequena.com

In der Pottery kann man den Künstlern bei der Arbeit über die Schulter schauen.

Lacænis Taygeta

Im Café Bacchus der Pottery Porches zeigt sich die Keramikkunst der Algarve von ihrer schönsten Seite. Die Muster und Stile basieren auf uralten maurischen Vorlagen.

**Mitte:** Vom Felsbalkon des Algar Seco zeigt sich ein unvergesslich schönes Panorama auf die Küste. **Unten:** Skurrile Felsformationen laden zum Fantasieren ein.



# 23 Lagoa, Carvoeiro, Estômbar

## Kunst und Weine

**Den besten Eindruck vom Wohlstand Lagoas erhält man beim Anblick alter Patrizierhäuser. Landwirtschaft und Wein haben diese Gegend vor allem im 19. und 20. Jahrhundert reich gemacht. Doch mit dem Tourismus änderte sich die Situation: Viele Familien verkauften ihr Land an Hotel- und Golfprojekte oder Spekulanten. Binnen weniger Jahr lagen viele Weinfelder, die sich von Porches über Lagoa und Portimão bis Lagos erstreckten, brach.**

Jetzt aber führt die Renaissance des Algarve-Weins in Kombination mit Kunst und Kultur zu einer Rückbesinnung und kräftigen Belebung. Mit dem modernsten Kongresszentrum Südportugals, einem bestens ausgestatteten Auditorium, dem neuen Kulturzentrum ARTE ALGARVE in der traditionsreichsten Weinkellerei des Landes Adega Cooperativa do Algarve und dem Kunstzentrum des vorbildlich restaurierten Convento São José kann sich Lagoa als Kulturhauptstadt der Algarve brüsten.

### MAL EHRLICH

#### EUROPÄISCHE ALGARVE

Die Algarve wird immer internationaler. Aber es gibt auch viele Lokale, die ganz und gar portugiesisch sind. Auch die meisten Hotels und Golfanlagen sind portugiesisch sowie die kleinen Bars und zahllosen Cafés. Der ursprüngliche Charakter mischt sich auf harmonische Weise mit internationalem Flair. Und deshalb ist die Algarve geradezu ein Vorbild für ganz Europa.

Stadtstrand von Carvoreiro.

Was Almancil für das Goldene Dreieck mit Quinta do Lago und Vale do Lobo darstellt, das ist Lagoa für die Villengegenden zwischen Ferragudo, Carvoeiro und Porches. Supermärkte, Anwälte, Makler, Ärzte, Servicefirmen, Poolreiniger – die komplexe Infrastruktur für den modernen Betrieb einer internationalen Luxusgesellschaft hat hier ihren Sitz.

## Lagoa

Lagoas Küstenteilstück besteht aus einer Kette von Klippen an der Steilküste des Barlavento, der Felsalgarve. Dazwischen breiten sich einzelne Buchten mit wunderschönen und meist unbekannten Sandstränden aus: der Praia do Barranquinho, der Praia da Albandeira und der Praia da Estaquinha. Die 6 km hinter der Küste gelegene Stadt hat maurische Ursprünge. Die Stadtrechte wurden Lagoa aber erst im Jahr 2001 zugesprochen. Heute hat Lagoa ungefähr 7200 Einwohner

AUTORENTIPP!

**GALERIA ARTE ALGARVE**

Die ÚNICA-Adega Cooperativa do Algarve ist die einzige noch intakte landwirtschaftliche Weinkooperative der Region. Sie beherbergt das Kulturzentrum Galeria ARTE ALGARVE. Während im Erdgeschoss die Flaschen-Abfüllanlagen laufen, gibt es in der Etage darüber auf über 2300 m² faszinierende Kunstausstellungen zu sehen, immer mit Werken von circa 50 internationalen Künstlern, die in der Algarve leben.

**Galeria ARTE ALGARVE**
Mo–Sa 10–13 Uhr und 14–18 Uhr. Lagoa, EN 125 am Kreisverkehr nach Carvoeiro, riesiger Parkplatz und Skulpturengarten, Tel. 968 067 607, www.artealgarve.net

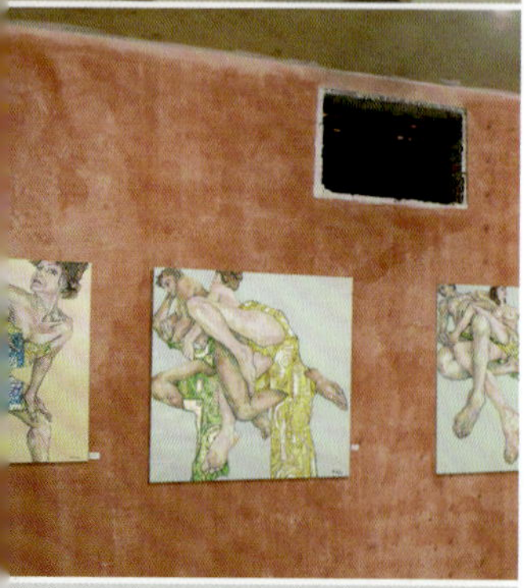

**Oben:** Zeitgenössische Kunst in der Galeria ARTE ALGARVE, wie das Bild der Künstlerin Stela Barreto.
**Mitte:** Auf einer Fläche von über 1400 m² zeigen über 30 Künstler ihre Werke in wechselnden Ausstellungen.
**Unten:** Die älteste Weinkellerei bildet das Ambiente für die Kunst.

und verzeichnet ein ungebrochenes Wachstum. In der barocken Pfarrkirche sieht man manuelinische Elemente aus dem 16. Jahrhundert. Diese Kirche stellt das nur etwa 400 m durchmessende Herz der Altstadt dar. Und von hier aus bummelt es sich gemächlich durch die Gassen. Man sieht deutlich: Sie wurden für Eselkarren geplant, nicht für Autos. Und so gelangt man im Zickzackkurs zum Convento de São José mit seinem lichten Kreuzgang. Hier finden Kunstausstellungen und Konzerte statt. Der Konvent wurde 1713 erbaut und überlebte das Erdbeben 1755. Das nahegelegene hochmoderne Auditorium ist ebenfalls ein Veranstaltungsort für Konzerte und kulturelle Events sowie ein beliebter Ausstellungsort.

Es gibt einen weiteren Grund, im Sommer nach Lagoa zu fahren: die Messe Fatacil. Für Fremde ein merkwürdiges Wort, für Algarvios indes der Inbegriff einer regionalen und etwas altmodisch anmutenden, aber ungemein beliebten Messe – einer der größten und wichtigsten in ganz Portugal. Jeden August lockt sie zehn Tage lang Zentausende von Besuchern aus Nah und Fern an, die hier am Stadtrand von Lagoa (direkt an der EN 125 gelegen) viel Kunsthandwerk finden und nahezu alles, was in einem traditionellen Haushalt vonnöten ist, ob Matratzen oder Waschmaschinen, Besteck oder Lampen. Besonders interessant sind die Tierschauen, wo Züchter von Ziegen, Schafen, Pferden, Schweinen, Hasen, Hühnern und Hunden voller Stolz die Resultate ihrer Bemühungen zeigen. Auch für Familien ein interessanter Ausflug!

## Praia do Carvoeiro

Der Kern des ehemaligen Fischernestes Praia do Carvoeiro ist von vielen Neubauten weitgehend verschont geblieben. Naturbedingt. Die eng aneinandergebauten Häuser müssen sich an die Klippen klemmen. Sie geben zwei Sträßchen Platz, die links und rechts vom Dorfstrand Carvoeiros sehr steil zu den Klippen hochführen. Unten am Strand liegen ein paar bunte Boote auf dem Sand. Steil und eng ist fast jede Straße und jede Gasse in Carvoeiro, und das schenkt diesem Ort seinen einzigartigen Charme. Den Namen hat er übrigens von den *carvoeiros*, den Holzköhlern, die das Holz des Hinterlandes in runden Öfen, *fornos*, zum Brennen brachten, dann bei geringer Sauerstoffzufuhr tagelang schwehlen ließen, bis allmählich das Holz zu Kohle wurde. Im Hinterland macht man das immer noch so, vor allem aus dem harten Holz der Erdbeerbäume, der *medronheiros*. Heute hat das Wort Kohle auch eine andere Bedeutung. Diese wird einem vor Augen geführt, sieht man die vielen luxuriösen Villen und Resorts, die den Ort umgeben. Carvoeiro ist neben dem Goldenen Dreieck bei Quinta do Lago eine der begehrtesten Adressen der Region. Die Kleinstadt mit ihrer knapp 13 km² großen Fläche und ihren 2800 Einwohnern hat ihre Stadtrechte erst im Jahr 2001 erhalten. Doch die geschichtlichen Hinweise auf Carvoeiro gehen bis in das Jahr 1544 zurück. Besonders für Piraten war die Bucht von Carvoeiro ein attraktives Ziel. Damals nannte man den Ort noch »Caboiere«. Die Stadt ist besonders bei Badeurlaubern beliebt. Der Strand im Zentrum Carvoeiros ist meist überlaufen, aber östlich und westlich befinden sich viele kleinere und größere, tatsächlich herrliche Strandbuchten, die sich ausgezeichnet zum Sonnen und Schwimmen anbieten.

## Felsformation Algar Seco

Die Strände von Carvoeiro sind in eine beeindruckende Felskulisse eingebettet. Am Ostrand von Carvoeiro lockt die Felskuriosität Algar Seco. Geht man an der idyllisch platzierten Boneca-Bar vorbei, gelangt man zu einer kleinen Höhle. Durch

### AUTORENTIPP!

**KUNST UND WEIN**

Fährt man von Lagoa am Wasservergnügungspark Slide & Splash vorbei, kommt man nach 2 km zum Dorf Estômbar. Gleich am Ortseingang rechts abbiegen und dem Schild »Quinta dos Vales« folgen. Der Kunst-Entrepreneur Karl-Heinz Stock betreibt hier ein modernes Weingut, das in den letzten Jahren viel zur Renaissance exzellenter Algarve-Weine beitrug. Denn Stocks Wein hat über 50 Medaillen in allen Teilen der Welt gewonnen. Die deutsche Chefenologin Dorina Lindemann ist einer der Stars unter den Weinmachern Portugals. In einem großen Skulpturengarten gibt es viele, von bekannten Künstlern bemalte Elefanten und Bären, die Karl-Heinz Stock selbst herstellte. Außerdem verfügt die *quinta* über mehrere Häuser, die an Feriengäste vermietet werden, sowie über großzügige Räumlichkeiten für Events und Veranstaltungen.

**Quinta dos Vales**
Sítio dos Vales, Tel. 282 431 036, www.quintadosvales.eu.

**Oben:** Die Küste von einer Karavelle-Replika aus zu sehen, ist ein Muss im Algarve-Urlaub.
**Mitte:** Die Kunstgalerie ARTE ALGARVE in Lagoa
**Unten:** Die ARTE ALGARVE zeigt, dass Kunst ein Touristenmagnet ist.

ein in den Fels geschlagenes Fensterloch fällt der Blick auf Klippen und Wasser. Ganz eng kann man da nebeneinander sitzen und den Wellen des Meeres lauschen. »Balkon der Liebenden« nennen die Einheimischen diesen romantischen Platz. Sollten die Liebenden Zeit für einen Blick hinaus finden, könnten sie in der Ferne die Ponta da Piedade bei Lagos aus dem Meer aufsteigen sehen. Ein Schmankerl, dieser Blick! Bei Algar Seco finden sich zahllose besondere Felsgebilde – Dome, Riesenlöcher im Uferfels, Schächte oder Höhlen, durch die man bei Wellengang das Wasser rauschen hört. Wer auf dem Küstenabschnitt bis Nossa Senhora da Rocha mit dem Boot anlegt, findet hier und da einen Ministrand für sich allein, oder auch für zwei. Von Armacão de Pêra und von Portimão aus kann man diesen grandiosen Küstenabschnitt mit dem Boot erkunden.

## Estômbar

Eine der Gemeinden im Kreis Lagoa ist Estômbar. Hier soll der berühmte arabische Poet Ibn Ammar (1031–1086) gelebt haben. Der sympathische Ort hat in einer barocken Dorfkirche am Hügelgipfel sein Zentrum. Estômbar hat viel Algarve-Typisches erhalten und ist vom Tourismus nicht so stark berührt. Die Quelle von Estômbar ist ein Ausflugsort gleich am Ufer des Rio Arade, dessen Wasser bei Ebbe wie bei Flut eine instandgehaltene Wassermühle antreibt. Das Wasser tritt aus Kalksteinfelsen aus, ist kristallklar, sauber, kühl und eignet sich bestens zum Baden. Grillplätze, Kinderspielplatz und ein mit Natursteinen gemauertes Gelände machen diesen Ort zu einem idealen Ausflugsziel – unter Einheimischen sehr beliebt, unter Touristen ein Geheimtipp. Ein Open-Air-Auditorium wird im Sommer für Jazzfestivals und andere Events genutzt.

# Infos und Adressen

## INFORMATION

**Posto de Turismo Carvoeiro.** Mo–Fr 9.30–12.30 Uhr und 14.30–17.30 Uhr. Praia do Carvoeiro, Tel. 282 357 728.

## ESSEN UND TRINKEN

**A Tasquinha.** Einfach und nur gut. Ein Stammplatz für viele Residenten, Lagoa, Travessa da Praça (Nebengasse vom Marktplatz), Tel. 282 048 893.

**Bon Bon.** Elegantes Restaurant mit top Cuisine, eine der besten der Algarve. Perfekter und freundlicher Service, ausgezeichnete Weine, nicht billig, Seismarias (zwischen Carvoeiro und Ferragudo), an der Hauptstraße, Tel. 282 341 496.

**La Bella Vita.** Ausgezeichnete, echte und kreative italienische Küche, super Service, Carvoeiro, Algarve Clube Atlantico, Tel. 282 358 556.

**O Pescador.** Tolle Aussicht und tolles Essen, schöne Einrichtung, viele Stammgäste, oberhalb der wunderschönen Praia de Benegil, Tel. 282 354 017.

**Restaurante Lamim.** Freundliche Bedienung und unprätentiöse, aber erstklassige Küche, Lagoa, Rua da Misericordia 5.

**Restaurante Taste.** Im Zentrum und dennoch abseits vom Trubel. Angenehmer Platz, sehr leckeres Essen und freundlicher Service, Rua dos Pescadores 104, Tel. 282 358 092.

Viele Ferienresorts liegen direkt bei den Klippen.

## ÜBERNACHTEN

**Algar Seco.** Die Ferienanlage mit Villen, Bungalows und Apartments befindet sich in herrlicher Lage direkt oberhalb der Klippen mit fantastischem Meerblick, und doch in unmittelbarer Nähe des Zentrums von Carvoeiro. Die gepflegte und ruhige Anlage verfügt über mehrere Außenpools und ein sehr empfehlenswertes Bistro. Am ausgeschilderten gleichnamigen Parkplatz, Tel. 282 350 400, www.algarseco.pt.

Perfekte Verbindung aus Architektur und Natur.

## WICHTIGSTE SEHENSWÜRDIGKEITEN

**Convento de São José.** Das ehemalige Kloster wurde 1710–1730 gegründet. Das *convento* mit seinem charakteristischen *torre mirante* wird heute von der Kirchengemeinde für Verwaltungsaufgaben und der Stadtverwaltung für Veranstaltungen udn Ausstellungen genutzt.
Di–Sa 9–12.30 und 14–17.30 Uhr, So/Mo geschlossen. Rua Joaquim Eugénio Júdice, Tel. 282 380 434.

**Sítio dos Fontes de Estômbar.** Wenn man von Lagoa kommend am Ortseingang von Estômbar rechts abbiegt und in Richtung Silves fährt, erreicht man nach 2,5 km die *fontes*. Im September findet hier fast den ganzen Monat über das Festival »Obrigado Portugal« statt. Es bemüht sich in bewunderswerter Weise um ein verbessertes Miteinander der Kulturen.

**Mitte:** Manche Felsgebilde, wie hier bei Praia da Marinha, sind ideale Nistplätze für Wasservögel.
**Unten:** Für die Kinder bieten die Strände vor den Felskulissen abenteuerliche Spielplätze.



# 24 Klippenweg & Grottenfahrt

## Natur erleben

**Der Klippenweg führt immer an den Klippen entlang, mit Blick hinaus zum Atlantik oder hinunter zum Ufer, zu Buchten und Stränden. Mit jedem Schritt erschließen sich neue Perspektiven. 5,7 km lang geht das so. Ein Traum für Wanderer und geländegewöhnte Radfahrer, die mittlere Schwierigkeitsgrade und grandiose Aussichten schätzen. Die Grottenfahrten sind ein genauso schönes Erlebnis. Mit einem Kanu geht es mitten hinein in die schönste Wasserlandschaft der Algarve.**

Der Blick fällt immer wieder auf Strände, die sich zwischen teils bizarren und schroffen Felsgebilden breitmachen. Das Meer leuchtet tiefblau, Schiffe und Boote hinterlassen ihre weißen Fahrspuren. Ein paar Fischer versenken hoffnungsvoll ihre Fangkörbe für Tintenfische und Langusten. Nahe der Klippen sieht man Kajakfahrer auf ihrer Entdeckungstour. Denn hinter dem Praia de Carvoeiro verstecken sich die ersten Höhlen. Sie sind eines der Ziele vieler Grottenfahrten.

### MAL EHRLICH

**DRECKSPATZEN**

An Parkplätzen oder am Picknickplatz sind etliche Behälter für Müll aufgestellt, die auch täglich geleert werden. Dieser vorbildliche Service wird von vielen Strandgängern leider nicht konsequent genutzt – viele werfen Tüten, Flaschen oder Zigarettenschachteln einfach auf den Boden. Spatzen freuen sich über so manchen Müll, den die Dreckspatzen liegen lassen. Aber auch nur sie.

## Der Klippenweg

Zwischen den Stränden von Praia de Vale de Centianes und Praia da Marinha östlich von Carvoeiro befindet sich der Klippenweg. Weil der Weg so relativ kurz ist, kann er gut und gerne an einem halben Tag hin und zurück gemeistert werden. Dann wird man feststellen, dass sich die Strecke anscheinend verändert hat, weil sich unterwegs ständig neue und andere Perspektiven ergeben. Der Pfad wurde befestigt und teils mit Holzplanken ausgebessert. Jetzt gilt er als das Vorzeigestück unter den vielen Klippenwegen, die entlang der Barlavento-Küste verlaufen. Aus Sicherheitsgründen und um die Umwelt zu schützen, sollte man den Weg nicht verlassen. Gutes Schuhwerk ist bei allen Klippenwanderungen angesagt. Fotografen tun gut daran, den Weg früh morgens oder am späten Nachmittag zu begehen, wenn das Sonnenlicht besonders intensiv und warmfarbig ist. Es gibt mehrere Picknickplätze, z. B. gleich beim Parkplatz des Praia da Marinha. Info-Tafeln zeigen die Karte des Wanderweges und vermitteln interessante Details über Flora und Fauna.

## Die sieben hängenden Täler

Nur an wenigen Stellen muss man auf dem Klippenpfad landeinwärts gehen, nämlich dort, wo Wasserläufe zum Meer hin tiefe Einschnitte gegraben haben und den Aufbau der Landmasse preisgeben. Hier finden sich die »sieben hängenden Täler« (Sete Vales Suspensos), die dem Weg den Namen gaben. Die Zerklüftungen demonstrieren die nagende und wühlende Kraft des Meer- und Regenwassers, das im Laufe von Jahrmillionen am weichen und karstigen Kalksandstein teils mit brachialer Gewalt nach schweren Regenfällen, teils mit der alles nagenden Energie der Dauerhaftigkeit arbeitete.

AUTORENTIPP!

**PICKNICK ÜBER DEM STRAND**

Gleich beim großen Parkplatz des Strandes Praia da Marinha wurden Holztische mit Bänken aufgestellt – ein herrlicher Picknickplatz mit Blick aufs Meer, teils auch auf den Strand. Einige Bäume spenden Schatten, was man im Sommer sehr zu schätzen weiß. Am Rande des Picknickplatzes (*parque de marendas*) informiert eine große Tafel mit Wegkarte über den exakten Standort, außerdem wird die lokale Flora und Fauna vorgestellt (auf Portugiesisch und Englisch). Im Winter ist der Parkplatz bei mit dem Wohnmobil Reisenden sehr beliebt, im Sommer quillt er bisweilen über – je früher man ankommt, desto besser.

**Mitte:** Ein Blick auf den Atlantik.
**Unten:** Manche kleinen Strände sind nur mit dem Boot erreichbar.

AUTORENTIPP!

**DAS PIRATENSCHIFF SANTA BERNARDA**

Gebaut wurde das Schiff als der Fischkutter »Le Trident«. Er kreuzte seit 1965 täglich in der Biscaya auf Fischfangtour bis 1992 ein neuer Besitzer sie ins Mittelmeer bringen wollte. Unterwegs musste er wegen technischer Mängel in Portimão die Reise beenden. Zu eben dieser Zeit träumte Bernhard Arens von einem Ausflugsschiff, das er als Replika einer Karavelle an der Algarveküste einsetzen konnte. Er erwarb die »Le Trident«. Bernhard studierte den Aufbau von Karavellen, reichte Pläne ein und musste 14 Monate auf die Genehmigung warten. Jahrelang baute er dann an seinem Traumschiff, erhöhte das Achterdeck und führte die Beplankung des Rumpfes mit wertvollem Kambala-Holz aus. Dann ging sie als »Santa Bernarda« auf Jungfernfahrt. Seit Jahren gehört sie nun zum Kulissenbild von Portimão und der Mündung des Rio Arade, wo sie auf Westkurs zu Touren bis Sagres in See sticht, oder auf Ostkurs bis Albufeira. Die »Santa Bernarda« fährt vom Steg am Cais Vasco da Gama in der Nähe des Clube Naval de Portimão ab. Tel. 282 422 791, www.santa-bernarda.com.

## Flora und Fauna

Neben ihren landschaftlichen und geomorphologischen Besonderheiten hat die Uferregion auch eine außerordentlich reiche Flora und Fauna aufzuweisen. Eine üppige Vegetation überzieht die Ufergegend wie ein borstiger Teppich. Auffällig sind die vielen hartblättrigen Gewächse und die dicht gedrängt wachsenden Wacholder-Büsche sowie die zahllosen Seevögel. Hier wachsen auch wilder Rosmarin und Thymian, Zistrosen und Lorbeer. Viele Wanderer nehmen Spezialliteratur mit, um Pflanzen zu identifizieren. Dann werden sie mit Staunen auch einige seltene Orchideen entdecken. Die Höhlen in den Klippen sind das ideale Habitat für Fledermäuse, die während der Monate des Winterschlafs nicht gestört werden sollten.

## Die Grotten bei Carvoeiro

Vor dem Clube Naval in Portimão, von Carvoeiro selbst und von Armação de Pêra legen Boote und Segelschiffe ab. Ihr Ziel sind die Grotten bei Carvoeiro. Fährt man von Portimão los, gleitet man zunächst auf dem Rio Arade flussabwärts. Linkerhand zieht Ferragudo vorbei, rechterhand die Hochhäuser von Portimão und Praia da Rocha. Dann liegen die Molen an der Mündung im Backbord, das Schiff schaukelt auf den Wellen des Meeres und nähert sich auf Ostkurs dem Fahrtziel: Felsgrotten, Tore, Höhlen, Schächte und Kathedralen, die Wind, Wasser und Wetter aus dem Gemisch aus Kalk- und Sandstein herausgemeißelt haben. Unterwegs ist man ständig von der bizarren Schönheit der Felsgebilde umgeben. Fährt man in Höhlen und Grotten hinein, verwirrt der geradezu kathedralähnliche Hall.

Hinter dem Praia de Carvoeiro verstecken sich die ersten Höhlen, große und kleine. Einige sind völlig

# Auf dem Sete Vales Suspenso

**Daten & Fakten**
Länge: 11,4 km hin und zurück
Maximale Höhe: 45 m
Maximale Tiefe: 7 m
**Stationen**
Ⓐ **Praia da Marina.** Kulissenhaft dramatische Klippenwände umgeben diesen herrlichen Badestrand, einer der schönsten der ganzen Algarve. Gute Parkmöglichkeiten gleich oberhalb.
Ⓑ **Praia de Benagil.** Der von Muschelkalkfelsen umrahmte Strand ist eine traumhafte Kulisse und wird von Strandkennern hochgeschätzt.
Ⓒ **Praia do Carvalho.** Ein kleiner und romantischer Strand, noch ein Geheimtipp. Ca. 3,5 km östlich vom Carvoeiro-Zentrum entfernt.
Ⓓ **Cabo Carvoeiro.** Wohin man auch blickt, der Ausblick auf die Klippen und das Meer ist atemberaubend und faszinierend. Die reiche und eigenwillige Macchia-Vegetation mit vielen Hartlaubgewächsen trägt das ihre dazu bei.
Ⓔ **Praia de Centianes.** Der größte der Strände Carvoeiros. Ca. 2,5 km östlich vom Zentrum entfernt. Wenig frequentiert.

Die Strände sind mit dem Prädikat der Blauen Flagge ausgezeichnet. Das Symbol steht für beste Wasserqualität, gute hygienische Einrichtungen und gastronomische Versorgung, ständige Reinigung des Strandes, einen Rettungsschwimmerposten und das Verbot von Hunden. Das Prädikat wird von einer staatlichen Behörde vergeben und garantiert strenge Kontrollen.

Darauf sollte man unbedingt achten: Am Posten des Rettungsschwimmers weht immer auch eine Flagge, die anzeigt, wie die aktuellen Schwimm-Verhältnisse sind. Grün: alles okay, Gelb: Vorsicht geboten, Baden ist noch erlaubt. Rot: Gefahr! Baden und Schwimmen sofort einstellen. Kariert: Posten derzeit nicht besetzt. Generell sollte man wegen möglicher Strömungen niemals hinter der Brandungswelle schwimmen.

Muschelkalkfelsen umgeben den Strand.

**Oben:** Im Sommer ist die Algarve das Ferienziel vieler Familien. **Unten:** Der Praia da Marinha zählt zu den schönsten Stränden der Algarve.

dunkel, in andere dringen durch Löcher und Schächte im Deckenbereich die Sonnenstrahlen ein und lassen das Unheimliche, fast Mystische der Grotten sichtbar werden. Einige Höhlen haben badetuchgroße Strände aus feinstem, fast weißem Sand. Jeden Winter nimmt das Meer viel Sand weg oder bringt neuen dazu – das Aussehen einer Höhle ändert sich von Jahr zu Jahr.

Weil man in einige Grotten bei Hochwasser nicht oder kaum einfahren kann, sollte man die Tour so planen, dass man die Felsgebilde möglichst bei Ebbe erreicht. Die Gezeitentabellen liegen an allen Hotelrezeptionen aus und sind im Monatsmagazin »Entdecken Sie Algarve« abgedruckt. Das oben liegende Gestein ist weicher als das darunter liegende und stärker zusammengepresst. Deshalb stehen die Felsgebilde auf festen Füßen, während es oben bröckelt. Fährt man im Kajak oder einem kleinen Fischerboot an ihnen vorbei und teils in sie hinein, sieht man genau, wie die Schichten aufeinanderliegen. Ein abenteuerliches Erlebnis!

## Der Strand ist für alle da

Weder Hotels noch Privatpersonen dürfen den Küstenweg absperren, auch wenn ihr Grundstück bis an die Klippen oder an den Strand reicht. Auch darf niemand einen Privatstrand nur für sich allein beanspruchen. So sind in der Algarve alle Strände öffentlich zugänglich. Mit dieser grundsätzlichen demokratischen Regelung ist es an der ganzen Algarve möglich, ununterbrochen am Meer entlangzugehen, sei es auf den Klippen oder am Strand.

Aber Vorsicht, das heißt nicht, dass Klippenwege abgesichert sind. Die Natur hinterlässt ihre Spuren. Besondere Vorsicht ist an den Klippenrändern und bei Regen geboten.

# Infos und Adressen

## ESSEN UND TRINKEN

**O Indiano.** Indisches Restaurant an der Carvoeiroküste. Grandiose Aussicht von der Terrasse aus. Rua do Paraiso 26, Carvoeiro, Tel. 282 357 218.
**Ele & Ela.** Im turbulenten Carvoeiro. Fisch, Fleisch und Vegetarisches. Rua do Barranco 28, Tel. 282 357 509.

## ÜBERNACHTEN

**Quinta do Paraiso.** Bei Carvoeiro empfehlen wir die im maurischen Stil erbaute Quinta do Paraiso, eine Apartmentanlage mit familiärer Atmosphäre, großem Pool, Tauchschule, Tennisplatz, 1 km vom Carvoeiro-Strand entfernt. Praia do Carvoeiro, Tel. 282 350 120, www.quinta-do-paraiso.pt.
**Resort Água Hotel Vale de Lapa.** 5-Sterne-Resort mit eigenem Golfplatz. Estrada das Sesmarias, Carvoeiro. Tel. 282 380 800.

## KAJAKVERMIETUNG

**Centro Náutico de Carvoeiro.** An dem äußerst beliebten Praia do Carvoeiro vermieten die Brüder Silvino und Eugénio Pina seit 20 Jahren Kajaks, mit und ohne Führung, Rua do Casino 29 A, Tel. 917 602 297, 919 166 588.
**Osiris.** Augusto Venâncio fährt mit dem großen Segelboot Osiris. Zu den Einfahrten in die Höhlen steigen die Gäste in wartende kleine Fischerboote um. Am unteren Sardinenkai beim Clube Naval in Portimão. Tel. 962 374 081.
**Dive Spot.** Ähnliche Touren kann man übrigens auch von Armação aus unternehmen, z .B. bei Dive Spot, Rua Da Fortaleza, Tel. 282 314 825, www.divespot.com.pt. Sie bieten auch Angeltouren, Tauchschule, Segeltörns und weitere Wassersportarten an. Das Revier gilt für alle Unterwassersportarten als ausgezeichnet.

Die Portugiesen lieben ihre Fischerboote.

Wasser und Wellen, Wind und Wetter meißelten gigantische Gebilde in die Felsküste.

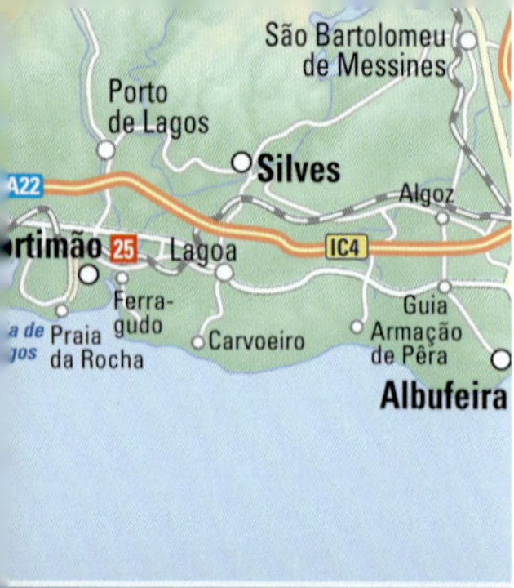

Was das Dorf von Asterix und Obelix für Gallien ist, ist Ferragudo für die Algarve.



# 25 Ferragudo
## Behagliches Fischerdorf

**Am Ostufer des Arade-Flusses schmiegt sich das 2000-Seelen-Fischerdorf Ferragudo an einen Uferhügel. Eine Postkartenansicht, eine heile Welt aus hingemalten bunten Booten. Dahinter steigt eine verschachtelte Masse aus weißen Häuserkuben auf, hier und da ragen Palmen in die Luft – dieses Motiv zählt fraglos zu den meistfotografierten der Algarve.**

Denn Ferragudo gilt als der bezauberndste Ort in der Algarve. Er liegt an der Mündung des Arade-Flußes, direkt gegenüber der Stadt Portimão. Gassen und Treppen führen kreuz und quer und rauf und runter und mitten hindurch, und überall riecht es nach frisch Gegrilltem. Rund um den zentralen Platz Praça Rainha Dona Leonor sitzen die Leute im sonnigen Freien in den Straßencafés. Am Uferkai locken gute Fischrestaurants, oft herrscht hier reger Betrieb. Motor- und Segeljachten legen an, Menschen kraxeln an Land, darunter einige dickbäuchige Herren und elegante schlanke Frauen. Sehen und gesehen werden, das ist die Devise. Aber niemand erregt großes Aufsehen. Selbst wenn Fußballer Figo eintrifft, erzeugt das kein Durcheinander. Hier bleibt alles lässig, gemütlich, eben durch und durch portugiesisch.

## Die Hafenburg

Knapp 1 km vom Dorfplatz entfernt erhebt sich aus dem Strand am Rio Arade ein Fels. Ein natürlicher Wachtposten, der zwei Strände trennt: den am Ort anschließenden Strand Praia da Angrinha und den bis zur Mündung reichenden Praia Grande. Im 15. Jahrhundert bekrönte man den Felshöcker mit einer Hafenburg. Zusammen mit dem

Abendstimmung am Dorfstrand von Ferragudo.

Gegenstück am Praia da Rocha, der Hafenburg Santa Catarina, sicherte er die Einfahrt in den Rio Arade. Um 1620 wandelte eine noble Familie die Burg zu einem italienisch anmutenden Schlösschen namens São João um. Im Warmlicht des späten Nachmittags erstrahlt das terracottafarbene Gebäude und verzaubert die gesamte Umgebung.

## Aussichten von oben

Der schönste Weg zur barocken Kirche Igreja de Nossa Senhora da Conceição auf der Hügelkuppe ist dieser: Am Uferkai am Restaurant »Sueste« vorbei zum Lebensrettungsposten (*posto de salva vida*) gehen. An der Rückseite gibt es eine enge Passage – und schon ist man am Strand und hat vor sich eine herrliche Ansicht der Hafenburg! Gleich hinter dem *posto* zweigt links eine Treppe ab. Hochgehen, und schon ist man am Vorplatz der Kirche und genießt eine Traumaussicht auf den Rio und die *marina* von Praia da Rocha. Von hier aus kann man mittels der quer zum Hang verlaufenden drei Straßen und ihrer *travessas* den recht kleinen Ort bestens erkunden. Es lohnt sich!

AUTORENTIPP!

**WEINE UND TAPAS DER ALGARVE**

»Taberna 39« heißt ein urgemütliches kleines Lokal in der Dorfstraße »Rua25 de Abril« im Herzen von Ferragudo. Der Gemeindepräsident höchstpersönlich ist der Wirt: Luis Alberto, der sich bemüht, sein herrliches Dorf authentisch zu halten. Ganz in diesem Sinne funktioniert die Taberna und in der gleichen Gasse auch die »Casa Grande«. Hier gibt es typische Spezialitäten der Algarve und nahezu alle hier produzierten Weine. Oft Live-Musik, sehr freundliche Bedienung und Beratung, preiswert – großartig. Sonntags sind beide geschlossen.

**Oben:** Das Grillen von Sardinen gehört zum Straßenbild in der Algarve.
**Mitte:** In Ferragudo geben noch die Fischer den Ton an.
**Unten:** Auch Katzen und Hunde gehören zum Straßenbild einer typischen Algarve-Stadt.

## Fischerleben

Am Uferkai findet sich eine kleine Markthalle, wo die Fischer das soeben Gefangene gleich abliefern. Offziell gibt es noch 40 Fischer in Ferragudo bei einer Einwohnerzahl von knapp 2000. Die Fischerfrauen kümmern sich um den Verkauf, während die Männer in der kleinen Kneipe gleich nebenan den Durst nach getaner Arbeit löschen, mit Blick auf den Rio, wo die Arbeit schon wartet. »Pescadores« (Fischer) heißt die Kaschemme. Hier gibt es übrigens ausgezeichnete *bifanas* – in Wein, Zwiebel- und Knoblauchsauce gedünstetes Schweinefleisch auf Brot. Eine deftige Zwischenmahlzeit für ganze 2 €, die man fast überall in der Algarve in den von Einheimischen frequentierten Lokalen und Snackbars erhält.

## Klippenblick

Geht man von Ferragudos um 1620 erbaute Hafenburg São João weiter zum Leuchtturm draußen auf den Klippen, überblickt man die gesamte Bucht, die sich westwärts bis zur Ponte de Piedade bei Lagos in Mondsichelform hinstreckt. Diese Aussicht ist unvergesslich.

Schon vor tausend Jahren unterhielten die Mauren einen Wachtturm an der Einfahrt des Rio. Traf ein Schiff ein, schickte man Rauchzeichen in den Himmel und konnte somit die Bewohner der maurischen Metropole Silves über das eintreffende Schiff informieren. Oben im Küstengebirge der Serra de Monchique wurden in einer eigens dafür gebauten Burg bei Alferce die Zeichen von der Ponta de Altar gesichtet und wiederholt. Diese Rauchsignale konnte man in Silves sehen (die von der Küste aber nicht), und so wurden im indirekten Verfahren die Verantwortlichen in Silves relativ rasch informiert.

# Infos und Adressen

### ÜBERNACHTEN

**Casabela.** Ortsteil Vale de Areia. Traumhaft schön über der Mündung des Rio Arade gelegen, alle 62 Zimmer mit Balkon. Eigener Zugang zum Strand. Tel. 282 490 650.

Sigi Heikaus lebt seit vielen Jahren in Ferragudo und vermittelt zuverlässig Apartments und Villen. Tel. 934 665 280, info@sigi-heikaus.com.

### ESSEN UND TRINKEN

**A Ria.** Am Kai gelegen, toller Ausblick, feines Essen, fast alles frisch gegrillt. Freundlicher Service, überraschend preiswert, Rua Infante Santo 27, Tel. 282 461 790.

**Fim Do Mundo.** Die besten Steaks der Algarve, schwärmen viele und kommen von weither. Unbedingt buchen. Freundlicher Service, Rua Manuel Teixiera Gomes 28, Tel. 964 172 058.

**O Velho Novo.** Sehr beliebt – unbedingt buchen. Klasse Preis-Leistungsverhältnis. Exzellente Algarve-Küche, Rua Manuel Teixeira Gomes 2, Tel. 282 461 152.

**Rei das Praias.** Das Restaurant nennt sich »König der Strände« Das auf Holzstelzen stehende Resraurant an dem kleinen Insider-Strand Praia dos Carneiros zwischen Ferragudo und Carvoeiro bietet Fischgerichte allerbester Qualität. Die Auswahl an superfrischen Qualitätsfischen ist vorbildlich. Die Riesengarnelen sind unvergesslich. Man sollte unbedingt vorab einen Tisch reservieren. Praia dos Carneiros, Tel. 282 461 006.

**Sueste.** Die »Wasserfront«-Kulisse und das ausgezeichnete Essen machen dieses Lokal zu einer romantischen First-Class-Adresse. Besitzer Amadeu Henriques ist mit Herz und Blut Gastronom. Im Sommer bietet er einen eigenen Fährbootservice für Gäste aus Praia da Rocha an. Rua da Ribeira, 91, Tel. 282 461 592.

Typisches abendliches Algarve-Flair.

# DIE WESTLICHE ALGARVE

**Vorangehende Doppelseite:** Die Grotten der Ponta da Piedade.
**Mitte:** Mitten in Portimão erhebt sich die stolze Fassade des ehemaligen Jesuitenkollegs.
**Unten:** So zeigt sich Praia da Rocha von Ferragudo aus.



# 26 Portimão

## Geschäftiges Treiben

**Für die immer größer werdenden Segelschiffe war der von Ebbe und Flut unabhängige Hafen am Rio Arade einst wie geschaffen. Sein Name geht auf die römische Bezeichnung »Portus Magnus«, Großer Hafen, zurück. Davor hieß er »Portus Hannibalis«, benannt nach dem legendären General aus Karthago. An Wechsel musste sich dieser Ort schon früh gewöhnen. Der letzte hieß Tourismus und hat aus der betriebsamen Hafenstadt eine agile Einkaufsstadt gemacht.**

Salinenbesitzer legten am Mündungstrichter des Rio Arade zahlreiche Salzfelder an. 1563 authorisierte König São Sebastião die Anlage eines Fischerhafens. Er wurde mit Holz aus der nahen Serra de Monchique gebaut. Werften entstanden. Auch der Export von lokalen Gütern kam in Schwung: frische und getrocknete Feigen, Wein und Zitrusfrüchte waren die Renner. Der aufkommende Import von Zucker aus Madeira und Brasilien brachte den Handel ab dem 17. Jahrhundert weiter voran. Der Sklavenmarkt florierte. Diese Ent-

### MAL EHRLICH

#### ORIENTIERUNG MANGELHAFT

Portimão ist wie wild angewachsen, wobei es anscheinend nie übergreifende Planungen gab. Entsprechend unübersichtlich ist die Verkehrsführung. Die kaum vorhandene Beschilderung der Straßen verschlimmert diese Situation und das Einbahnstraßensystem gibt dem noch eins drauf. Deshalb gilt für diese Stadt: Das Auto so schnell wie möglich abstellen und alles zu Fuß entdecken. Dann kann man auch Portimão viel abgewinnen.

wicklungen provozierten natürlich die Attacken von Piraten, vorwiegend aus der Biscaya und Marokko. Der Aufstieg Portimãos zur wichtigsten Stadt im Westen der Algarve wurde dadurch aber nicht gestoppt.

## Einkaufen und Bummeln

Für Barlavento ist Portimão heute die Metropole, nicht nur, wenn es um Verwaltungsfragen geht, sondern auch wenn es ums Einkaufen geht. Hunderte von Geschäften gibt es, Juweliere, Boutiquen, Handy-Shops. Aber auch Spezielleres – ein Hochzeitskleid, Ersatzteile für Boote und Autos oder orthopädische Schuhe – lässt sich finden. Trubel herrscht in dieser Stadt, aber nie wird es wirklich hektisch. Kein Wunder, dass diese *cidade* (Stadt) immer mehr Freunde unter Portugiesen wie ausländischen Residenten findet.

Neben den vielen kleinen Läden haben in den letzten Jahren mehrere Shoppingcenter eröffnet. Gleich ein halbes Dutzend davon macht sich gegenseitig das Leben nicht leichter. Dessen ungeachtet bleibt der gut ausgeschilderte *mercado municipal*, die Markthalle, das Ziel aller, die Wert auf Frisches und Lokales legen. Die Auswahl ist gigantisch, die Stimmung urig und authentisch.

Auf dem zentral gelegenen Platz Praça da República gibt es ab und zu Musikveranstaltungen oder Märkte. Die umliegenden Gassen stellen in ihrer Gesamtheit ein riesiges altmodisches Kaufhaus dar. Bummeln lohnt sich also überall in den Gassenlabyrinthen der Stadt.

## Stadtbild

Die Stadt wuchs in den letzten zwanzig Jahren explosionsartig an. Alle Planungen hinkten dem

AUTORENTIPP!

**EIN MUSEUM ALS MAGNET**

Die Konservenfabrik des António Feu ging 1902 in Betrieb. Anfang der 80er-Jahre machte sie, wie fast alle anderen in der Region, dicht. 1996 erwarb das Rathaus die gesamte Fabrikanlage am Rio Arade zwischen Portimão und Praia da Rocha. In der Nähe finden sich auch die Ruinen eines großen Konvents, der aus unerklärlichen Gründen nicht renoviert wird. Der größte Raum in diesem mit Auszeichnungen überschütteten Museum ist der Dauerausstellung »Portimão – Território e Identidade« gewidmet. Ausgezeichnet ist die Kollektion von Fundstücken aus dem Flussbett des Rio Arade, darunter uralte Boote und weitere faszinierende Artefakte aus einem Zeitraum von 3000 Jahren. Auch Kunstausstellungen finden im großen Museumskomplex statt. Außerdem werden in einer Zisterne Film gezeigt.

**Museu de Portimão**
Rua D. Carlos, Zona Ribeirinha, geöffnet: Sept–14. Juli: Di 14.30–18 Uhr, Mi–So 10–18 Uhr, 15. Juli–31. Aug: Di 19.30–2 Uhr, Mi–So 15–23 Uhr, Sa 10–14 Uhr, Eintritt: 3 €, Familienkarte 4,50 €. Ein Tipp für Sparer: Freier Eintritt So 10–14 Uhr, Tel. 282 405 230.

AUTORENTIPP!

**TASCA PORTA VELHA**
Touristen sieht man hier selten – das Porta Velha ist selbst für Einheimische eine verschwiegene, aber unter Kennern eine äußerst beliebte Adresse. Luís Coelho hat alles rustikal eingerichtet, auch den Innenhof mit den wenigen Sitzplätzen. Hierher kommt man nicht, um groß essen zu gehen, sondern um Leute kennenzulernen und Freunde zu treffen. Hausspezialitäten sind *petiscos*, das sind Kleinigkeiten, ähnlich der spanischen Tapas. Besonders beliebt sind Sardinen mit Zwiebelscheiben, Petersilie und Zitronensaft – eben so, wie die Sardinen vor vielen Jahren überall gegessen wurden. Dazu passt roter Alentejo- oder Algarvewein und krustiges Brot. Am Wochenende gibt es oft klasse Livemusik. Wer hier einen Abend verbringt, bekommt echte Algarve-Szene vorgeführt.

**Tasca Porta Velha**
Travessa Manuel Dias Barão 1-3,
Tel. 918 053 169.

Beim Clube Naval in Portimão sind Wassersportler zugange.

Gebauten hinterher. Entsprechend unverständlich ist die Verkehrsführung. Und dennoch herrscht auch in dieser relativ großen Stadt die typische Algarve-Stimmung mit ihrer unumstößlichen Lässigkeit. Im alten Stadtkern zwischen Rathaus und Markthalle, vom Rio-Ufer bis hin zur alten EN 125, die früher das schlimmste Nadelöhr für den Autoverkehr in der Algarve darstellte, breitet sich die Altstadt mit ihrem wirren Fangnetz aus Sträßchen und Gassen aus. Die quirlige Stadt ist berühmt-berüchtigt für ihre miserable Verkehrsführung und mangelhafte Beschilderung. Aber ist man erst einmal und irgendwie in die Altstadt geraten (immer dem Hinweis »Centro« folgend), wird die Orientierung erstaunlich einfach und einsehbar: der breite Rio Arade, der unmittelbar vor der Stadt mündet, hilft dabei.

## Sehenswertes

Die Altstadt bei der alten Brücke ist sehenswert. Hier beginnt das Ufergebiet der Zona Ribeirinha, genannt auch »Sardinenmeile«. In die Innenstadt mit ihren vielen Einbahnstraßen fährt man besser nicht, sondern lässt den Wagen in der Nähe der Zona Ribeirinha stehen, wo es an Parkplätzen nicht mangelt.

Auch die Strände sind sehenswert. Die kleinen Leuchttürme an den lang gestreckten Molen bei Ferragudo und Praia da Rocha bilden einen mit mächtigen Mauern befestigten Trichter für den Rio und schützen ihn und den großen Fischerhafen vor hohen Wellen. Davon provitiert auch der wunderbare Strand Praia Grande. Portugals schönster Strand, nämlich der Praia da Rocha, zieht sich fast bis Alvor hin und ist in tatsächlich traumhaft schöne Teilabschnitte wie Praia do Vau oder Praia dos Três Irmãos aufgegliedert.

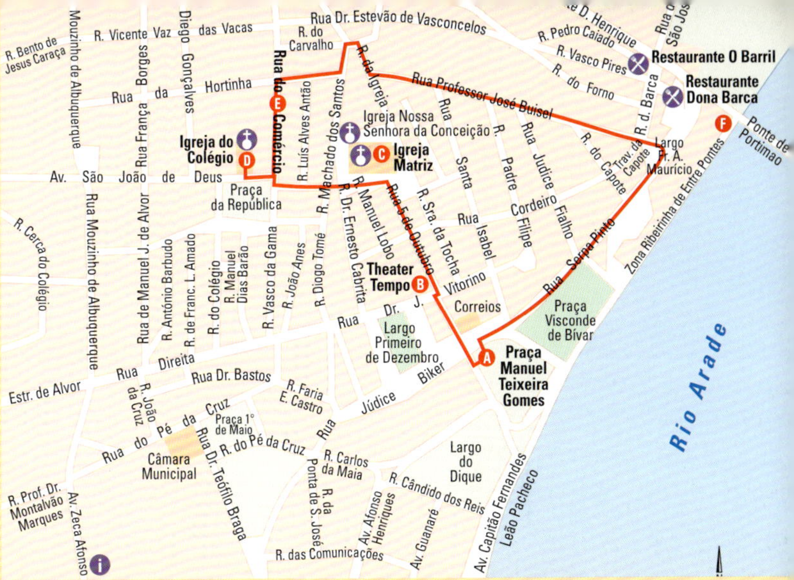


# Ein Gang durch Portimão

**A Praça Manuel Teixeira Gomes.** Der große Platz am Rio Arade ist der Ausgangspunkt des Stadtbummels. Der neu gestaltete Platz ist nach dem Diplomaten Manuel Teixeira Gomes (1860–1941) benannt – er war Staatspräsident Portugals und einer der renommiertesten Schriftsteller seines Landes.

**B Theater Tempo.** Am Platz liegt auch das große Postamt (*correios*). Daneben breitet sich ein kleiner Platz aus, der Largo Primeiro de Dezembro. An seiner Stirnseite steht das Kulturzentrum Teatro Tempo. Programm und Tickets erhält man von 14–19 Uhr, Tel. 282 402 475; www.teatromunicipaldeportimao.pt.

**C Igreja Matriz.** Nun geht es weiter durch die Rua de 5 Outubrodie direkt zur Igreja Matriz leitet. Wunderschön ist das manuelinische Portal. Geöffnet Mo–Fr 10.30–12.30 und 13.30–17.30 Uhr.

**D Igreja do Colégio.** Nun links in Richtung Praça da República gehen. Hier gibt es Musikveranstaltungen oder Märkte. An der Nordseite des 2001 renovierten Platzes ragt die imposante dreiteilige Fassade der Igreja do Colégio auf. Das Grab des Stifters ist aus mehrfarbigem Marmor und befindet sich im Inneren der Kirche, die 1660 bis 1707 als Jesuiten-Konvent erbaut wurde. Der einschiffige Kirchenraum ist der größte in der ganzen Algarve, geöffnet Mo–Fr 10–12.30 und 15–17 Uhr, Tel. der Igrejas: 282 422 612.

**E Rua do Comércio.** Die Rua do Comércio, die Haupteinkaufsgasse von Portimão, zweigt vom Praça da República ab. Wenn man bei der Rua da Hortinha rechts abbiegt, kommt man in einen Gassendschungel. Das ist ein Viertel, in dem es von Lokalen nur so wimmelt, darunter das »Dona Barca«. Ganzjährig geöffnet 12–15 und 17–22 Uhr, Tel. 282 481 189. Nun der Rua Professor José Duisel folgen.

**F Sardinenmeile (Zone Ribeirinha).** Das Dona Barca gehört schon zur Sardinenmeile, die im Sommer das Zentrum des riesigen Sardinenfestivals bildet. Nun sind es noch 200 m weiter flussabwärts, immer am Ufer des hier sehr breiten Rio Arade entlang, und man ist zurück am Ausgangspunkt.

**Oben:** Viele der Restaurants befinden sich direkt auf dem Wasser. **Mitte:** Impressionen der Stadt. **Unten:** Das Autódromo Internacional do Algarve.

## Kunst und Kultur

Das Theater »Tempo« ist eine neue und erstaunlich erfolgreiche Kulturstätte der Barlavento-Hauptstadt im ehemaligen Palácio Sárrea am Largo Primeiro de Dezembro. Die verkachelten Bänke zeigen Portugals Geschichte. Um die 100 Veranstaltungen finden jährlich statt: Konzerte, Theater, Ballett und sogar Zirkusshows. Das Programm ist in der Agenda de Portimão abgedruckt. Auch das deutsche Monatsmagazin »Entdecken Sie Algarve« informiert darüber ausführlich.

Am gestreckten Largo de Dique geht es südwärts bis zum unbedingt sehenswerten Museu de Portimão (siehe Seite 157). Das Museum wurde 2010 eröffnet und gleich mit einem Preis als eines der besten Museen Europas ausgezeichnet. Hier wird die Interaktion von Mensch und Umwelt über einen Zeitraum von 5000 Jahren dokumentiert. Einen Schwerpunkt bildet die Geschichte der Sardinendosen-Industrie.

## Das Motodrom

Zehn Kilometer nordwestlich der Stadt liegt das Autódromo Internacional do Algarve. Die knapp 5 km lange und für die Formel 1 konzipierte Rennbahn wurde von Stararchitekt Ricardo Pina entworfen. Die Bahn führt auf gesamter Länge durch hügelige, teils bewaldete Natur. Ein 5-Sterne-Hotel, ein Karting-Track, ein Sportkomplex und Apartmentblocks gehören dazu. Offiziell spricht man von einem 200-Millionen-Bauvolumen, aber hinter vorgehaltener Hand sollen es weit mehr sein. Nicht nur deshalb hat das Motodrom viel Kritik heraufbeschworen. Die Anerkennung durch die Rennorganisationen FIM und FIA half da wenig, denn die Formel 1 hat die Algarve-Rennbahn nicht in ihr Programm aufgenommen.

# Infos und Adressen

## INFORMATION

**Posto de Turismo de Portimão.** Geöffnet Mo–Fr 9.30–18.30 Uhr, Sa–So 9.30–13 und 14–18.30 Uhr, So geschlossen, Avenida Zeca Afonso. Tel. 282 402 487.

In Portimão finden sich zahlreiche Cafés und Bars.

## ESSEN UND TRINKEN

**Bacalhoada.** Nahe der alten Brücke und dem Rotlichtviertel gelegen. Wie der Name verspricht: Bacaljau (Kabeljau) in riesiger Vielfalt und klasse Qualität, Rua Vasco Pires 1, Tel. 282 401 212.

**Restaurante Fonte de Pedra.** Am Schleichweg hinauf in die Serra und bei den Menhiren von Alcalar gelegen. Einfach nur gut, Alcalar, Tel. 961 824 185.

**Solar do Farelo.** Nahe dem Golfzentrum Penina beim Dorf Figueira, unter der Autobahn durch und ins Hinterland hinein, aber nur ein paar Kilometer, und schon steht man vor dem Ausflugslokal, das sehr beliebt ist. Zurecht. Beim Dorf Varzea do Farelo, Tel. 282 471 405.

## ÜBERNACHTEN

**Casa Três Palmeiras.** Eine Privatvilla, die auf den Klippen am Strand Praia do Vau zu einem kleinen exklusiven Hotel umgewandelt wurde. Ein Traum! 5 großzügige Zimmer mit WC, Klimaanlage, Pool auf der herrlichen Terrasse direkt über dem Meer. Urbanização Vau da Rocha, (eigene Einfahrt von der Avenida V3, Praia da Rocha-Alvor), Tel. 282 401 029, www.casatrespalmeiras.com. (außerhalb der Karte)

## NACHTLEBEN

Das Nachtleben spielt sich vorwiegend im Strandvorort Praia da Rocha ab. An den Sommerabenden bietet sich Portimãos Uferpromenade beim Platz Praça Manuel Teixeira Gomes an. Hier kann man Eis essen, häufig gibt es Livemusik, Straßenkünstler agieren, und es scheint, als wolle die ganze Stadt hier die Sommernächte genießen. Weiter stadteinwärts finden sich zahlreiche kleine Bars und Kneipen in den Quergassen zur Rua Serpa Pinto auf dem Weg zur Brücke über den Rio.

## EINKAUFEN

**Aqua.** Beim Wettlauf um das größte Einkaufszentrum der Algarve hat seit 2011 Portimão mit seinem Aqua die Nase vorn. Auf 3 Etagen und 35 500 m² befinden sich 117 Läden, 21 Restaurants und Cafés und 1 Riesensupermarkt. Rua de S. Pedro 72 (an der Haupteinfahrt Portimãos), www.aquaportimão.pt. (außerhalb der Karte)

Portimão gilt als die Einkaufsstadt der Fels-Algarve.

## SEHENSWÜRDIGKEITEN

**Igreja de Nossa Senhora da Conceição/Igreja Matriz.** Largo da Igreja/Rua Machado dos Santos, öffentlich zugänglich.

**Mitte:** Eine Brücke führt bei Portimão über den Rio Arade.
**Unten:** Am Rio Arade nisten Tausende von Störchen.



# 27 Bootsfahrt Portimão–Silves

## Wie zu Zeiten der Mauren

**Mit einem Boot kann man von der Zona Ribeirinha landeinwärts auf dem Rio Arade von Portimão bis Silves fahren – so wie es die Mauren machten. Freilich mit Dieselkraft. Man tuckert durch eine fantastisch schöne und nahezu unberührte Natur, keine 10 km hinter der betriebsamen Uferzone. Man sieht Gezeitenmühlen, hier und da ragen an den niedrigen Uferklippen verfallene Ruinen auf. Und überall gibt es Vögel. Auf dem Boot kommt man ihnen ganz nahe.**

Wo der Rio besonders breit wird, kommt die Insel Nossa Senhora do Rosário in Sicht. Früher ragte hier eine gleichnamige Wallfahrtskapelle auf, die auch als Leuchtturm diente. Und weil genau an dieser Insel die Bezirke von Lagoa, Silves und Portimão aufeinandertreffen, gab es unter den Flussfischern oft Gerangel. Irgendwann wurde die schwarze Madonna vom Altar gestohlen, jetzt schmückt sie die Kirche von Ferragudo.

Übrigens ist der Sand auf dem Grund des Rio Arade ein ganz besonderer: Er besteht weitgehend aus winzigen Muscheln, die komplett erhalten sind, aber nicht mehr als einen halben Millimeter Durchmesser haben! In diesem Muschelsand soll es eine Menge von Wracks aus der maurischen Zeit und den Jahrhunderten danach geben. Ernsthafte archäologische Ausgrabungen wurden aber nie angestellt. Seit Jahren wird von der Bürgermeisterin von Silves gefordert, dass der Rio Arade ausgebaggert und die maurische Ex-Metropole auch für große Schiffe wieder zugänglich gemacht wird. Naturschützer lehnen das strikt ab, weil das Habitat vieler Tiere gestört und außerdem die im Sand versteckten archäologischen Schätze brutal zerstört werden würden.

## Fahrt nach Silves

Fast 15 km lang tuckert man auf dem Rio Arade dahin, der einst die maurische Metropole Silves mit der Außenwelt verband, wurden doch alle Güter per Schiff transportiert. Unterwegs ändert sich die landschaftliche Schönheit ständig, außerdem ist sie natürlich von den Gezeiten abhängig. Der übliche Höhenunterschied beträgt ca. 1,5 m. Ganz besonders faszinierend sind der Rio und sein breites Tal bei Flut. Im Hintergrund steigt die Silhouette des Küstengebirges Serra de Monchique auf, was dem Rio Arade einen märchenhaften Zauber vermittelt.

Bei der Weiterfahrt auf dem Rio kommt der sandsteinrote Mauerkranz der maurischen Burganlage von Silves in Sicht, ein Symbol für ein halbes Jahrtausend islamischer Kulturepoche in der Algarve. Abends wie frühmorgens erglüht der gesamt Mauerkranz im Licht der auf- bzw. untergehenden Sonne. Nahe der römischen Brücke von Silves steigen die Fahrgäste aus und begeben sich auf individuelle Stadtbesichtigungen.

Diese Besichtigung beginnt man am besten gleich am Ufer bei der alten Markthalle mit ihren schönen schmiedeisernen Verzierungen. Einige Restaurants sind auf gegrillte Hähnchen spezialisiert und ziehen die Menschen an. Oft kann man draußen sitzen. Hinter der Markthalle gerät man in ein Netz von Gassen, Treppen und Plätzen, die dieser Stadt ihren einzigartigen Charme vermitteln. Je nach dem Stand der Gezeiten beginnt die Rückfahrt etwa 1½ Stunden später.

## Infos und Adressen

### BOOTSAUSFLÜGE

**Barca do Arade.** Ein besonders erfahrener Kapitän ist João Venancio, Bruder von Augusto Venacio, der sich auf Grottenfahrten bei Carvoeiro spezialisiert hat (siehe Seite 144). Joãos Boot für die Fahrt auf dem Rio Arade ist die Barca do Arade, ein Nachbau der Arade-Boote aus dem 16. Jahrhundert. Er fährt vom Kai vor dem Clube Naval am Südende der Zona Ribeirinha in Portimão ab. Die Abfahrtszeiten hängen von den Gezeiten ab. Ab besten klärt man die aktuelle Zeit einen Tag vorher an Ort und Stelle an einem Hinweisschild ab oder ruft den Kapitän an: Tel. 963 741 189.

**Santa Bernarda.** Besonders originell ist eine Expedition mit der nostalgischen Zweimast-Segelkaravelle Santa Bernarda. Sie legt ebenfalls am Sardinenkai in Portimão ab und fährt die Steilküste zwischen Carvoeiro und der Praia da Marinha entlang. Mit den mitgeschleppten Ausflugsbooten fährt man dann in die Höhlen und Grotten hinein. Sommer: Mo–Fr 9.45–13 und 14–18.30 Uhr. 30 € für Erwachsene, Kinder unter 3 Jahre frei, Kinder 4 bis 10 Jahre 15 €, Samstags im Sommer »Barbecue Fahrt« 9.45–18 Uhr, 60 € Erwachsene, 30 € Kinder. Zu buchen über: Santa Bernardo Cruzeiros, Rua Vasco da Gama 43, Ferragudo, Tel. 964 042 754 oder direkt am Kai.

Der Jachthafen von Praia da Rocha.

**Mitte:** Für viele Portugiesen ist Praia da Rocha das beliebteste Urlaubsziel in der Algarve.
**Unten:** Der unglaublich breite und sehr lange Strand bietet Platz für viele Badegäste.



# 28 Praia da Rocha

## Wo der Algarve-Tourismus begann

**Ende des 19. Jahrhunderts machten sonnenhungrige Briten die Algarve als klimatisch privilegiertes Ferienziel ausfindig. Die reichen Ausländer und einige betuchte portugiesische Familien ließen prachtvolle Villen oben am Klippenrand von Praia da Rocha bauen – mit Blick auf Strand und Meer, versteht sich. Aus dieser Villenzeile wurde in nur 20 Jahren der neben Albufeira populärste Strandort der Algarve.**

Nur wenige dieser Villen stehen noch, wie zum Beispiel das 2011 wiedereröffnete Hotel Bela Vista (siehe Seite 165). In den 1970er- bis in die 1990er-Jahren mussten die meisten Villen modernen Hotelklötzen weichen. Die Politiker wollten mit dem Fremdenverkehr wertvolle Devisen einfahren. In Penina, keine 4 km von Portimão entfernt, ließ Diktator Salazar den ersten Golfplatz bauen. 300 000 Bäume wurden gepflanzt, um das Areal zu verschönern. Mit dieser Maßnahme stellte man die Weichen für die unaufhaltsame Entwicklung in Richtung vornehmer Hotels.

## Beliebte Strandkette

Praia da Rocha ist heute einer der bekanntesten und meist besuchten Strandorte der Algarve. Er liegt zwischen Portimão und Alvor. Der kilometerlange und bis 400 m breite Strand gilt für viele als der schönste der Algarve. Er beginnt direkt an der Mündung des Rio Arade, die mit Molen vor Wellen gesichert ist, und verläuft entlang 20 bis 30 m hoher Sandsteinklippen (*falésias*) in Richtung Osten, wo er in den Strand Praia da Vau übergeht.

Einige Felsvorsprünge teilen den Strand in natürliche Sektionen ein. Entstanden ist der Küstenabschnitt durch die Meeresauswaschung von härterem Felsgestein aus den weicheren Gesteinsschichten. Ein breiter Holzweg ermöglicht auch Behinderten das Erleben des äußerst populären Strandes.

In der Hochsaison quillt die Strandpromenade über und der riesige Strand selbst ist von den Farbtupfern aus abertausenden von Sonnenschirmen besprenkelt. Um dem Getümmel zu entgehen, sollte man unbedingt eine Strandwanderung machen. Am Strand rechts entlang gelangt man zum 6 km entfernten Praia da Vau. Sobald man den Hauptstrand verlassen hat, kann man sich ganz den roten Klippen zuwenden und die interessanten geologischen Felsformationen entdecken. Wenn man vom Hauptstrand nach links geht, erreicht man das 1 km entfernte Fortaleza.

## Der Jachthafen

Ganz in der Nähe und zu Füßen der Hafenburg Santa Catarina lockt ein Jachthafen (*marina*). Bei den vielen Freizeit-Kapitänen auf Segeltörn wird er immer populärer, nicht zuletzt wegen der perfekten Infrastruktur. Am gegenüberliegenden Ufer von Ferragudo markiert ein Leuchtfeuer an der Ponta do Altar die Einfahrt in den Rio und den 2 km landeinwärts gelegenen Fischerhafen von Portimão beim Ort Parchal, zu erreichen über die pittoreske alte Eisenbrücke.

## Die Großen kommen

Unmittelbar über der Mündung des Rio Arade ragt die Fortaleza Santa Catarina auf. Sie entstand als Schutzburg vor Piraten, als Portimão zu

AUTORENTIPP!

**ELEGANT WIE IN FRÜHEREN ZEITEN**

Mit 38 eleganten Zimmern und Suiten ist das Hotel Bela Vista seit seiner Neueröffnung im Juli 2011 ein Neuling unter den exquisiten Adressen der Algarve, was man bei 425 € Grundkosten auch erwarten darf. Jahrelang wurde das 1918 als *palacete* erbaute Haus - eine der letzten Supervillen mit Türmchen und Pagödchen am Klippenrand von Praia da Rocha – höchst aufwändig renoviert. Jetzt ist es eines der elegantesten Hotels unter den vielen Betonbauten.

**Hotel Bela Vista**
Avenida Tomás Cabreira, Tel. 282 460 280, www.hotelbelavista.net, info@hotel-belavista.com.

einem der wichtigsten Häfen am Südwesteck Europas anstieg und der Verkehr mit Schiffen auf dem Weg von und ins Mittelmeer, sowie von und nach Afrika und Asien überschäumte. Heute sind es Kreuzfahrtschiffe, die für neuerlichen Aufschwung sorgen, weil sie Portimão als Zwischenstopp nutzen. Der Rio ist hier so tief und breit, dass selbst riesige Schiffe wenden und anlegen können. Waren es 2006 14 Traumschiffe, die anlegten, so stiegt die Zahl im Jahr 2009 auf über 50 an. 2017 soll Portugal, vor allem natürlich Lissabon, aber auch Portimão, zu einem der meistfrequentierten Etappenziele auf dem Weg ins Mittelmeer, nach Afrika und in die Karibik werden. Mit allen 33 großen Reedereien dieser Welt werden Verhandlungen geführt. Außerdem legt jede Woche eine Fähre nach Madeira und den Kanarischen Inseln ab.

## Abenteuer Tauchen

Die vielen Strände zwischen Praia da Rocha und Praia dos Tres Irmãos zählen zu den schönsten Europas. Kein Wunder, dass sich der ehemalige Präsident Mário Soares an der besonders pittoresken Praia do Vau ein Haus bauen ließ. Übrigens führt ein Pfad direkt an dieser von Palmen umstandenen weißen Villa vorbei und weiter bis Alvor. In diesem Bereich soll draußen im offenen Meer und in etwa 20–30 m Tiefe ein Projekt realisiert werden, das Taucher aus aller Welt anlocken dürfte: In einem künstlichen Riff werden Schiffe versenkt, in den Jahren 2012 und 2013 folgten drei weitere. Damit entstand eines der attraktivsten Reviere der Welt für Wracktaucher. Details, auch mit tollem Video der Versenkung, sind im Internet zu finden, auf der Seite www.oceanrevival.org.

**Oben:** Am Strand von Praia da Rocha locken zahlreiche Beachball- und andere Wettbewerbe.
**Mitte:** Vom Praia da Rocha zum Praia do Vau und weiter bis Alvor reihen sich viele Strände aneinander.
**Unten:** Strandspaß garantiert von früh bis spät.

# Infos und Adressen

## INFORMATION

**Posto de Turismo de Praia da Rocha.** Geöffnet Winter: Di–Sa 9–13 und 14–18 Uhr, Sommer: Di–Sa 9–13 und 14–19 Uhr, So/Mo geschlossen, Avenida Tomás Cabreira. Tel. 282 419 132.

## ESSEN UND TRINKEN

**Atlantis Restaurant.** Submarines Ambiente und etwas ungewöhnliche aber gute Küche, etwas teurer als die meisten im populären Turi-Ort, Ed. Varandas da Rocha, Tel. 282 484 039.

**Restaurante Titanic.** Die Kellner sind äußerst freundlich und zuvorkommend. Unbedingt probieren sollte man die Terrine zur Vorspeise und den Crêpe Suzette, der am Tisch flambiert wird. Rua Eng. Francisco Bivar, Edifício Columbia, Tel. 282 422 371, www.titanic.com.pt.

**Restaurante Tokyo.** Für Sushi-Liebhaber eine gute Adresse, denn hier kann man für 13,50 € mittags und 17,50 € abends so oft und so viel man will aus einer reichhaltigen Sushikarte nachbestellen. Avenida Tomás Cabreira, Edifício Varanda do Sol, Loja 7, Tel. 282 485 205.

## ÜBERNACHTEN

**Jardins da Rocha.** Zum Strand geht man von der Apartmentanlage Jardins da Rocha 80 m barfuß. Entsprechend ferienfreudig geht es hier zu. Je höher man in dem 26-stöckigen Hochhaus zu einem der 60 Apartments kommt, desto atemberaubender wird die Aussicht auf das Meer, auf die Stadt, die Umgebung und das Küstengebirge Serra de Monchique. Avenida V-3,Praia da Rocha, Tel. 282 424 534, www.jardinsdarocha.com.

Gemütliche und ruhige Plätze finden sich überall am Praia da Rocha.

Mitten im Trubel steht diese Skyline.

## NACHTLEBEN

In Praia da Rocha steppt der Bär, vor allem natürlich in den Sommermonaten. An der Uferpromenade oberhalb des Strandes reiht sich eine Bar bzw. Disco an die andere, wo die Jugend bis in die Morgenstunden feiert. Die In-Adressen wechseln von Jahr zu Jahr. Nach wie vor hält sich die Discoteca Katedral als Nummer 1, Avenida Tomás Cabreira, Edifício Katedral. Zahlreiche irische Pubs im Umkreis von gerade mal 300 m bieten klasse Livemusik. Unten an der *marina*, liegen die etwas feineren Bars/Diskotheken, hier wird durch Eintrittspreise und Getränkepreise selektiert. Den ganzen Sommer durch gibt es Mottofeste. So richtig heiß her geht es in der Regel erst ab Mitternacht. Viele Partys finden auch am Strand statt.

**Mitte:** Atlantisch Herbes und exotisch Fremdartiges vermischen sich in Alvor.
**Unten:** Die Uferpromenade wird zur Ausgehmeile mit zahlreichen Cafés, Bars und Restaurants.



# 29 Alvor

## Lebensfreude in Alvor

**Anders als so manche andere Orte, die sich dem Tourismus im Barlavento mit Haut und Haar hingaben, hat das Städtchen Alvor den eigenen Charakter bewahrt. Zwar reiht sich auch hier eine Bar oder ein Restaurant ans andere, aber das kann den Charakter des uralten Fischerorts nicht ersticken. Denn die Stille und die Anmut der Lagune Ria de Alvor hat einen unwiderstehlichen Zauber.**

Der Uferbereich mit dem alten Fischmarkt ist Dreh- und Angelpunkt des touristischen Betriebs. Gleich dahinter steigen Gassen zur barocken Kirche Igreja Matriz hin an. Nur fünf Gehminuten weiter beginnt der Strand Praia de Alvor, der im Osten in die Ausläufer des Praia da Rocha übergeht und im Westen in den Meia Praia.

Wo vier Wasserläufe sich vereinigen, entstand vor Jahrmillionen diese durch eine Sandbank vom Atlantik abgeschirmte Lagune. Sie hat eine Fläche

### MAL EHRLICH

#### HALBNACKT IN DER KIRCHE

Wir Europäer lieben die Sonne und deshalb reisen wir besonders gern in den Süden. Da wir in großer Zahl anreisen, ist es umso wichtiger, dass wir uns in dem Urlaubsland genauso wie zu Hause angemessen verhalten sowie die Einheimischen und ihre Sitten respektieren. Dazu gehört auch die Bekleidung. Ab und zu sieht man Frauen im Bikini und Männer in Shorts durch die Innenstadt schlendern. Damit kann der Algarvianer noch leben. Doch dürftig bekleidete Touristen sollten zumindest nicht die Kirchen betreten.

von fast 1500 Hektar. Zweimal täglich verwandelt sie sich bei Flut in eine blaue Wasserfläche und bei Ebbe in eine goldgelbe aus Sand. Dann rücken Einheimische an und durchkämmen den Boden nach Muscheln, *conquilhas*, *berbigões* und *amêijoas*. Wer solche Mühe scheut, kann sich diese Leckereien in den Lokalen unten am alten Fischmarkt gönnen. Dazu ein Bierchen oder einen *vinho verde* und die köstlichen *petiscos* (kleines Mahl, ähnlich wie *tapas*) machen einen Tag oder einen lauen Abend perfekt.

## Stadtgeschichte

Bei einem derart behaglichen Genuss in diesem hübschen Ort kann man sich kaum vorstellen, dass Alvor früher bedeutender war als sein Nachbar Portimão. Unter den Römern hatte Alvor sogar seine eigenen Münzen! Grund für die frühe Besiedlung dürfte die Lagune Ria de Alvor gewesen sein. Die schmale Verbindung zum offenen Meer macht sie weitgehend wellenfrei und damit zum sicheren Ankerplatz. Seine beste Zeit erlebte der Alvor-Hafen dann während der maurischen Epoche. 1189 nahmen die Christen ihn ein, doch die Mauren eroberten ihn zwei Jahre später zurück. Mehrmals ging es dann hin und her. Ähnlich wie in Silves und im Rest der Algarve wurde die islamische Fremdherrschaft erst 1249 komplett beendet. Von da an nannte sich der Regent in Lissabon stolz »König von Portugal und der Algarve«.

Unter Prinz Henrique (1394–1460) erlebte die Umgebung eine Besiedlungsepoche mit Seeleuten. Zweihundert Jahre später wollte König João II seine Leiden mit dem Heilwasser von Caldas de Monchique lindern und hielt sich für längere Zeit im nahen Küstengebirge auf. Einer seiner Söhne verblieb in Portimão, das er mit seinem Besuch offiziell ins Leben rief, was von König Afonso V im

AUTORENTIPP!

**SPAZIEREN AUF DEM HOLZWEG**

Am großen Strand von Alvor ist der Lieblingstreff vieler Residenten. Hier gibt es zahllose Parkplätze und mehrere Restaurants. Und neuerdings gibt es auch einen Holzsteg, der durch die Dünen und entlang des Watts der Ria de Alvor führt. Überall gibt es interessante Wasservögel zu sehen: Seeregenpfeifer, Seeschwalben, Reiher, Tölpel, Strandläufer und andere. Sie in ihrem Habitat so nah zu erleben, ist ein Erlebnis für sich! Nach 3 km erreicht man die Ponta do Medo Grande an der Öffnung der Ria zum Meer hin. Über eine Holzkonstruktion geht es eine Weile ins Landesinnere, dann führt der Weg entlang der Nordseite der Ria und zurück zum Ort und der alten Markthalle. Zum Parkplatz ist es dann noch 1 km zu Fuß. Der Rundweg ist etwa 5 km lang und beansprucht gute zwei Stunden. Er ist natürlich auch zum Joggen bestens geeignet.

Vogelbeobachtungen an der Ria.

Jahr 1463 bestätigt wurde. Der königliche Hof dagegen hielt seine offiziellen Besuche an der Küste in Alvor ab. Dort unterhielten wohlhabende Familien palastähnliche *quintas*. In Alvor verstarb der König letztendlich. Zuvor hatte er Thronfolger Manuel I noch per Brief ins Amt gesetzt, und dieser nutzte seinen ersten Besuch in der Provinz Algarve, Alvor die Stadtrechte zu verleihen.

## Die Mutterkirche

Außerdem sorgte der König für die Finanzierung der Mutterkirche. Sie entstand auf einem der höchstgelegenen Punkte Alvors über den Resten einer Moschee, die sich heute noch erkennen lassen. Mit ihren drei Schiffen, unterteilt von auf Säulen ruhenden Bögen und ausgestattet mit vergoldetem Holz und Schnitzereien (*talha dourada*) und mehrfarbigen *azulejos*, dazu mit einem dreiteiligen Kopfteil versehen, stellt sie ein Musterbeispiel für die algarvische Kirchenarchitektur dar. Ihr Portal halten Kunsthistoriker für eines der schönsten der Algarve.

## Sehenswertes

Mit den neuen Stadtrechten blühte Alvor weiter auf. Fast 250 Jahre lang. Bis anno 1755 das große Erdbeben und der nachfolgende Tsunami die Stadt in einen Schutthaufen verwandelten. Bitteres Elend zog ein. Alvor zog sich den Ruf zu, der erbärmlichste Ort der ganzen Provinz zu sein. Das lässt sich heute nicht mehr erahnen. Denn der Ort ist ringsum von neuen Resorts umgeben. Aber das Herz von Alvor schlägt beständig stark in seinem alten Ortskern rund um die Kirche, bei den Resten der Burg und in den Gassen hinab zum ehemaligen Fischmarkt. Dieses zentrale historische Viertel hat einen Durchmesser von nicht einmal 300 m – man kann sich also nicht verirren, sondern einfach

**Oben:** Die Hauptkirche von Alvor erstrahlt in barockem Glanz.
**Mitte:** Der dreischiffige Kirchenraum wurde restauriert.
**Unten:** Die Gassen von Alvor laden zum Bummeln und Flanieren ein.

treiben lassen und die Einblicke in das Leben der Einheimischen genießen. An einigen lauschigen Plätzen sorgen Straßenkünstler für Unterhaltung und überall stehen die Türen zu Restaurants und Bars offen. Sehr beliebt ist auch die Uferpromenade, beginnend am Fischmarkt. Mehrere Cafés und Restaurants reihen sich bis zu den Hütten der Fischer auf. Dahinter gelangt man zu den nahen Stränden.

## Die Strände von Alvor

Östlich von Alvor liegt der Strand Praia dos Três Irmãos mit seinen imposanten Felsgebilden; nur bei Ebbe kann man weiter zum Strand Praia do Caniço gehen, der sonst über einen Aufzug zu erreichen ist. Westlich verläuft der Sandstrand meilenweit bis zur Ria-Mündung. Auch wer im August ein nicht überlaufenes Plätzchen am Strand sucht, findet es hier – immer etwas außerhalb der beaufsichtigten Badezone. Bei Wassersportlern wie Kite- oder Windsurfern ist der Praia de Alvor besonders beliebt, da hier oft eine steife Brise weht, die Ria aber wellenfrei ist. Surfer dürfen übrigens nicht in den Badezonen ihrem Hobby nachgehen, sondern haben eigene Reviere. Kein Problem, denn der Strand bietet Unmengen Platz für alle. Auch Angler sollten sich abseits von den Badenden halten. Der muschelreiche Strand eignet sich übrigens bestens für Uferwanderungen und auch zum Drachensteigenlassen.

## Ria de Alvor, ein Naturreservat

Das Naturschutzgebiet Ria de Alvor umfasst die gesamte Lagune, ein von Ebbe und Flut bestimmtes Haffland. Vogelbeobachter geraten in diesem Ambiente ins Schwärmen. Man begegnet kaum anderen Menschen und kann höchst intensiv die stille Welt der weiten blauen Lagune erleben. Die

AUTORENTIPP!

**ALGARVE VON OBEN**

Über der grandiosen Algarve-Küste und den Vorbergen der Serra de Monchique aus 4000 m Höhe abzuspringen, gehört für Fallschirmspringer zu den Highlights ihres Sports in Europa. Aus vielen Ländern kommen deshalb die Fallschirmspringer nach Alvor angereist, um über einer der schönsten Kulissen des Kontinents aus dem Flugzeug zu springen. »Skydive Algarve« bietet Tandemsprünge an, außerdem kann man nach den Richtlinien des Deutschen Fallschirmsportverbands mit dem Sprunglehrer Jörn Neefe das Fallschirmspringen erlernen. Der Sprungbetrieb beginnt am Flughafen schon morgens um 8 Uhr. Abschließend lohnt ein Abstecher in die Sky-Bar.

**Aeródromo Municipal de Portimão**
Montes de Alvor, Tel. 282 496 581, www.skydive-algarve.de.

Die Lagune schenkt der gesamten Umgebung eine wundersame Ruhe.

umliegenden, leider verwilderten Plantagen mit Feigen- und Olivenbäumen schirmen die Lagune von jedem Betrieb ab. Einen guten und wenig bekannten Zugang bietet ein holpriger Weg vom Bahnhof Mexilhoeira Grande zur Ria. Man erreicht das Nordufer der Ria, das nur von Muschelsammlern und Vogelbeobachtern aufgesucht wird.

## Die Umgebung von Alvor

Die größten vorzeitlichen Grabstätten (*necrópole*) in der Algarve finden sich beim Dorf Alcalar 6 km nördlich von Alvor: 16 Megalithen, Kuppelgräber und Felskuppelgräber aus der iberischen Kupferzeit. In der Nähe wurden bis jetzt 29 weitere Megalithen und Hinweise auf Siedlungen gefunden, was darauf schließen lässt, dass der Raum zwischen den Ausläufern der Serra de Monchique und Alvor besiedelt war.

Hauptattraktion ist das Monument Alcalar I. Dieses Ganggrab ist in polygonaler Form angelegt. Die Kammer ist 8,5 m lang. Die leicht nach innen geneigten Wandsteine sind ca. 40 cm dick, 240 cm hoch und 160 cm breit. Die Abdeckung fehlt. Es dürfte sich um eine große flache Steinplatte gehandelt haben. Monte Canelas liegt 700 m nördlich. Diese Anlage wurde in den 1990er-Jahren zufällig entdeckt. Eine runde und eine eckige Kammer sind durch einen Gang miteinander verbunden. Hier fand man die Überreste von 140 Menschen, ebenfalls ein Hinweis auf eine größere Siedlung in vorschriftlicher Zeit.

Dieser Bereich der südlichen Küste von Portugal bietet über fünf hervorragende Golfplätze. Monte Canelas ist nur 4 km vom ältesten Golfplatz der Algarve, dem Penina Golfplatz, entfernt und liegt direkt an der Küste.

**Oben:** Im Hintergrund der Ria de Alvor zeigt sich die Sandbank, die die Lagune vom Meer abschirmt. **Unten:** Dieses schmucke Boot wurde vorbildlich restauriert.

# Infos und Adressen

## ESSEN UND TRINKEN

**Restaurante Búzio.** Bei Meerblick raffinierte Gerichte. Nicht preiswert. Aldeamento da Prainha, Tel. 282 458 772, www.restaurantebuzio.com, nur zum Abendessen, So geschlossen.

**Restaurante O Alcaide.** Mitten in der Altstadt gelegen. Klein aber fein und preiswert, Rua do Castelo 17, Tel. 282 459 330.

Kulinarische Freuden werden großgeschrieben.

**Restaurante Restinga.** Sehr beliebt, sehr voll. Die Lage am Strand macht's. Direkt beim Parkplatz, Tel. 282 459 434.

**Restaurante Ruccula.** Sehr beliebt – weil das Essen hier, ob Fisch oder Fleisch (z.B. Lamm oder schwarzes Schwein) so gut und die Bedienung so freundlich ist. Ein Lokal zum Schwärmen. Reservieren angesagt, Rua Poeta Joao de Deus, Tel. 965 839 902.

**Restaurante Zé Morgadinho.** Ein Renner, mittags wie abends. Typische Gerichte wie gegrillte Chocos (Tintenfische). Direkt neben der alten Markthalle. Tel. 282 459 144.

## ÜBERNACHTEN

**Aldeamento Prainha.** Diese ruhige Ferienanlage befindet sich oberhalb der Strände Praia do Caniço und Praia dos Três Irmãos. Große Auswahl an schönen Wohnungen, Bungalows und Villen. Praia dos Três Irmãos, Tel. 282 480 000, www.prainha.net.

Per Aufzug kommt man zum **Restaurante Caniço**, welches seit Jahren eines der besten im Umkreis von ALvor ist. Aldeamento Turístico da Prainha, Tel. 282 458 503.

**Casa da Palmeirinha.** Wunderschöne Zimmer und Häuschen nördlich der Ria de Alvor beim Dorf Mexilhoeira Grande – ein Geheimtipp! Rua da Igreja 1, Tel. 9917 546 502.

## BARS UND NACHTLEBEN

**Caniço.** Die Ufergegend von Alvor ist bekannt für Bars, hauptsächlich irische. Super-in ist das Caniço (siehe Restaurants), das sich zu später Stunde in die beliebteste Disco von Alvor verwandelt. Man tanzt auf dem Sand des Strandes, und wem es zu heiß wird, der kühlt sich im Atlantik ab.

## WICHTIGSTE SEHENSWÜRDIGKEITEN

**Megalithen in Alcalar.** Wegen Sparmaßnahmen werden die Öffnungszeiten gekürzt. Bislang gilt Di–So 10–12.30 Uhr und 14–18.30 Uhr, von Okt bis Mai bis 16.30 Uhr. Eintrit 2 €. Über eventuelle neue Öffnungszeiten und Eintrittspreise erkundigt man sich am besten unter www.cultalg.pt oder Tel. 282 620 140.

Auch diese Dreiräder prägen das Stadtbild.

Die Algarve ist ein Golfmekka. Die Sportler treffen das ganze Jahr über aus aller Welt ein. Über 34 Golfanlagen stehen zur Auswahl, einige davon zählen zu den schönsten Europas.



# 30 Golfen in Palmares

## Golf-Mekka an der Ria

**Schon 1976 schwärmten britische Golfer von der Aussichtslage oberhalb der Lagune von Alvor und dem Hausstrand von Lagos, dem Meia Praia. Und genau hier legten sie einen der ersten Golfplätze in der Algarve an. 2011 wurde die Anlage erneuert und errang auf Anhieb höchste Anerkennung. Ein Star-Architekt modellierte den Platz so, dass die 27 Löcher in drei Partien à neun Löcher gespielt werden, wobei ein Course reizvoller ist als der andere. Der Clou: Man kann sie beliebig kombinieren. Damit haben die Golfer in der Algarve ein neues Mekka gefunden.**

Man puttet mit Blick auf die Ria de Alvor oder den Meia Praia, eine Bildbuchkulisse. Vogelschwärme ziehen über einen hinweg, während am Platzrand ein paar Kuhreiher im smaragdgrünen Gras nach Würmern stochern und Grillen um die Wette zirpen. Draußen auf dem Meer ziehen Jachten ihre Kielwasserspuren hinter sich her, und näher am Strand schweben ein paar Fischerboote auf dem sattblauen Wasser. Man könnte die Seele baumeln lassen – aber hier geht es um fantastische Schläge, um Tees und Greens. Der Platz birgt eine Reihe von Tücken, die sich erst beim Schlagen offenbaren.

## Architekten des Golfparadieses

Vor dem Hintergrund einer atemberaubenden Küstenlandschaft entwarf Frank Pennink 1975 einen unvergesslichen Golfkurs. Golfspieler wie Naturfreunde besuchen die Anlage gern. Für die einen ist es eine echte Herausforderung, während die anderen die eindrucksvolle Landschaft genießen. Auf dem leicht hügeligen Gelände findet man Palmen, Mandelbäume, Zedern und Affenbrotbäume. Zusammen bilden sie die Kulisse für das großartige Golferlebnis.

Die sanft gewellten Uferhügel gleich hinter der Lagune von Alvor verführten den Architekten Robert Trent Jones Jr. (geb. 1939), derzeit die Nummer 1 in der Weltrangliste der Golf-Architekten, zu einem rhythmischen Zusammenspiel von Auf und Ab, von Wasserflächen, Greens und Baumgruppen, von Parklandschaft und steppigem Land, von Dünen und Übergängen. Nach einer Runderneuerung wurde diese Golfanlage Ende 2010 wiedereröffnet.

## Algarve und Golfen

Golf an der Algarve profitiert vom besten Klima Europas und der Tatsache, dass Frühling und Herbst mehrere Monate andauern. Von März bis Juni, und von September bis in den Dezember hinein ist Golfer-Hochsaison. Mit einem Mix aus diesen klimatischen Vorzügen und einer bestechenden Auswahl an Golfplätzen hat sich die Region zu einem der populärsten Golfzentren der Welt entwickelt. Die Zahl der gespielten Runden erhöhte sich 2010, für 2011 werden neue Rekordzahlen erwartet. Wer hier spielen will, sollte ein Handicap-Nachweis jüngeren Datums nicht vergessen. Man legt Wert auf Etikette und noch größeren auf zügiges Spielen.

36 Golfplätze hat die Algarve derzeit, weitere sind geplant. Etwa ein Dutzend zählen zu den Top-Courses Europas. In den letzten drei Jahren wurden viele neue eröffnet, einige direkt am Meer, andere, wie Reguengos, im hügeligen Hinterland. Egal, ob man in den Bergen oder am Meer puttet, die Algarve bietet eine zauberhafte Kulisse dafür.

## Infos und Adressen

### INFORMATION

**Golfen.** Auf www.algarveagles.com kann man sich alle Plätze der Algarve anschauen und diese dann verbilligt buchen.

### GOLFPLÄTZE

**Palmares Golfplatz.** Apartado 74, Meia Praia. Reservierungen unter reservations@onyriapalmares.com oder Tel. 282 790 500, www.onyria palmares.com

**Golfeinsteiger.** In nur einer Woche das Golfspiel lernen. Möglich ist das mit einem Kurs bei der der Algarve Golf Academy, Quinta dos Brejos, Albufeira, Tel. 289 515 987, www.algarvegolfacademy.net. In zehn Stunden wird man von einem PGA-Pro zur Platzreife geführt und erfährt alles Wissenswerte über die Regeln und die Etikette dieses Sports. An fünf Tagen verbringt man jeweils zwei Stunden in der Academy und erhält neben einem intensiven Training auch noch tolle Tipps und Hinweise. Damit ist man in der Regel gut gerüstet, um sich diesem faszinierenden Sport zu widmen. Preis: 450 €, ein Jahr Clubmitgliedschaft ist hier inklusive.

Golfen in der Algarve ist ein Erlebnis.

**Mitte:** Lagos ist die Bilderbuchstadt des Barlavento und lockt mit herrlichen Ansichten.
**Unten:** Abends treten in der Altstadt viele gute Straßenkünstler auf.

# 31 Lagos

## Eine Perle der Algarve

**Dieser uralte Hafenort ist wie aus einem Bilderbuch der interessantesten Atlantik-Städte gesprungen. Eine 1000 Jahre alte und mächtig hohe Stadtmauer umschließt den historischen Kern, der größtenteils eine authentische 18.-Jahrhundert-Stadt darstellt, erbaut nach dem Erdbeben im Jahr 1755. Ein Teil davon ist eine Fußgängerzone, die sich gemütlich an einem Vor- oder Nachmittag erbummeln lässt. Die Ziele in der nächsten Umgebung, allen voran die Ponta da Piedade (siehe Seite 184), runden den ungemein positiven Eindruck von Lagos und seiner langen Halbmondbucht ab.**

Schon die Phönizier nutzten diese Bucht vor Europas Südwestkap als Ankerplatz, aber auch zum Fischen von Sardinen, Krebsen und Thunfischen. Kelt-Iberer und später die Römer nannten den an der Mündung eines Flüsschens gelegenen Ort »Lacobriga«. Daraus entwickelte sich Lagos, die

### MAL EHRLICH

**IM OSTEN BILLIGER ALS IM WESTEN?**

Jedem Besucher fällt es auf, wenn er die Region der Algarve in ihrer gesamten Breite erkundet: Die Preise in den Restaurants variieren erheblich. So kann man z. B. in Olhão ein ausgezeichnetes Fischgericht essen, für das man in Lagos 20–40 % mehr bezahlen müsste. Eine Erklärung dafür liegt im größeren Touristenaufkommen im Barlavento. Neueste Entwicklungen zeigen, dass viele Restaurants einen besseren Service, eine reichere Vielfalt und günstigere Preise anbieten – ganz zum Vorteil des Gastes.

Metropole des westlichen Barlavento. Sie wächst mit jedem Tag. Vor allem Ausländer sind es, die sich hier in Stadthäusern, Vororten und Golfresorts ansiedeln.

## Bedeutende Seefahrerstadt

Nach der Eroberung der nordafrikanischen Hafenstadt Ceuta im Jahr 1415 und bedingt durch den Umstand, dass der agile Prinz Heinrich der Seefahrer zum Gouverneur der Provinz ernannt wurde, ging es seinerzeit mit Lagos aufwärts. In Lagos fing also die Neuzeit an. Von hier aus fuhren die Karavellen in den dunklen, oft stürmischen Atlantik hinaus, hierher kehrten sie zurück. Seefahrer Gil Eanes stach ab 1433 mehrmals in See, um das westafrikanische Kap Bojador endlich zu umsegeln. Es galt damals als Ende der Welt. Erfolgreich war Eanes erst, als er die Mannschaft täuschte und das Kap in weitem Bogen umsegelte. Das größte Hindernis war nicht das Segeln selbst oder das Navigieren, sondern Angst und Aberglaube. Sie zu überwinden, ist ein weiteres Merkmal für den Beginn der Neuzeit. Jedenfalls wurde Gil Eanes der Stolz der Stadt. Nach ihm benannte man einen zentralen Platz im Ortszentrum.

## Stadtgeschichte

König Sebastião ernannte Lagos anno 1578 zur Hauptstadt der Provinz Algarve, bevor er zu einem Krieg gegen die Mauren in Marokko loszog. Der überforsche 18-jährige König kam nie zurück, seine über 20 000 Mannen auch nicht.

Die Konsequenz seiner Niederlage war verheerend: Portugal verlor seine Unabhängigkeit und wurde durch die Thronfolgeregelung ins Spanische Reich integriert - gerade als es im Reichtum schwelgte und die Goldene Epoche das arme Land zum

AUTORENTIPP!

**BADEN AM MEIA PRAIA**

Und noch ein Strandtipp: Der Strand Meia Praia, der sich bis zur Ria de Alvor erstreckt, ist breit, hier verläuft sich der Betrieb. Im Bereich der Ria kann man auf der einen Seite der Sandbank im Atlantik, auf der anderen Seite im wärmeren Lagunenwasser schwimmen. Die Zufahrt dahin ist auch am Ortseingang von Odiáxere möglich (Richtung Vale de Lama).

Baden neben der Hafeneinfahrt und der Burganlage Ponta da Bandeira.

reichsten Europas gemacht hatte. Das prächtige Tor Porta do Postigo und Reste des Gouverneurspalastes deuten die damalige Bedeutung und Wehrhaftigkeit der Hafenstadt an.

## Forte de Ponta da Bandeira

Fast spielzeughaft nett wirkt die Hafenburg Ponta da Bandeira. Sie hat einen quadratischen Grundriss und vier runde Ecktürme, ganz nach dem Vorbild des weltberühmten Torre de Belém bei Lissabon. Ragt das Vorbild aus dem Wasser auf, so ist diese Burg von Sand umgeben. Eine Strandburg, sozusagen. Sie wurde um 1680 zur Abwehr von Piraten gebaut. Denn die ältere Burg war 1587 von Freibeuter Francis Drake erobert worden, der damals die Algarve-Küste heimsuchte.

## Lagos' Flair

Nach dem Erdbeben zog man die Stadt neu hoch. Von dieser Bausubstanz ist viel übrig geblieben, so dass sich dem Besucher eine authentische 18.-Jahrhundert-Stadt präsentiert. Einige Häuser sind komplett mit *azulejos* verkleidet. Wenn vor einem dunkelgrün verkachelten Haus die Palisanderbäume leuchtend blau blühen, muss man sich einfach verlieben in diesen Ort. Charmant und lässig wirkt Lagos. Auffallend hoch ist der Anteil hier dauerhaft lebender Ausländer.

Lagos ist übrigens für die vielen Straßenkünstler bekannt – am zentralen Platz Gil Eanes und im Bereich des Fußgängerviertels ist immer etwas los! Man kann draußen auf der Straße vor zahlreichen Cafés und Restaurants sitzen und alles an sich vorüberziehen lassen. Immer noch gibt es urige *tascas*, einige Geschäfte haben noch ihre Original-Inneneinrichtung der 1940er-Jahre. Der Charme von Lagos hat durch die enorme Popularität Einbußen hinnehmen müssen. Rund um das

AUTORENTIPP!

**KUNST UND KULTUR IN LAGOS**

Das städtische Kulturzentrum Centro Cultural de Lagos hat sich in jüngsten Jahren mit ausgezeichneten Einzel- und Gruppenausstellungen einen sehr guten Namen gemacht. Kurator Xana bemühte sich erfolgreich um die Integration zahlreicher in- und ausländischer, aber auch junger und eher experimentierfreudiger Künstler. Er rief eine Organisation ins Leben, in der nahezu alle im Umkreis lebenden Künstler erfasst sind und einmal jährlich eine Präsentation des aktuellen Kunstgeschehens in Malerei und Bildhauerei zeigen. Aufgrund der akuten Finanzprobleme aller portugiesischen Städte wurden die Mittel für das Centro radikal gekürzt und Senhor Xana musste gehen. Auch der einzige andere Ausstellungsraum von Bedeutung, das Armazem, wurde geschlossen. Derzeit werden neue Wege gesucht. Am besten schauen Sie im Centro nach, was derzeit gezeigt wird.

**Centro Cultural de Lagos**
Rua Lançarote de Freitas,
Tel. 282 770 450,
www.cm-lagos.pt.

# Die wichtigsten Sehenswürdigkeiten

Ein Blick von der Hafenstadt.

**A Marina.** Der Jachthafen liegt der Altstadt von Lagos direkt gegenüber und ist dank seiner Cafés, Bars und Restaurants ein Magnet für alle Leute.
**B Forte Ponta da Bandeira.** An der Mündung des Ribeira de Bensafrim ragt die Hafenburg Bandeira auf. Hier beginnt auch die Kanaluferpromenade Avenida dos Descobrimentos. Es gibt Ausstellungen in der 1679–1690 erbauten Trutzburg. Di–So 9.30–12.30, 14–17 Uhr, Eintritt 2,60 €.
**C Muralhas da Cidade.** Südwestlich der Hafenburg beginnt die Ende des 14. Jahrhunderts vollendete Stadtmauer. Sie umschließt die Altstadt im Halbkreis und hat mehrere Stadttore.
**D Igreja Santo António/Städtisches Museum.** Ein paar Schritte weiter erstreckt sich der Praça da República. An ihrer Nordseite steht die berühmte Kapelle mit zugehörigem Stadtmuseum. Di–So 9.30–12.30 und 14–17 Uhr geöffnet, Eintritt 2,60 €. Gegenüber befindet sich der Sklavenmarkt, der heute als Museum dient. Geöffnet Mo–Sa 9.30–12.30 und 14–17 Uhr, Eintritt 1,50 €.
**E Igreja Matriz de Santa Maria.** Nach dem Erdbeben wurde die 1498 erbaute Igreja zur Hauptkirche von Lagos. Die Fassade mit den beiden Seitentürmen ist symmetrisch gebaut. Praça Infante D. Henrique. Geöffnet 9–12 und 15–19 Uhr.
**F Fußgängerzone.** Nun der Rua 25 de Abril folgen. Man kommt in eine pittoreske Fußgängerzone, die sich entlang der Rua Sebastião bis zum nahen Câmara Municipal (Rathaus) erstreckt.
**G Igreja de São Sebastião.** Etwas weiter nördlich steht die imposante Kirche. Sehenswert die zugehörige Knochen-Kapelle. Geöffnet Di–So 9.30–12.30 und 14–17 Uhr.
**H Ponte da Marina.** An der Avenida dos Descobrimentos überspannt die Brücke den Kanal zum Jachthafen.
**I Alter Bahnhof.** Am *estação* gleich hinter der *marina* zeigen Kachelbilder Alltagsszenen der Bauern und Fischer.

**Oben:** Bummeln und genießen ist in Lagos ganz einfach.
**Mitte:** Die Innenstadt ist ein Netz aus stimmungsvollen Gassen.
**Unten:** Lagos zeigt ein authentisches 18.-Jahrhundert-Stadtbild.

historische Lagos sind Neubauviertel entstanden, die sich wie Ringe ums alte Herz schließen und es an manchen Stellen zu erdrücken drohen. Ein Schicksal, das Lagos mit allen hübschen Hafenstädten Südeuropas teilen muss. Die Einwohnerzahl im Kreis liegt bei 40 000 und nimmt täglich nicht zuletzt durch ausländische Residenten zu.

Lagos hat ein junges Publikum. Dementsprechend gibt es in der Stadt auch viele Möglichkeiten, auszugehen. In der Altstadt, in einem Umkreis von nicht einmal einem Kilometer, gibt es zahlreiche Clubs und Kneipen, Bars und Kaschemmen.

## Historische Innenstadt

Zumindest im historischen Kern bleibt es indes beim Alten. Gleich bei der Hafenburg beginnt die gut erhaltene Stadtmauer, vom Kalifen von Córdoba vor über 1000 Jahren in Auftrag gegeben. Sie umschließt die gesamte historische Innenstadt in einem perfekten Halbkreis und setzt quasi den Bogen der Bucht sinnvoll fort. Lagos in der Westalgarve und Tavira im Osten, das sind die Bummelstädte der Algarve. In beiden begegnet man der Geschichte der Stadt, der Region und des ganzen Landes auf Schritt und Tritt.

Wie gut, dass man immer mehr restauriert, beim Bummeln durch Lagos fällt es auf. Nicht nur Gebäude in öffentlicher Hand, wie die alte Markthalle, sondern vorwiegend private Häuser, z. B. rund um die hochgelegene Igreja São Sebastião, erhalten neues Leben, indem das alte gerettet wird. Hier ist die Fußgängerzone. Sie reicht vom *mercado* über die Praça Gil Eanes bis zum Platz Praça do Infante nahe der Hafenburg Forte da Bandeira. Schlendert man abwärts und durchquert die quirlige Fußgängerzone, erreicht man die

Praça Infante Dom Henrique. Dieser Platz ist von einigen bedeutenden Bauten umrahmt, die einen Besuch lohnen: Stadtmauer, Sklavenmarkt und Reste des Gouverneurpalastes.

Außerdem findet sich dort auch die Kapelle Santo António. Ein Kleinod ohnegleichen ist sie! 14 Jahre nach dem Erdbeben 1755 wurde sie neu erbaut. Innen ist sie mit vergoldeten Schnitzereien (*talha dourada*) überreich ausgestattet, außerdem verkleiden blauweiße *azulejo*-Bilder die Wände: Grinsende Engel kreisen über kämpfenden Rittern. Diese Abbildungen haben etwas Unterhaltsames und Anregendes an sich. Sie belegen einmal mehr, wie früher die *azulejo*-Tafeln dem Volke in den Gotteshäusern auch Unterhaltung neben den frommen Geschichten lieferten. Das angegliederte Museum zeigt Interessantes, teils Amüsantes aus dem Leben der Fischer und Seefahrer. Und nicht vergessen: die Eintrittskarte gilt für die Kapelle und das Museum.

## Auf den Spuren von Kolumbus

Durch das Stadttor Porta de São Gonçalo beim ehemaligen Castelo dos Governadores (Gouverneurspalast) erreicht man über eine Holzbrücke die oben erwähnte Hafenburg Ponta da Bandeira. Von der Burg führt die Avenida dos Descobrimentos (Allee der Entdeckungen) am hier kanalisierten Flüsschen Ribeira da Bensafrim entlang. Die Boote fahren geradewegs zum Hafen. Der Jachthafen (*marina*) dient vielen Mittelmeerhoppern, aber auch den Atlantiküberquerern als letzter Stopp in Europa. Weiter geht es dann zu den Kanarischen Inseln, gefolgt von den Kapverden und weiter in die Karibik. Das ist genau die Route, die seinerzeit Christopher Kolumbus bei seiner ersten, vermeintlichen Indienfahrt gesegelt war.

AUTORENTIPP!

**CASA DA MOURA**

Mitten im oberen historischen Stadtteil und nur 10 Gehminuten vom Stadtstrand Maia Preia entfernt gelegen, ist dieses kleine Hotel eine Schatzkammer marokkanisch-maurischer Architektur und Innenarchitektur. Viele Gäste begeistern sich an den Lampen und Teppichen, an Kerzenständern und Teetischen. Ein idealer Ausgangspunkt zum Zu-Fuß-Entdecken von Stadt und Umgebung! Von der Frühstücksterrasse und einigen der acht Zimmer ist die Aussicht auf Meer und Stadt ganz wunderbar. Im und am kleinen Pool kann man sich angenehm ausruhen. Familiäre Atmosphäre, freundliches Personal.

**Casa da Moura**

R. Cardeal Neto, 10; Tel. 964 529 917, www.casadamoura.com

Die Igreja Santa Maria liegt am Praça do Infante nahe der Stadtmauer.

# Infos und Adressen

## INFORMATION

**Posto de Turismo Lagos.** Praça Gil Eanes. Tel. 282 763 031, geöffnet 9–18 Uhr.

## ESSEN UND TRINKEN

**Casa Chico Zé.** Uriger Grilltempel, der aber nur mittags offen ist. 2 km außerhalb Lagos Richtung Portimão. Ab und zu Live-Musik, da rocken die 69er. Odiáxere 125, Tel. 282 763 845. (außerhalb der Karte)

**Casa do Pintor - Gourmet & Bistro.** Nahe der alten Stadtmauer bestens essen und trinken, und auch den Service genießen - und das schöne Ambiente. Ausgezeichnet! Largo Santa Maria da Graca, 15, Tel. 917 334 398.

**Fernando's.** Für Steakesser die Adresse in Lagos. Rua Portas de Portugal, 95, Lagos, Tel. 282 760210.

**Restaurant Adega da Marina.** Zuverlässig gut und populär, direkt an der Brücke zur Marina. Avenida dos Descobrimentos 35, Tel. 282 764 284. (außerhalb der Karte)

**Restaurant Cachoa.** 1 km außerhalb Richtung Sagres. Ist das Suchen wert! Super Küche, super Service, super Stimmung. Ein Muss für Lagos-Besucher. Sítio da Cachoa, Tel. 282 782 822, cachoa.50megs.com. (außerhalb der Karte)

Der Algarve-Charme ist ein Mix aus Lässigkeit, Gemütlichkeit und Zauber, wie hier in Lagos.

**Restaurante Camillo.** Der Weg ist das Ziel. Direkt an der Ponta da Piedade. Zuverlässige Adresse für einen romantischen Abend. Tel. 282 763 845.

**Restaurante dos Artistas.** Nicht preiswert und etwas deutsch-steif, aber ausgezeichnetes Essen aus ambitionierter Küche, eindrucksvolle Weinkarte, Rua Candido dos Reis 68, Tel. 282 760 659.

Auffallen ist alles! Die vielen Gesichter von Lagos.

## ÜBERNACHTEN

**Village Costa d'Oiro.** Das Hotel hat 4 Pools, ein überdachtes Schwimmbecken, einen schönen Garten, edel eingerichtete Zimmer und Apartments. Keine 5 Minuten von den Traumstränden Praia Dona Ana und Praia do Camilo entfernt. Insgesamt 70 Zimmer bzw. Apartments, Costa d'Oiro 38, Tel. 282 770 079, www.sonelhotels.com. (außerhalb der Karte)

**Monte da Casteleja.** Agro-Turismo nennen sich Herbergen in landwirtschaftlichem Anwesen, die als solche auch betrieben werden. Dieses raucherfreie Weingut bei Paúl nahe Sargacal bei Lagos (in der Nähe des kleinen Flugplatzes) ist einzigartig und ländlich-idyllisch. Der französische Besitzer stellt sehr guten Wein her. Außerdem wird hier Bio-Gemüse angebaut. Die Frühstückseier werden von den Haushühnern gelegt. Vier Zimmer stehen für Gäste bereit. Monte da Casteleja, Tel. 917 361 041. (außerhalb der Karte)

**Ferienhäuser.** Im Großraum Lagos kann man zahlreiche Ferienhäuser mieten – für 2 bis 10 Personen. Einen zuverlässigen Service bietet z.B. www.die-reise.de sowie zahlreiche andere Anbieter. Lokal hat sich der Service von Klaus Bögner bewährt: www.combina.de und die Firma Algarvecasa, Piedade Pereira (deutsch sprechend), Praia da Luz, Tel.282 760 635, www.algarvecasa.com. (außerhalb der Karte)

## AUSFLÜGE

**Bootsausflüge.** An der Avenida dos Descobrimentos stehen die Betreiber aufgereiht – hier gibt es alles, von der Delfintour bis zur Ponta de Piedade-Tour mit großen und kleinen Booten, mit einem Trawler oder einem Glasbodenboot, mit Essen, ohne Essen, mit oder ohne Tauchgang. Z. B Dolphin seafaris, Tel. 282 799 209. Die meisten Boote gehören ehemaligen Fischern. Den Ausflug kann man nur direkt am Kai  buchen und sofort oder später teilnehmen.

**Segeltörns.** An der Marina kann man mit Jachten Tagesausflüge nach Sagres unternehmen. Sehr freundliche Leute rund um Rainer Klemm sind die der Sailcompany. Bei Kursen im windigsten Revier Europas geht es hart zur Sache. Tel. 910 393 700, www.sailcompany.com.

Auf nach Ponta da Piedade!

## NACHTLEBEN

**Stevie Rays.** Richtige Adressen für Liebhaber von Jazz und Blues. Rua Senhora da Graça, So und Mo geschlossen, geöffnet 21–4 Uhr, Live-Musik Fr und Sa ab 24 Uhr. (außerhalb der Karte)

**Mullen's Bar.** Auch dieses Bar werden Jazz-Liebhaber gern besuchen. Rua Cândido dos Reis, Tel. 915 045 650, http://mullens-lagos.com.

**Bar Terapia.** In der Rua Marreiros Neto, 50, eher schick und deutsch. (außerhalb der Karte)

**Duna Beach.** Disco direkt am Strand Meia Praia. info@duna-beach.com, Tel. 282 762 091. (außerhalb der Karte)

In Lagos gibt es viele schmucke Hotels.

Zwischen den bizarren Felsgebilden paddeln ist ein gefahrloses Abenteuer für die ganze Familie.



# 32 Ponta da Piedade

## Verwunschene Felsgebilde

**Türme, Tore und Tempel aus rotem Sandstein stehen wie gigantische Skulpturen im Wasser. Wellen lecken an den gigantischen felsigen Füßen. Dazwischen drängen sich kleine Strände, erreichbar nur über eine steile Treppe. Steigt man neben dem Leuchtturm der Ponta auf einer Treppe über 200 Stufen nach unten, dringt man in die »Unterwelt« vor.**

Die skurrile Ansammlung von Sandsteinformationen bildet die Westflanke der 20 km langen Lagos-Bucht. Sie befindet sich an der Rio-Arade-Mündung und führt bis nach Ferragudo. Die Ponta da Piedade, die Landspitze der Frömmigkeit, gilt als eine der wichtigsten Sehenswürdigkeiten Portugals und als das Highlight der Felsalgarve. Die Felsgebilde wurden im Laufe von Jahrmillionen von Wind, Wetter und Wellen zurechtgeformt. Sie sind als rötlich aufglühendes Felsband von Weitem sichtbar, an manchen Tagen sogar von Faro aus! Und umgekehrt überblickt man von der Ponta aus die Bucht von Lagos und dahinter das Küstengebirge Serra de Monchique Unter Geologen herrscht die Meinung vor, dass die Uferlinie etwa 150 m weiter östlich verlief und bei mehreren Erdbeben mit nachfolgenden Tsunamis im Zeitrahmen von hunderttausenden von Jahren die weicheren Felsmassen weggerissen wurden, während Wind und Wetter dann die jetzt sichtbaren Formen herausmeißelten.

Wo früher an der Spitze der Landzunge die Einsiedler-Kapelle Nossa Senora da Piedade stand, wurde 1912 ein Leuchtturm erbaut. Das Licht kam aus Petroleumlampen. In den 1950er-Jahren wurde ein neuer, 51 m hoher Turm erbaut. Hier kann man gut parken. Der Leuchtturm dient vielen Wanderern als markantes und weithin sichtbares Ziel, wenn sie entweder vom nahen Lagos aus, oder von Sagres bis hierher den über 30 km langen und atemberaubend schönen Klippenpfad meistern. Vom Leuchtturm aus führt ein Weg zu den westlich gelegenen Stränden Praia do Canavial und Praia do Porto de Mós. Der Praia do Canavial liegt zwischen Praia do Porto de Mós und der Ponta da Piedade.

## Von Lagos zur Ponta da Piedade

Ein wunderschöner, nur etwa 3 km langer Weg führt von der Hafenburg Ponta da Bandeira in Lagos zur Ponta da Piedade. Unterwegs gelangt man zu diversen Stränden: Praia dos Estudantes, Praia da Batata, Praia da Dona Ana, Praia do Camilo, wobei die beiden letztgenannten durch einen Tunnel verbunden sind. Die Strände sind teils durch Treppen erreichbar – ein etwas mühseliger Abstieg, der freilich belohnt wird: mit kleinen bis winzigen Strandflecken vor der Traumkulisse der bizarren Felswände. Hier fühlen sich auch nackt Badende pudelwohl.

An der Uferpromenade von Lagos werden Besichtigungstouren jeder Art angeboten: mit erweiterter Delfinbeobachtungstour, mit kleinen bunten Fischerbooten oder mit größeren Kähnen, wie der »Bom Dia«. In jedem Fall sollte man die Tour bei Niedrigwasser starten, denn die Kapitäne können bei Flut in einige Höhlen nicht einfahren. In jedem Fall gilt: Die Ponta da Piedade vom Wasser aus zu erleben, ist ein einzigartiges und absolut faszinierendes Highlight für jeden Algarve-Besucher. Die Dome und Höhlen, die Fels-Skulpturen und Tunnel bieten Motive für unvergessliche Schnappschüsse.

## Infos und Adressen

### ÜBERNACHTEN

**Hotel Vila Valverde.** Dieses neue Designerhotel befindet sich an der Estrada da Praia da Luz und ist nur ca. 3 km mit dem Auto von der Ponta da Piedade entfernt. Man kommt hier in einem von 15 Zimmern unter, und wer moderne Architektur mag, der isst, trinkt und faulenzt hier goldrichtig. Tel. 282 790 790, www.vilavalverde.com

### ESSEN UND TRINKEN

**Restaurante Arribale.** Auf dem Weg von Lagos zur Ponta gelangt man ganz in der Nähe des Forte da Bandeira in die Rua da Barroca (parallel zur Avenida dos Descobrimentos) und dort zur Nr. 40. Es lohnt sich! Eines der kleinsten und sicherlich originellsten der insgesamt 110 Restaurants von Lagos findet man hier. Die Aussicht auf den Kanal und den Meia Preia ist herrlich, die Bedienung sehr freundlich und die Gerichte, vor allem die Frisch-Fisch-Spezialitäten, sind exquisit – und man bekommt sie zu vernünftigen Preisen. Tel. 918 556 618

Die Felsgebilde der Ponta da Piedade.

Kleine Strämde breiten sich zwischen den Felsgebilden der Ponta da Piedade aus, wie hier Praia do Camilo. Die meisten Ministrände sind nur über Treppen erreichbar.

**Mitte:** Das Cascade Resort bei Lagos bietet Luxus pur und harmonische Architektur.
**Unten:** Eines der Luxus-Badezimmer. Da staunt man.





# 33 Cascade Resort

## Wohlgefühle und Wellness

**Wellness, Spa und Lifestyle werden in allen namhaften Hotels der Algarve groß geschrieben. Wenn sich in der Algarve ein Haus darin profilieren will, muss es schon mit Superlativen auffahren. Das feudale Cascade Resort wurde im August 2011 eröffnet und lässt die Hotelbosse verblüfft nach Lagos schauen. Und auch die Bosse deutscher Bundesliga-Clubs. Den Jahreswechsel 2011/12 verbrachten die Kicker des 1. FC Köln im Cascade und genossen die phantastischen Einrichtungen, das sonnige Wetter und die eindrucksvolle Landschaft der unmittelbaren Umgebung der Ponta da Piedade.**

Ohne Wellness geht im hochwertigen Qualitätstourismus gar nichts mehr – eine nicht mehr sehr neue Weisheit. Aber für die großen Hotels eine Herausforderung, der sie ständig mit neuen Einrichtungen begegnen müssen. Alle Fünf-Sterne-Häuser der Algarve bieten Wellness in großem Stil und spezielle Behandlungen an.

## Das Resort

Mit sorgsam aufeinander abgestimmten Einrichtungen soll dem Gast ein besonderes Wohlgefühl vermittelt werden, damit er seine kostbaren Urlaubstage voll und ganz genießen kann. Unter dieser Devise wurde das 1200 m² große Spa eingerichtet. Es verfügt über ein medizinisches Zentrum, Outdoor-Sportanlagen, Erholungs-Zentrum sowie drei Sportakademien unter der Leitung weltbekannter Sportler. Ziel ist es, dem Körper Gutes zu tun. Die Lage des Fünf-Sterne-Hauses und der Mix aus arabischer und römischer Archi-

tektur tragen dazu bei, dass man sich hier als etwas ganz Besonderes fühlt: Das Hotel befindet sich in unmittelbarer Nähe zur Ponta da Piedade und ihren Stränden. Die Küstenpfade nach Luz und Lagos liegen vor der Haustür. Gute Joggingmöglichkeiten in dieser grandiosen Natur ergänzen die Angebote des Spas perfekt.

## Biokosmetikprodukte

Bei allen kosmetischen Behandlungen werden kostbare Naturprodukte des deutschen Herstellers Barbor verwendet, wobei eine Reihe spezieller Therapien und Techniken zur Anwendung kommt. Das Spa wird zu einer Schaltzentrale für Wellness-Behandlungen.

Eine Bio-Sauna, elegante Behandlungsräume, Hydromassage sowie Chillout-Zonen sind perfekt aufeinander abgestimmt und in elegantem Design angegliedert, wobei natürlich ein Spa-Bistro mit frischesten Produkten nicht fehlen darf. Um das Ganze abzurunden, können Gäste die modernsten Trainingstechnologien für Gewichtskontrolle im Cascade-Fitnesscenter ausprobieren.

## Infos und Adressen

INFORMATION

**Cascade Wellness & Lifestyle Resort.** Rua do Canavial, Tel. 282 771 500, www.cascade-resort.com.

**Oben:** Wellness beginnt im Bett.
**Unten:** Auch kulinarisch wird man im Cascade Resort verwöhnt.

**Mitte:** Praia da Luz gilt als perfekter Strand für Familien.
**Unten:** Ein ganzer Ort steht im Zeichen von Strand, Sand und Sonne.



# 34 Luz & Porto de Mós

## Das Licht von Luz

**Es ist der wunderschöne Strand, der das Dorf Luz zum Besuchermagneten werden ließ. Außerdem glänzt Luz in einem besonderen Licht. Rings um den Strand wurden Bungalows und Apartments gebaut, einem gigantischen Amphitheater gleich. Denn sie stehen auf einem Hügel mit Blick auf das Meer. Trotz dieser unausweichlichen Präsenz an Beton hat Luz sich etwas Dörfliches erhalten. Denn auf Hochhäuser wurde gänzlich verzichtet. Die Bewohner von Luz sprechen kaum Portugiesisch, eher Englisch, aber man kennt sich und trifft sich im Pub und im Supermarkt.**

Die Nähe zu Lagos bescherte Luz großes Wachstum. Hinzu kommt die Lage direkt am großflächigen Strand. An vielen Abenden gibt es einen traumhaft schönen Abendhimmel zu bewundern. Wenn die Sonne hinter Sagres untergeht, sitzen Gäste und Anwohner gemeinsam am Strand, einige haben ein Fläschlein dabei und prosten sich während des romantischen Sonnenuntergangs zu.

## Spuren römischer Thermen

Die gepflasterte Promenade Avenida dos Pescadores führt zum Strand. Unterwegs kann man in großen Steinplatten die typischen Spuren einer römischen Straße erkennen, die wahrscheinlich zu einem Hafenplatz führte. Hier finden sich auch Spuren von Thermen und eines römischen Sitzbades, die Zeugnis davon ablegen, dass Luz schon bei den Römern als Badeort beliebt war. Ab der Mitte der Promenade führt ein schmaler Eingang zu den Thermen. Wem es am Strand zu langweilig wird, kann auf Spurensuche gehen.

## Der Mercado Baptista

1966 fing es an: José Francisco Lopes Baptista eröffnete in Luz einen kleinen Supermarkt. 1974 vergrößerte er sein Geschäft, und im Jahr 2000 zog er in das große Gebäude ein, das heute so etwas wie das Zentrum von Luz darstellt und wo Frau, Söhne und Schwiegertöchter die wichtigsten Arbeitsposten einnehmen. Einer führt die Bäckerei, die andere die Metzgerei, einer die Weinabteilung, seine Frau das Café. 2009 wurde der Mercado Baptista dazu eröffnet, wo ein verwöhntes Publikum unter vielen tagesfrischen Produkten wählen kann. Dieser Markt zeigt symbolhaft den raschen Übergang der Algarve von einer ärmlichen Fischer- und Bauernregion zu einer Luxusgesellschaft. Die freundliche und familiäre Atmosphäre ist geblieben und wurde nicht durch kalte Funktionalität mit ersetzt.

## Die Umgebung von Luz

Die Ostflanke der Bucht vor Luz bildet die über 100 m hohe Klippe von Atalaia, und von hier führt ein herrlicher Klippenweg weiter zur 7 km entfernten Ponta da Piedade bei Lagos. Auf halber Strecke liegt in einem Taleinschnitt das ehemalige Fischernest Porto de Mós, das von der Bauwut mehr verschont wurde, aber nun ebenfalls Hotels aufweist. Diesem Nest wohnt etwas Exklusives bei und die Aussicht von den von Palmen umstandenen Pools hinaus auf das Meer ist in der Tat einzigartig. Im Ort gibt es keine alten Bauwerke, keine Kirchen, keine Klöster, nicht einmal alte Kaschemmen. Hier ist alles neu. Trotzdem hat der Ort etwas Gemütliches an sich – vielleicht ist das die Ursache dafür, dass selbst weltbekannte Künstler hier zu Hause sind. Per Straße gelangt man von Luz auf der EN 537 über Montinhos da Luz zum 6 km entfernten Nachbarort Burgau.

## Infos und Adressen

### ESSEN UND TRINKEN

**Paraíso da Luz.** Was im Jahr 1964 als kleiner Strandkiosk begann, ist fast ein halbes Jahrhundert später noch immer in den Händen derselben Familie und bewährt sich als äußerst beliebtes Restaurant. Salate, Meeres-früchte und Fisch bestimmen die Speisekarte. Direkt am Strand gelegen: Praia da Luz, Tel. 282 788 246, www.paraisodaluz.com

**Restaurante Fortaleza da Luz.** Herrlich schön sitzt man in der historischen Festung von Luz, die zu einem noblen Restaurant umfunktioniert wurde. Auch auf der Terrasse direkt über dem Meer lässt es sich gut speisen. Einladende und abwechslungsreiche Speisekarte und gute Weinkarte. Rua Igreja 3, Tel. 282 789 926 oder 282 788 993, www.fortalezadaluz.com

### ÜBERNACHTEN

**Quinta do Mar da Luz.** An den Klippen über dem Meer zwischen Burgau und Luz bietet dieses Hotel alles, was man zu einem erholsamen Urlaub benötigt. Zimmer oder Apartments sind im typischen Algarve-Stil gehalten. Sítio Cama da Vaca, Praia da Luz, Tel. 282 697 323, www.quintamarluz.com

### AKTIVITÄTEN

**Beach Hut Watersports.** Delfinbeobachtung, Vogelbeobachtung, Entdeckungsfahrten, Kinderprogramme, Wasserski, Segeln, Windsurfen und viele weitere Wassersportarten - das alles umfasst das Angebot von Beach Hut Watersports am Praia da Luz. Tel. 919 553 476, www.beachhutwatersports.com

ZAVIAL

An der langezogenen Steilklippen-
küste zwischen Lagos und Sagres
finden sich einige schöne und recht
verschwiegene Strände.

# 35 Salema bis Sagres

## Wo die Costa Vicentina beginnt

**Der westlichste Zipfel der algarvischen Südküste zählt zum Naturschutzgebiet Costa Vicentina, das die gesamte wilde Westküste bis zur Provinzgrenze bei Odeceixe umfasst. An der Südküste reicht sie bis hinter Burgau/Salema. Hier ist der Wind nicht so wütend, die Wellen nicht so wild, das Wetter nicht so wechselhaft wie im Westen. Diese Gegend hat ihren ganz eigenen Charakter, eigene Gerüche, eigene Landschaften. Diese Gegend ist für Romantiker wie geschaffen.**

Zwischen Salema und Sagres gibt es nur eine dürftige Infrastruktur. Und so bleiben die wunderschönen Gegenden vom breiten Tourismus verschont. Hier liegt ein herrlich schöner Küstenabschnitt verborgen! Am Dorfeingang von Burgau führt ein Sträßchen zu den Klippen, die westwärts bis Sagres reichen. Nach etwa 2 km sieht man das Schild »Almádena«. Man geht am besten den halben Kilometer zu Fuß und schaut sich die Reste der alten Burg in aller Ruhe an. Sie wurde im 16. Jahrhundert zur Abwehr von Piraten gebaut und klebt abenteuerlich an den Klippen – ein faszinierender Picknickplatz!

**Mitte:** Salema ist trotz steigendem Tourismus ein gemütlicher und uriger Ort geblieben.
**Unten:** Es wurden Holzpfade angelegt, damit man leichter zu den Stränden und besonders schönen Aussichtsstellen gelangen kann.

## Boca do Rio und Salema

Das Sträßchen Burgau–Salema kurvt hinab zur Boca do Rio, ein ursprünglich von Phöniziern genutzter Mini-Hafen, den die Römer ausbauten. Allenthalben sieht man noch Spuren davon. Die Stelle hat etwas Verwunschenes an sich und wird gern von Anglern aufgesucht. Wenige Kilometer weiter breitet sich das Fischerdorf Salema aus, dem die vielen Neubauten am Ortsrand nichts von seiner Urigkeit nehmen können. Hier findet man kleine Pensionen, kann bei Fischern Zimmer oder Häuschen mieten. Der Ort lässt sich wunderbar bummelnd erkunden. Jeder, der fotografiert, berauscht sich an kleinen Details, wie an bröckelndem Putz und Durchblicken zum Meer.

Mit dem Auto muss man zurück zur Hauptstraße EN 125 fahren. Zu Fuß oder mit dem Fahrrad geht es an den Klippen entlang weiter über die Stationen Praia da Figueira bis zur Landspitze Ponta da Torre. Weiter westwärts breitet sich fast märchenhaft der immer beliebter werdende Strand Praia da Zavial aus. 3 km weiter befindet sich der Praia da Ingrina, der, wie die anderen auch, von der EN 125 bei Raposeira aus mittels Stichstraßen zu erreichen ist. Alle *praias* sind ausgeschildert.

## Landeinwärts bis Sagres

Landeinwärts breitet sich ein vom Wind gebürstetes Ödland aus. Es wird von zahlreichen Wasserläufen durchzogen, die zu überraschend tiefen Tälern anwachsen – wunderschöne und sehr abwechslungsreiche Wege für Wanderungen und Radtouren sind hier zu finden. Überall wachsen wilde Feigen, an manchen Stellen gibt es ein paar Äcker. Die Wege führen auch an stattlichen verlassenen Landhäusern vorbei, Zeugen einer lange vergangenen Zeit, in der hier überall Getreide angebaut wurde. Und man stößt auf Dolmengräber, Menhire und verlassene Bauernhäuschen.

Es wird windiger. Sagres naht. Bald kommt der Praia do Martinhal in Sicht. Zerklüftete Inselruinen vor der Bucht geben ihr ein prägnantes, ein unvergessliches Gesicht. Hinter der Bucht steigt das exklusive Resort von Martinhal mit viel Glas, mit Villen und einem stattlichen Hotel auf. Sagres hat sich also bis hierher ausgebreitet.

## Infos und Adressen

### ESSEN UND TRINKEN

**Restaurante Água na Boca.** Die hiesige Speisekarte hat traditionelle Wurzeln, aufgepeppt mit Elementen aus der Nouvelle Cuisine. Einfache, aber stilvolle Ausstattung. Rua dos Pescadores, Salema, Tel. 282 695 651.

**O Lourenço.** Die Familie Lourenço hat in diesem hübschen Haus mit seiner typisch portugiesischen Fassade ein herrliches Restaurant aufgezogen. Rua 28 de Janeiro, Salema, Tel. 282 698 622.

### ÜBERNACHTEN

**Pension A Maré Bed & Breakfast.** Sehr gute Lage, außerordentlich freundliche Rezeption, einfach, sauber, günstig, eine Pension, wie man es sich wünscht. Edifício A Maré, Praia de Salema, Tel. 282 695 165, www.the-mare.com

**Romantik Villa.** Hier ist alles romantisch: die Lage mit Blick auf Salema und das Meer, der gepflegte Garten und die Zimmer. Vivenda Felicidade, Salema, Tel. 282 695 670, www.romantikvilla.com

Eine typische Salema-Perspektive.

# DIE WESTKÜSTE

**Vorangehende Doppelseite:** Die unglaublich schöne Westküste der Algarve im Weitwinkel.
**Mitte:** Riesengroße Kamine sind typisch für Vila do Bispo.
**Unten:** In der Igreja Matriz gibt es wahre Kirchenschätze zu sehen.

# 36 Vila do Bispo

## Provinzieller Pilgerort

**Während ihrer Herrschaft suchten sich die Mauren gerne Hauptorte aus, die ziemlich nahe, aber nicht direkt an der Küste gelegen waren. So auch im äußersten Westen der Algarve. Vila do Bispo liegt etwa 10 km landeinwärts und hatte zur Zeit der Mauren schon eine gewisse Bedeutung für Pilger. Die Pilger kamen, um Opfer darzubringen. Denn die nahen Kaps von Sagres und São Vicente waren Heilige Orte von hohem Rang.**

Das Städtchen Vila do Bispo ist ein Provinznest mit engen Kopfsteinpflastergassen, von denen einige zur Ruine eines Kirchturms und einer Windmühle führen. Die weiß getünchten Häuschen haben teils blau umrahmte, teils aus Stein gemeißelte Einfassungen. Die meisten Häuser sind schmal, laufen aber tief aus und haben einen *pátio*, in dem Palmen und Bananenstauden Schatten spenden. Der Ort wuchs im 16. Jahrhundert stark an, 1633 erhielt er Stadtrechte und wurde gar Bischofssitz. Das findet sich auch im Namen wieder: *bispo* bedeutet Bischof. Die Kleinstadt zählt ca. 1600 Einwohner und ist Verwaltungssitz des gleichnamigen Landkreises, der die Südwestspitze der Algarve umfasst.

## Die Pfarrkirche Igreja Matriz

Die Pfarrkirche Igreja Matriz mit ihrer Algarve-typischen »Bauernbarock«-Fassade aus dem 18. Jahrhundert ist sehenswert. Das Mittelschiff ist mit blauen Kacheln aus dem Jahr 1726 verkleidet. Krüge und springende Delfine zählen zu den Motiven. Die Statur der Schutzheiligen Nossa Senhora da Conceição steht am Hauptaltar. Beachtenswert sind die beiden Seitenaltare und das angeschlossene kleine Museum mit Kirchenkunst aus dem 16. und 17. Jahrhundert.

## Nossa Senhora de Guadalupe

Glaubt man den Legenden, war die Kapelle von Guadalupe einst der Lieblingsplatz des Prinzen Heinrich, wenn er von Sagres oder Raposeira nach Lagos ritt. Andere behaupten, hier habe er gewohnt, habe die Quinta de Guadalupe besessen und sein Pferd in einem runden Stall versorgt. Fest steht: Hier betete er, hier ging er in sich. Die Kapelle ist von einer geradezu minimalistischen Schlichtheit. Sie stammt aus dem 13. Jahrhundert und ist geprägt vom Übergang der Romanik in die Gotik. Sie ist der älteste erhaltene Kirchenbau der Algarve. Angeblich verehrten hier die Pilger auf dem Weg zum Kap São Vicente eine Schwarze Madonna, die irgendwann spurlos verschwand. Eine Replik vermittelt eine Ahnung vom Original. Im Haus neben der Kapelle ist ein Informationszentrum, das *Centro Interpretativo*, untergebracht. Der Bau ist schlicht, eine einfache Rosette ziert das Portal. Die Kapelle steht inmitten von Feldern. Die *quinta*, zu der sie einst gehörte, ist leider längst verfallen.

## Salema und Burgau

Den ehemaligen Fischerdörfern Salema und Burgau, die sich in enge Einschnitte in der wild-steilen Felsenküste breitgemacht haben, sieht man Trutziges an. Das war früher auch notwendig, denn die Menschen mussten sich ständig wehren: gegen den Atlantik mit seinen Wellen und Stürmen, sowie gegen Piraten und Plünderer.

Burgau ist ein kleiner Fischer- und Badeort etwa 12 km westlich von Lagos. Der Ort hat sich auf

AUTORENTIPP!

**SLOW FOOD IM A EIRA DO MEL**

Dieses außergewöhnliche Restaurant befindet sich in Vila do Bispo. José de Pinheiro und seine Frau Isabel haben in der Schweiz und in Frankreich das Handwerk einer ebenso bürgerlichen wie hochedlen Küche gelernt und sich der internationalen Slow-Food-Bewegung verschrieben. Ihr Restaurant ist von einer gediegenen rustikalen Atmosphäre geprägt, was viele Stammgäste aus nah und fern sehr zu schätzen wissen. Die Hausspezialität ist die Oktopus-*cataplana*. Beste lokale Zutaten werden langsam und schonend gekocht. Durch nationale und internationale Wettbewerbe wurde es populär.

**Restaurante A Eira do Mel**

Vorab reservieren: Estrada do Castelo, Apartado 12, Tel. 282 639 016, www.eiradomel.com. Mittags und abends geöffnet, Sa geschlossen.

Wenn die Zeit stehenbleibt …

**Oben:** Die Gassen von Raposeira.
**Unten:** Hund und Katz' kann man oft in den Straßen begegnen.

Touristen eingestellt und das war auch nötig, nachdem die Fischwirtschaft nicht mehr so ertragreich war. Es gibt nun viele kleine Gaststätten und Lokale. An dem Uferstäßchen zwischen den beiden Dörfern Burgau und Salema finden sich die Ruinen des ursprünglich römischen Hafenkais Boca do Rio. Man kann sie auch von der EN 125 von Lagos nach Sagres aus erreichen (ca. 15 km hinter Lagos).

Nur 1 km weiter ragen direkt am Klippenrand die recht gut erhaltenen Ruinen der 1632 erbauten Burg Almádena auf – die schönste Picknickstelle weit und breit! Um dahin zu gelangen, verlässt man am besten beim Dorf Budens die EN 125 und fährt südwärts etwa 5 km bis zur Küste oder fährt von einem der beiden Dörfer über ein schmales Uferstäßchen zum nächsten. Eine tolle Strecke.

## Raposeira

Kurz vor Vila do Bispo und heute eher als ein Nadelöhr dank einer lästigen Straßenampel bekannt, liegt Raposeira. Hier soll Prinz Heinrich der Seefahrer gewohnt haben. In diesem verträumten Dorf gibt es mehrere Häuser aus dem 15. und 16. Jahrhundert. Und hier leben auch viele Künstler.

Am wichtigsten ist die Hauptkirche gleich neben der Hauptstraße – ein wunderbar schlichtes, aber schönes Gotteshaus. Sie hat einen kurzen Glockenturm, der von einer achteckigen Pyramide behütet wird. In Raposeira leben heute einige namhafte Künstler, wie die Französin Christine Pâris Montech, die aus Strandgut herrlich schöne Bilder und Skulpturen gestaltet, z. B. Fische aus verrosteten Bier- und Coladosen. Die beiden Cafés, je eines auf jeder Seite der Ampelanlage, sind wichtige Treffpunkte für die Einheimischen im weiten Umkreis. Auch Reisende sind gern gesehen.

# Infos und Adressen

## ÜBERNACHTEN

**Ferienhaus in Budens.** Im beliebten Strandort ist dieses Ferienhaus zu vermieten: 230 m², 4 Zimmer und grundsolide Ausstattung. Tel. 912 510 876. Weitere Angebote unter www.ferienhausmiete.de.

## ESSEN UND TRINKEN

**A Eira do Mel.** Slow Food und hohe Preise, aber gemütlich, Estrada do Castelejo in Vila do Bispo, Tel. 282 639 016.

**Marigil Restaurante.** An der EN 125, im schnuckeligen Dorf Raposeira, gute deftige Küche, von Briten umschwärmt, Tel. 282 639 274.

**Restaurante Zavial,** direkt am Traumstrand von Zavial. Gutes Essen, nicht teuer.

## SEHENSWÜRDIGKEITEN

**Nossa Senhora de Guadelupe.** Unbedingt sehenswert ist diese romantische Kapelle an der Straße nach Sagres. Geöffnet Mai–Sept 10.30–13 Uhr und 14–18.30 Uhr, Okt-April 9.30–13 Uhr und 14–17 Uhr, Mo geschlossen. Einritt 2 €.

**Pfarrkirche Igreja Matriz.** Unübersehbar ragt sie in der Ortsmitte auf, geöffnet zu Gottesdiensten und meist von 8–12 Uhr. Keine Führungen, kein Eintritt.

**Hauptkirche Raposeira.** Direkt an der Straßenkreuzung der EN 125 gelegen. Geöffnet zu Gottesdiensten und meist von 8–12 Uhr. Keine Führungen, kein Eintritt.

*Talha dourada* nennt man die handgeschnitzten, vergoldeten Altäre, wie hier in São Lourenço bei Almancil.

**Mitte:** Die Strände von Sagres sind atemberaubend.
**Unten:** Erinnerungsstücke an den Seefahrer Heinrich: sein Wohnhaus und die Kapelle Nossa Senhora da Graça.





# 37 Sagres

## Eine Stadt für Eingeweihte

**Weit ragt die vom Wind gebürstete Landzunge Ponta de Sagres ins Meer hinaus. Über 70 Meter hohe Klippen säumen das von Wellen umtoste Kap, eine Festung von Natur aus. Uneinnehmbar wurde sie, als man sie an ihrer mit etwa 250 m schmalsten Stelle durch eine Mauer zum Land hin abgürtelte. Prinz Heinrich der Seefahrer, der Mann, der hier am Ende der Alten Welt die Neuzeit einläutete, soll das veranlasst haben.**

Trifft man am Ortsrand von Sagres mit dem Auto ein, stößt man auf einen Kreisverkehr. Rechts geht es zum 6 km entfernten Cabo de São Vicente, geradeaus zur 1 km nahen Fortaleza de Sagres und links ins Städtchen Sagres. Die meisten Auto- und Busfahrer biegen zum Kap ab, nachher besuchen sie noch die Fortaleza. Danach fahren sie wieder zurück, ohne Sagres gesehen zu haben. Doch Sagres ist ein besonderer Ort. Ist es die große Vergangenheit, die wenig mit dem Tourismus und dem Fischerleben der Einwohner zusammenpasst? Sagres ist nicht schick oder beschaulich, nicht überall pittoresk, sondern ist zersiedelt, hat kein Zentrum und keine Flaniermeile. Dafür hat Sagres einen Hafen, einen Fischmarkt, ein pulsierendes Nachtleben und eine reiche Geschichte. Das alles will entdeckt werden.

## Der Hafen von Sagres

Der Hafen hat ein besonderes Flair: Fischerboote, sich am Kai reibende Kähne, träge Wellen, in die sich pfeilschnell die Möwen stürzen, dahinter die Inseln von Martinhal vor einer Südküste mit dunklen und hellen Klippen und Strandbuchten.

Der Hafen ist der zweitgrößte Fischerhafen der Region. Zwei Stege reichen weit ins Hafenwasser hinein, hier liegen Kähne, Trawlers, Schiffe und Boote am Kai, damit man die Ladung löschen kann: Kistenweise Fische, aber auch Hummer, Langusten, Meerspinnen, Krebse, Tintenfische, Muränenaale, Kongeraale. Den ganzen Tag über treffen die Schiffe ein. Hat man Glück, kann man einen Fischer überreden, ihn auf einem Fangzug in einem kleinen Boot begleiten zu dürfen – ein Abenteuer, das man nicht vergessen wird! Umsonst ist das Vergnügen natürlich nicht.

## Täglich Fischmarkt

Jeden späten Nachmittag wird die Beute der Fischer im Fischmarkt gleich hinter den Anlegestegen versteigert, natürlich unter der strengen Aufsicht von Zollbeamten. Lieferanten und Küchenchefs vieler namhafter Restaurants aus nah und fern streiten im Zollhaus um beste Ware. Der Fischmarkt gilt nicht umsonst als der beste Europas. Der Golfstrom ist es, der diesen Fischreichtum besorgt, von dem man in anderen Gegenden Europas nur träumen kann. Feinschmeckern läuft das Wasser im Mund zusammen, vor allem, weil sie den Vergleich zwischen gezüchteten und auf hoher See gefangenen Fischen kennen. Fischgerichte leben natürlich auch von der Frische des Fisches, sowohl geschmacklich als auch gesundheitlich.

## Nachtleben am Strand

Auch nachts kann man den Strand genießen, wenn man in einer der Bars am Strand die Leute in zig Sprachen reden hört. Kaum ein Ort in Portugal hat so viel internationales und vor allem junges Publikum, das hier den Anfang oder das Ende Europas kennenlernen will. Romantik ist

**Oben:** Der Blick über die Bucht direkt vor Sagres und den Hausstrand Praia do Tónel.
**Mitte:** In Sagres kann es von Zeit zu Zeit ordentlich winden.
**Unten:** Im Fischerhafen von Sagres wird die Beute sortiert.

noch immer angesagt, auch bei den Jungen. Und so werden die Partys nicht selten unten am Strand weitergefeiert, wo man ja auch wunderbar ausschlafen kann.

## Beste Wassersportmöglichkeiten

Das Wasser rund um das Doppelkap Sagres und São Vicente ist nicht nur kühler als anderswo, es ist auch klarer. Hier trifft nicht nur der Golfstrom ein, auch der viel kühlere Kanarenstrom mischt mit. Für Taucher sind Voraussetzungen gegeben, die in der Tat einzigartig in ganz Südeuropa sind. Hier werden zahlreiche Kurse abgehalten und begeisterte Taucher aus aller Welt treffen sich, um ins Wasser zu steigen. Man muss übrigens gar nicht tief tauchen, um die faszinierende Unterwasserwelt in Augenschein zu nehmen: Schnorcheln reicht auch! Und das wird an allen Stränden von Sagres angeboten. Auch der Wind, der in Sagres immer und überall weht, bietet herrliche Möglichkeiten für Wind- und Wellensurfer. Beide fühlen sich hier pudelwohl, nicht nur im Sommer, sondern auch – und bei den Wellensurfern vor allem – in den Übergangszeiten, wenn die Winde die Wellen hochpeitschen und Tunnelfahrten unter gigantischen Wellen ermöglichen.

### MAL EHRLICH

**VERNACHLÄSSIGTES SAGRES**

Sagres und Monchique teilen sich ein Schicksal: Sie haben die meistbesuchten Ausflugsziele der Algarve vor der Haustür, werden selbst aber vernachlässigt. In Monchique ist es der Fóia-Berg, in Sagres das Kap und die *ponta*, die Millionen von Besuchern anziehen. Dabei sind die beiden Städte geprägt von eigenwilligen Charakterzügen, die es zu erkunden lohnt – unbedingt empfehlenswert.

**Oben:** Aus aller Welt kommen die Surfer, um Europas bestes Revier auszuprobieren.
**Unten:** Es gibt Windsurfer, Wellen- und Kitesurfer zu beobachten.

Die Strände von Sagres liegen gen Nordwest, West, Süd, Südost – was will man mehr? Es sind fantastische Strände, eingerahmt von Felswänden. Der Wind weht kräftig, so dass man es der Vegetation im gesamten Umkreis ansieht. Eingefleischten Strandgängern macht das aber nichts aus. Man kann in Sagres auch unglaublich gut Delfine sichten und ihnen ganz nah sein. Am Kap treffen die Delfine im Gefolge der bejagten Thunfische ein. Mit schnellen Spezialbooten düst man auf der Suche übers Wasser, das alleine ist schon ein Riesenspaß. Spannend wird es, wenn die ersten Delfine gesichtet werden.

## Fortaleza de Sagres

Die Festung soll ursprünglich von Prinz Heinrich erbaut worden sein. Sie wurde im 16. Jahrhundert erweitert und im 17. und 18. Jahrhundert im französischen Stil des Militärbaumeisters Sébastien Le Prestre de Vauban erneuert. Das Wappen von König João III ist deutlich sichtbar über dem Haupteingang und der tunnelartigen Einfahrt angebracht. Die Löcher in der Decke waren für Angreifer vorgesehen, welchen man zur Begrüßung siedend heißes Öl, Pech und Schwefel auf die Häupter schütten konnte. Im Burggelände findet sich die ehemalige Einsiedelei von Hieronymus-Mönchen und die Kapelle, die aus dem 14. Jahrhundert stammt – ein Bilderbuchbau, der sich gegen einen strahlend blauen Himmel, die Bucht von Beliche und den Hintergrund des Cabo de São Vicente absetzt. Der kleine Leuchtturm an der Kapspitze basiert auf einem Warnfeuer, das der Bischof der Algarve schon um 1515 anlegen ließ.

## Heinrich und seine Seefahrer

In der Literatur über Sagres erscheint überall eine »Akademie für Navigation«, von Heinrich dem

AUTORENTIPP!

**PEDRALVA, EIN NEU BELEBTES DORF**

Wo bis vor einer Generation noch über 100 Leute lebten, waren es vor vier Jahren gerade noch sieben. Pedralva war zum Geisterdorf geworden. Bis die Surfer der Praia do Amado das nahe und so schnuckelige Hangdorf entdeckten und nach und nach einige Häuser kauften. Einer hatte die Idee, hier ein alternatives Touristenprojekt zu realisieren. Da die meisten Hausbesitzer emigriert waren, gingen zwei Jahre ins Land, bis die Käufe abgewickelt waren. Beim Bauen wurde darauf geachtet, dass Pedralva authentisch wiederbelebt wurde und alle architektonischen Charakteristika erhalten blieben. Man wollte gleichzeitig ein originelles Dorf kreieren, das die Attribute trendy, alternativ und aktiv verdiente. Inzwischen funktioniert die Aldeia da Pedralva einwandfrei und bietet ein ausgezeichnetes Rundum-Programm: Surfen, Radfahren, Angeln, Natur und Vogelbeobachtung.

**Aldeira da Pedralva**
Rua de Baixo – Casa da Pedralva, Vila do Bispo. Tel. 282 639 342, www.aldeiadapedralva.com

In der Fortaleza de Sagres begann die Entdeckung der Welt. Der Globus erinnert daran.

AUTORENTIPP!

**NATIONALE LÜGE**

Eine authentische Darstellung von Prinz Heinrich findet sich auf dem Altarbild von Nuno Gonçalves (um 1470). Hier wird König Duarte, der Auftraggeber des Werkes, dargestellt, samt Frau und Kindern. Auch erscheinen da die Brüder des Königs, darunter der drittgeborene: Henrique, Heinrich. Am Kreuz des Christusordens erkennt man ihn. Er ist als energischer Mann dargestellt: markantes Kinn, leuchtende Augen. Röntgenuntersuchungen ergaben: Kurz nach Fertigstellung des Gemäldes wurde ihm ein blaues Gewand gemalt, weil das würdiger wirkte. Im 19. Jahrhundert wurden die Brüder dann vertauscht: Heinrichs ältester Bruder, König Duarte, blickt auf dem Altarbild so wunderbar wehmütig in die Welt, sein Haupt ist von einem breitkrempigen Hut beschattet und er trägt einen edlen Schal. Man behauptete nun, der da sei Prinz Heinrich. Was man heute überall als Prinz Henrique abgebildet sieht, ist in Wirklichkeit also sein Bruder, König Duarte.

Erinnerung an die Seeschlachten, die am Kap ausgetragen wurden.

Schlichter Altar in der Kapelle Nossa Senhora da Graça. Sie wurde 1459 errichtet und 1579 erneut aufgebaut.

Seefahrer ins Leben gerufen. Ob es sie nun gab oder nicht, ist unklar. Man weiß aber, dass Prinz Heinrich seine Kapitäne mit dem Segelschiff, einer Karavelle, raus auf den Atlantik schickte. Die Karavelle war das erste durchgeplante Gefährt der Neuzeit, das im nahen Lagos entstand. Der Prinz investierte auch viel in die Entwicklung der Navigation. Sie brachte den Portugiesen einen entscheidenden Vorsprung ein: Denn sie erlaubte ihnen das zielsichere Segeln auf hoher See. Mögen die Vorstellungen einer Akademie weit überzogen sein, so steht doch fest, dass der Prinz hier an der *ponta* eine Reihe gescheiter Männer um sich scharte: z. B. Astronomen, Mathematiker,

# Schätze hinter Mauern

**Ⓐ Stadtmauer.** Wo das Kap von Sagres seine engste Stelle hat, wurde wahrscheinlich schon zu Zeiten von Prinz Heinrich dem Seefahrer die Stadtmauer errichtet. Ein tunnelartiger Zugang führt in das Gelände. Geöffnet Mai–Sept 9.30–20 Uhr, Okt–April 9.30–17.30 Uhr, Eintritt 3 €.

**Ⓑ Rosa dos Ventos.** Es zeigt sich linkerhand die berühmte Windrose, die Navigation genutzt wurde. Der Fund von Münzen aus der Epoche von König Afonso V legt nahe, dass die Windrose von Prinz Heinrich angelegt wurde. Ein tolles Fotomotiv!

**Ⓒ Museum.** Hinter der Windrose ragt ein moderner Flachbau auf, in dem man vieles über die Entdeckerzeit lernen kann. Der Museumsbesuch ist im Eintrittpreis der *fortaleza* enthalten.

**Ⓓ Vila do Infante.** Rechts vom Tunneleingang erhebt sich ein bescheidenes Haus – hier soll der Prinz Heinrich der Seefahrer gewohnt haben.

**Ⓔ Kapelle Nossa Senhora da Graça.** Heinrich der Seefahrer ließ die wegen ihrer Lage so eindrucksvolle Kapelle ein Jahr vor seinem Tod im Jahr 1459 erbauen, das Renaissance-Portal etwas später. 1579 wurde sie nach einem Überfall durch die Piraten des Francis Drake neu erbaut.

**Ⓕ Kanone.** Hinter der Kapelle erinnert eine dicke gusseiserne Kanone (*bateria*) an der Mauer an den Kampf gegen die Piraten. Hier ragt die Klippenwand fast 70 m senkrecht aus dem Meer.

**Ⓖ Leuchtturm.** An der Kapspitze blinkt das Licht eines kleinen Leuchtturms, der im Zusammenspiel mit dem gigantischen Leuchtfeuer des nahen Kap São Vicentes die Kapitäne der vielen hundert Schiffe warnt, die im Abstand von über 20 Seemeilen das gefährliche Kap umfahren. Unauffällig ist das Licht auf der *ponta* nicht gerade: Es ist 18 Meilen weit zu sehen.

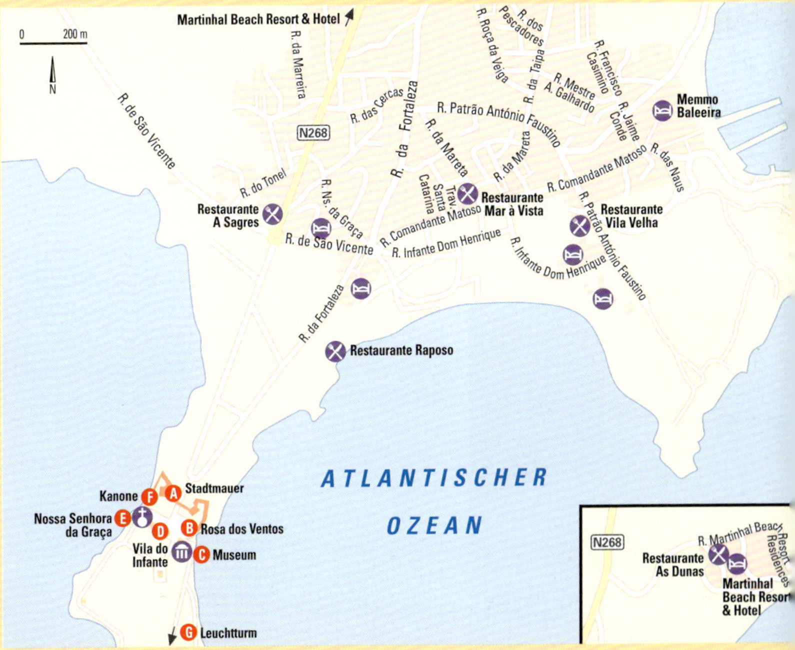

AUTORENTIPP!

**NATURBEOBACHTUNGEN**

Die Gegend bei São Vicente ist felsig und hat wenig Boden – aber über 25 Orchideenarten gedeihen hier: Je karger der Boden, desto üppiger die Blüten. Man muss freilich schon genau hingucken. Wie auch bei der Vogelbeobachtung. Rund um Sagres wird es immer beliebter, denn hier können viele Zugvögel und nistende Vögel beobachtet werden. Seit ein paar Jahren ist das hiesige Birdwatching-Festival ein zentrales Ereignis der Vogelbeobachter aus dem In- und Ausland geworden. Da werden täglich bis zu 25 Wanderungen organisiert und Vorträge gehalten, es gibt Bootsausflüge und Workshops.

Infos findet man auf der Homepage www.birdwatchingsagres.com.

Das meistverkaufte Bier des Landes.

Kartenzeichner. Auch Handwerker, die feine Geräte herstellen konnten, wie Stechzirkel und Astrolabien. Mit ihrer Hilfe fand der Prinz heraus, wie die Navigation auf hoher See funktionierte und von tapferen Kapitänen praktiziert werden konnte. Der Prinz war ein Pragmatiker. Die Forschungsergebnisse seiner Männerschar haben die Seefahrt revolutioniert. Interessant, dass er die Kapitäne der ersten Entdeckungsfahrten um 1420 mit dem schriftlich und ausdrücklich erteilten Auftrag losschickte, die Atlantis zu finden!

Die Legende von der »Seefahrer-Akademie« bekam Aufwind, als man zur Salazar-Zeit bei der stark demolierten *fortaleza* eine aus Steinbrocken angelegte überdimensionale Windrose (*Rosa dos Ventos*) fand. Ihr Durchmesser misst immerhin 43 m! Ihre Aufteilung in 40 Grade gibt Rätsel auf: War es eine Sonnenuhr und gar kein Riesenkompass? Während eines Rundgangs durch die *fortaleza* kann man sie nicht verfehlen.

## Sagres – das Bier

Für Portugiesen ist der Name Sagres auch gleichbedeutend mit der meistbeworbenen inländischen Biermarke. Die populäre Biersorte gibt es seit 1940. Sie wird in Vila Franca da Xira in der Nähe von Lissabon gebraut. Also sucht man vergeblich nach der Brauerei in Sagres. Die Stadt hat der Biermarke nur ihren Namen verliehen. Man hatte ihn ausgewählt, um anklingen zu lassen, was für ein Bier so wichtig erscheint: Sehnsucht und Männerwelt. Doch die Männer in den Werbespots haben nur wenig gemein mit den Fischern von Sagres. Ihre Gesichter sind wettergegerbt, haben kantige Nasen und furchtlose verschmitzte Augen. Manche behaupten, dass sie direkt von den Phöniziern abstammen.

# Infos und Adressen

## INFORMATION

**Posto de Turismo Sagres.** Sa–So 9–18 Uhr, Mo–Fr 9–13 Uhr und 14–18 Uhr, Rua Comandante Matoso, Tel. 282 624 873.

## ESSEN UND TRINKEN

**Restaurante Vila Velha.** Das freundliche Lokal befindet sich mitten in Sagres an der Straße zur *pousada*. Es hat auch unter Vegetariern begeisterte Stammgäste. Algarve-Küche mit internationalem Anstrich, guter Service. Nur mittags geöffnet, Mo geschl., Rua Patrão António Faustino Tel. 917 128 402.

**Restaurante As Dunas.** Sagres, Praia de Martinhal. Lockere Atmosphäre, traditionelle Algarve-Küche. Gute Fischgerichte zu akzeptablen Preisen – mitten in den Dünen der herrlichen Bucht. Täglich mittags und abends geöffnet, Tel. 282 240 200, info@martinhal.com.

**Restaurante Mar a Vista.** Eine der besten Adressen der Region für Fischgerichte von hoher Qualität. Tipp: *massa de lavagante* (Pasta mit Hummer) oder Fisch in Salzkruste. Gute Auswahl an Weinen. Mittags und abends geöffnet, Die geschl., Rua da Mareta, Tel. 282 624 247.

**Restaurante A Sagres.** Das außen unscheinbare Restaurant wird von João Pedro betrieben. Das Ambiente ist angenehm, das portugiesische Essen ausgezeichnet. Das Lokal liegt direkt am Kreisverkehr gegenüber der einzigen Tankstelle. Sítio do Tonel, Tel. 282 624 171.

**Restaurante Raposo.** Am Strand von Mareta liegt dieses beliebte Restaurant. Es bietet eine herrliche Aussicht und hervorragende Algarve-Gerichte. Fisch- und Meeresfrüchte- sowie Fleischgerichte. Praia da Mareta, Tel. 282 624 168.

## ÜBERNACHTEN

**Martinhal Beach Resort & Hotel.** Am Rande des Naturparks befindet sich das 5-Sterne-Resort des Schweizers Roman Stern. Hier findet man alles, was man für einen entspannten und abwechslungsreichen Urlaub benötigt, Spa, Pools, Restaurants, Ausflüge und Sportprogramme. Besonders großen Wert wird auf die fachgerechte Betreuung von Kindern im Kinderclub gelegt, auch für Jugendliche gibt es einen extra Spieleraum, den Blue Room. Quinta do Martinhal, Tel. 282 240 200, www.martinhal.com.

**Hotel Memmo Baleeira.** Aus den 144 Zimmern des Vier-Sterne-Hotels genießt man einen Panoramablick auf die Bucht von Martinhal. Das Haus liegt direkt über dem Fischerhafen von Sagres. Das Hotel hat sein eigenes Surf- und Windsurf-Center mit professionellen Surflehrern. Auch Ausrüstung kann hier geliehen werden. Spa, Pools, Restaurants, Bars und Kinderclub. Sítio da Baleeira, Tel. 282 624 212, www.memmohotels.com.

**Mareta Beach Boutique Hotel.** Modernes Boutique-Hotel mit Bed-&-Breakfast-Service: direkt über dem Praia da Mareta gelegen. Großartige Aussicht aus allen 18 Zimmer. Luxuriös-minimalistisch eingerichtet. Mit italienischem Caffé (8–20 Uhr) und eigener Pizzeria. Tel. 282 620 040, www.maretabeachhotel.com. (außerhalb der Karte)

**Hotel Pousada de Sagres-Infante.** An den Klippen zwischen den Stränden Mareta und Martinhal gelegen. Viel Luxus. Eigenes Restaurant und gute Wellnessabteilung. Tel. 282 620 240. Hotel da Baleeira (außerhalb der Karte).

Viele Lokale sind ganz auf Surfer abgestimmt.

**Mitte:** Der Leuchtturm am Kap war früher ein richtiges Dorf. Heute läuft alles automatisch.
**Unten:** An vielen Stränden, wie hier in Beliche, gibt es kleine Bars.



# 38 Cabo de São Vicente

## Europas Südwesteck

**Die Straße von Sagres führt durch eine vom Wind gepeitschte Ödnis in Klippennähe zum Kap São Vicente. Diesen Weg gingen im Laufe der Jahrtausende bereits viele Menschen. Sie strebten den südwestlichsten Punkt Europas an. Am Heiligen Ort brachten Phönizier ihrem Sonnengott Opfer dar, und schon vor ihnen waren es die Menschen der Jungsteinzeit, die im Umland von Vila do Bispo über 250 Menhire und Dolmengräber errichteten. Später kamen Pilger, um das Grab des Heiligen Vinzenz zu besuchen. Der Sarg mit dem Schutzpatron der Seefahrer lag hier Jahrhunderte lang aufgebahrt.**

Kilometerweit ragt die vom Wind gebürstete und sehr breite Landzunge ins Meer hinaus. Am Cabo endet sie jäh: Über 70 Meter hohe senkrecht aufsteigende Klippen umschließen die von Wellen umtoste Felsnase. Hier kann man sich getrost gegen den Wind lehnen, er trägt einen mühelos. Das sollte man natürlich nur mit reichlich Abstand zur Klippe ausprobieren.

## Der Heilige Vinzenz

Die Küstenspitze verdankt seinen Namen dem Schutzpatron der Seefahrer, dem Heiligen Vinzenz. Durch Verbrennen starb São Vicente, der Heilige Vinzenz von Saragossa, den Märtyrertod. Im Jahr 304 wurde er in einem Sarg angetrieben und geborgen. Im 8. Jahrhundert, also schon zur Zeit der islamischen Fremdherrschaft, soll sich der religiöse »Orden der Raben« um den Schutz des Sargs gekümmert haben. Eine »Kirche der Raben« wurde ins Leben gerufen. Sie wurde von Christen aus der

Gegend von Valencia gegründet, die hier Schutz vor der Verfolgung durch Herrscher Abderramão I suchten. Davon sind leider keine Spuren, sondern nur Legenden übrig. Im 10. Jahrhundert sollten die sterblichen Überreste des Heiligen in seine Heimatstadt Lissabon gebracht werden, doch das Schiff zerschellte am Cabo de São Vicente. Fanatische Gläubige retteten, was übrig war und vergruben die Knochen des Heiligen gleich oben am Kap. Wie es die Sage will, sollen fortan Raben das Grab gehütet haben. Als sein Sarg im Jahr 1173 nach Lissabon gebracht wurde, gaben die schwarzen Vögel, von welchen viele auch heute noch am Kap vorkommen, das Geleit. Diese Geschichte rührte die Lissabonner so sehr, dass sie Schiff und Raben als Motiv ihres Stadtwappens auserkoren.

São Vicente ist der Schutzpatron der portugiesischen Hauptstadt. Die nach ihm benannte Kirche in der Lissabonner Altstadt beherbergt das Altarbild des Heiligen Vinzenz, auf dem der Maler Nuno Gonçalves auch den »echten« Prinz Henrique (siehe Autorentipp, Seite 206) abgebildet hat.

## Der Leuchtturm am Kap

Der Meeresboden rund um das Kap ist übersäht mit Wrackteilen, die wegen des Golfstroms weit verstreut oder abgetragen sind. Tausende Seefahrer verloren hier ihr Leben. Denn bei einer Fahrt mit einem Segelschiff entlang der Küste und beim üblichen Wind aus Nordwest konnte es geschehen, dass der Wind vor allem in Kapnähe urplötzlich abdrehte und Richtung Festland blies. Dann half kein Kreuzen und Halsen mehr: Schiffe wurden wie Walnussschalen gegen die Klippen gespült, selbst große Gefährte. Einen rettenden Hafen gab es nicht, erst 20 km weiter nördlich konnte man Aljezur anlaufen. Das war schon viel zu weit weg. Um das Kap zu entschärfen, wurden

AUTORENTIPP!

**BRATWURSTSTAND AM KAP**

Dieser Bratwurststand ist vom Kap nicht mehr wegzudenken. Alle gehen hin, ob sie nun Bratwurst mögen oder nicht. Zigmal wurde im Fernsehen darüber berichtet – für deutsche Algarve-Touristen ist er eine Legende geworden. Und gut sind sie ja, die Nürnberger und Thüringer Wurstspezialitäten. 1996 stellten die Betreiber ihren ersten Verkaufswagen an der Zufahrtsstraße zum Kap auf. Jetzt steht er, mit einer Riesenwurst als Logo, direkt am Kap. Petra, Wolfgang und Claudia organisieren den sehr gut gehenden Imbissstand, wo man nicht länger als 5 Minuten auf seine Wurst warten muss.

Der Leuchtturm am Cabo de São Vicente.

Das Kap ist einer der meistbesuchten Orte der Algarve.

im 15. Jahrhundert die ersten Leuchtfeuer installiert. 1520 wurde der erste und noch sehr primitive *farol* in einem extra dafür entstehenden Konvent in Betrieb genommen. Der Schiffverkehr war dank der Entdeckungen in Afrika und Südamerika in einem rasanten Anstieg begriffen – fast täglich vergrößerte sich die Welt!

Der heute sichtbare 28 m hohe Leuchtturm wurde unter Diktator Salazar erbaut. Sein Lichtkegel ist 60 km weit sichtbar – er kommt aus der mit 3000 Watt stärksten Anlage Europas. Mit seinen Lichtsignalen entschärft er das Kap. Schiffe müssen nun einen Abstand von mindestens 40 Meilen zum Festland und weitere strenge Regeln in einem der meistbefahrenen Gefahrengebiete europäischer Wasserstraßen einhalten. Der Leuchtturm ist nicht nur ein Turm, sondern geradezu eine Festung, die Wind und Wellen trotzt.

## Infos und Adressen

### ESSEN UND TRINKEN

**Aldeia São Vicente.** An der Straße von Sagres zum Kap findet sich dieses Restaurant. Es ist eines der wenigen in der Umgebung. Da ist man auch auf große Gruppen eingestellt. Tel. 282 624 199, www.aldeiasvicente.com.

### SEHENSWÜRDIGKEITEN

**Leuchtturm.** Außer montags kann man auch jederzeit in den Hof des Leuchtturms. Im Turm selbst ist zudem noch ein kleines Museum untergebracht, in dem einige Stücke zur portugiesischen Seefahrt und zur Geschichte des Kaps ausgestellt sind. Eintritt 3 €.

### AUSFLÜGE

Wer vom Kap aus eine Tageswanderung starten will, kann Richtung Süden zum Schwesterkap Ponta de Sagres oder nordwärts in Richtung Torre de Aspa gehen. Beide Wege führen am Klippenrand entlang und bieten atemberaubende Aussichten. Auf dem Weg nach Sagres ist der Strand in Beliche ein Juwel. In Richtung Norden locken die grandiosen Strände Castelejo und Condoama. Unbedingt feste Schuhe anziehen, Wasser, Proviant und Sonnencreme sowie eine Kopfbedeckung nicht vergessen.

Das Kap ist der Anfangs- bzw. Endpunkt der beiden neuen und schon sehr populär gewordenen Wege in der Algarve: der Ecovia, die immer in Ufernähe bis zur spanischen Grenze bei Vila Real de Santo António am Rio Guadiana führt, und der Via Algarviana. Mehr dazu siehe Highlight 2, Seite 36.

Baden zwischen den Zwillingskaps von Sagres und São Vicente: am Praia de Beliche.

## Infos und Adressen

### ESSEN UND TRINKEN

**Mazagao.** Dieses Lokal bietet alte Rezepte in einem scheunenartig erbauten Haus. Rua de Ferragudo I, Bordeira. Tel. 282 973 421.

### ÜBERNACHTEN

**Vilarinha.** Urlaub in restaurierten Häusern? 3 km außerhalb von Carrapateira am Waldrand. Vilarinha, Carrapateira, Tel. 282 973 281, www.idyllicholidayproperties.co.uk.

### SURFEN

Surfschulen kann man auf der Seite des Surferverbands finden: www.algarvesurfassociation.com.

Blick auf den Praia da Bordeira.



# 39 Amado & Carrapateira

## Surfen und wandern

**Kenner halten die Praia do Amado für eines der besten Surfer-Paradiese Europas. In den Wintermonaten trainieren hier die Profis. Aber nicht nur die Surfer fühlen sich hier wohl. Jeder, der je einen der Strände bei Carrapateira erlebte, schwärmt von der Praia da Bordeira, Praia da Murração oder der Praia da Arrifana.**

Der Strand in der Halbmondbucht von Amado ist feinkörnig, hier fühlen sich Surfer wie Nicht-Surfer gut aufgehoben. An einigen Stellen geht der Strand in Dünen über und an den seitlichen Flanken zeigen sich mächtige Klippen. Die Strandcafés in Amado sind sehr beliebt. Man kann gemütlich ein Bierchen schlürfen und den Männern und Frauen beim Surfen zugucken. In den Strandbars geht es betont lässig zu. Die Stimmung ist sehr entspannt und hat internationales Flair.

## Carrapateira und Zimbreirinha

Zum 2 km entfernten Dorf Carrapateira geht es über eine kurvige Straße oder eine Schotterstraße an den Klippen in nördlicher Richtung. An einem Abhang sieht man nach genauem Hingucken ein halbes Dutzend mit Palmenblättern gedeckter Hütten. Historiker behaupten, sie seien mindestens 150 Jahre alt. Zimbreirinha heißt dieses versteckte Dorf. Es hat einen eigenen von Felswänden umschlossenen winzigen Hafen, der früher von Piraten genutzt wurde. Die Boote werden mit einer Seilwinde hochgezogen und in einer Felsnische in Sicherheit gebracht. Nach schweren Regenfällen und nachfolgendem Erdrutsch im Jahr 2010 wurde der Hafen offiziell geschlossen. Einige Fischer nutzen ihn nach wie vor.

## Auf dem Klippenpfad

Der Klippenrundweg ist mit dem Auto oder dem Fahrrad zu erkunden, aber auch für eine Wanderung bestens geeignet. Wie üblich am Meer. Man braucht zu Fuß etwa einen halben Tag. Sonnenschutz und Trinkwasser nicht vergessen, sowie festes Schuhwerk.

Ⓐ **Startpunkt.** Man beginnt seinen Ausflug im Dorf Carrapateira.

Ⓑ **Abzweigung zur Praia da Bordeira.** Keine 200 m hinter Carrapateira biegt eine Straße zum nahen Praia da Bordeira ab. Um sie zu Fuß zu erreichen, muss man erst eine kleine Lagune durchwaten. Zahllose kleine Dünenhügel, die sich in nördlicher Richtung hinter dem Strand aneinander reihen, erfreuen hier das Auge.

Ⓒ **Pedra da Galé.** Neben der Lagune steigt der Fahrweg steil an und biegt nahe dem Klippenufer in südlicher Richtung ab. Die zahlreichen am Wegrand parkenden Autos gehören Anglern, die von den Klippen aus auf Beutefang gehen.

Ⓓ **Abkürzung nach Carrapateira.** An einer Wegkreuzung hat man die Wahl: Links ab geht es zurück zum Ort Carrapateira, doch es lohnt sich geradeaus weiterzugehen bzw. -zufahren.

Ⓔ **Praia do Amado.** Kurz vor dem Praia do Amado und gleich am Fahrweg nach Praia da Bordeira liegt das Restaurant Sítio do Forno, Tel. 282 973 914. Von hier aus führt eine kleine Straße hinab zu einem Fischerhafen. Tolle Aussichten. Fährt man weiter in Richtung Süden, erreicht man nach wenigen hundert Metern die weltberühmte Surferbucht. Im Sommer täglich geöffnet. Etwa 2 km davor befindet sich an einem Steilhang das einzigartig schöne Fischerdörfchen Zimbreirinha aus zusammengezimmerten Hütten mit Palmwedeldächern, die das Dorf nur schwer als Dorf erkenntlich machen. Zimbreirinha hat einen sehr liebevollen kleinen Naturhafen – unbedingt sehenswert!

Ⓕ **Ziel.** Eine schmale Straße führt vom Praia do Amado wieder zurück zum Dorf Carrapateira.

Surfer-Eldorado Praia do Amado.

**Mitte:** Die maurische Burg von Aljezur ist über 1000 Jahre alt. **Unten:** In und bei Aljezur pflügen die Bauern noch mit der Hilfe von Mulis.



# 40 Aljezur

## Alternative Stadt

**Eine maurische Burg ist das Kennzeichen von Aljezur. Sie thront an einer Schleife des Flüßchens Ribeira de Aljezur über der Stadt. Die Mauren ließen sie im 10. Jahrhundert errichten. Außerdem legten sie mit zahlreichen kleinen Kastellen und Wachtürmen im weiten Umkreis und speziell auf den Klippen ein ausgeklügeltes Verteidigungssystem an. Die Gegend war ihnen wichtig, weil das Flüsschen seinerzeit bis zur Burg beschiffbar war. Ihr zu Füßen entstand der sicherste Hafen im Südwesten der zerklüfteten Atlantikküste.**

1249 war ein einschneidendes Jahr: Die Christen entrissen den Masuren die wichtigsten Orte wie Faro, aber auch Aljezur. 1280 vergab König Dinis Stadtrechte unter dem Vorbehalt, dass der Hof nur 50 % der Unterhaltskosten für die Burg trug. Den Rest mussten die Burgherren, die Ritter des Santiago-Ordens, selbst aufbringen. In der Stadt herrschte bald ein reger Handel, davon profitierten die Ritter. Sie ließen zu, dass die Hänge bis hinunter zum Fluss bebaut wurden. Eine verschachtelte Häusermasse entstand, die heute noch in Teilen sichtbar ist.

## Handelsstadt Aljezur

Die maritimen Handelskontakte reichten weit: National bis Tavira und Lissabon, international bis Flandern, England und zur Hanse. Exportiert wurden Tierhäute, getrocknete Früchte, Honig, Olivenöl, Gewürze und Kräuter, alles exakt verzollt und den Rittern und dem Hof enorme Einnahmen erbringend, während die Einnahmen aus dem Fischfang im Rio und im Meer an das städtische Hospi-

In dem Hangstädtchen ragt die Igreja da Misericórdia auf.

tal Casa Misericórdia abflossen. Heute noch kann man erkennen, wie das breite, zum Meer und der Praia da Amoreira hin mäandernde Flusstal für Getreidefelder genutzt wurde. Das Korn wurde in die afrikanischen Kolonien Angola, Mosambik, Kapverdische Inseln und Guinea-Bissau exportiert. Oder es wurde in lokalen Bäckereien zu Zwieback verarbeitet. Zwieback wird zweimal gebacken, deswegen ist er viel haltbarer und sehr gut auf Schiffen verwendbar.

## Die Kirchen von Aljezur

Wie überall an der Algarve, so kam die Wende an Allerheiligen, am 1. November 1755. Das Beben und der Tsunami zerstörte die Unterstadt komplett. Auch die Igreja da Misericórdia, die 1577 erbaut wurde, war schwer beschädigt. Nach dem Erdbeben wurde sie vorsichtig renoviert. Folglich repräsentiert sie die schlichte Renaissance-Architektur. Rund um die Igreja Nova auf dem nahen Hügel neben dem heutigen Rathaus entstand die Neustadt. Das Museu de Arte Sacra ist der Barmherzigkeitskirche angeschlossen und befindet sich in einem Anbau unterhalb des Portals.

AUTORENTIPP!

**GELIEBTE SÜSSKARTOFFELN**

*Batata-doce*, das will man am liebsten singen, nicht sagen. Die Gemüseknolle gedeiht in der Algarve bestens, besonders bei Aljezur, wo man ihr im November ein eigenes Festival widmet. Da wird die süße Kartoffel gekocht, frittiert, sautiert, im Fleischfond mitgegart oder in Verbindung mit Meeresfrüchten genossen. Als halbe Ofenkartoffel ist sie der ideale Begleiter oder Träger eines *petisco* (in Spanien würden man sagen: *tapa*). Mit dem Tintenfischsalat *salada de polvo* oder mit *moreia frita* (frittierte Moräne) und als *saladinha de orelha coentrada* (Salätchen mit Schweineohr und frischem Koriander) erobern Alejezurs Hausfrauen die Herzen der Feinschmecker aus der ganzen Algarve. Weil die Kartoffel süß ist, eignet sie sich auch bestens für Kompotte, Marmeladen, Kuchen und Küchlein. Wenn man sie mit Ingwer, Mandeln, Zimt, Honig, Feigen oder Medronho-Beeren anreichert, ergeben sich leckere Kreationen.

## Landwirtschaft

Den Bauern ging es damals gut! Sie konnten gar nicht genügend Ziegen und Schafe, Schweine und Rinder züchten. Aljezur wurde aber auch bekannt für seine Süßkartoffeln, für Koriander, Melonen und Bohnen. Die intensive Landwirtschaft dauerte bis vor etwa 40 Jahren. Aber auch heute noch wird rund um Aljezur viel produziert. Hier kann man dann und wann noch Esel und Mulis sehen, die die Pflugschar ziehen.

## Individualtourismus

Den einstigen Wohlstand konnte Aljezur jedoch nicht mehr erreichen, auch weil der Fluss inzwischen versandet war. Heute sorgt der Tourismus für eine kräftige Belebung, wobei er hier an der Westküste einen alternativen Charakter angenommen hat. Hier im Westen ist Individualtourismus angesagt – und das mit großem Erfolg. Beispielhaft ist die Initiative »Casa Branca« (Weißes Haus), in der sich junge Portugiesen in lokalen, alternativen Pensionen, Wellness- und Aktivitätscentern organisieren. Immer mehr »grüne« Betriebe schließen sich dem Weißen Haus an. Es gibt immer mehr Biogemüse und Bioweine auf dem Markt.

## Internationales Flair

Aljezur ist die Verwaltungszentrale der Westregion. Der Anteil an deutschen, englischen und holländischen Bewohnern ist groß. Viele bemühen sich um ein gutes Zusammenleben mit der portugiesischen Bevölkerung. Der große Weihnachtsmarkt mit Glühwein darf nicht fehlen. Der Chor singt dann portugiesische, aber auch deutsche und englische Weihnachtslieder. Auffallend viele Künstler leben in diesem Raum, dessen Küste so hochdramatische Motive liefert und dessen Licht an vielen Tagen von brillanter Schärfe ist.

**Oben:** Im kleinen Markt von Aljezur gibt es täglich Frisches zu kaufen.
**Mitte:** Alles kommt von den umliegenden Feldern und Gärten.
**Unten:** In und rund um Aljezur leben über 100 registrierte Künstler.

# Infos und Adressen

## ESSEN UND TRINKEN

**Restaurante Pont'A Pé.** Gleich an der Brücke neben der Markthalle. Gute Regionalküche, beste Stimmung: Einheimische und Fremde im Einklang. Largo da Liberdade, Tel. 282 998 104, So geschl.

**Restaurante Com Alma.** Im modernen Lokal am Weg zur Neustadt ist die hausgemachte Lasagne mit viel Spinat wunderbar. Oktopus-Carpaccio, gefüllte Champignons und gegrillter Spargel sind weitere Spezialitäten. Rua da Escola 13, Tel. 918 551 174.

**Restaurante Ruth.** Das alteingesessene Restaurant kurz vor der Brücke von Aljezur ist bekannt für *percebes* (Muscheln) und Fischgerichte. Im Sommer unbedingt Tisch vorbestellen! Rua 25 de Abril 14, Tel. 282 998 534.

Kitesurfer vor Praia da Bordeira.

Die ethnografische Ausstellung im Museu Municipal in Aljezur.

**Monte da Cunca.** Zwischen Bordeira und Carrapateira wurde ein altes Minidorf restauriert. Bildschön! Hier entstand eine der reizvollsten und schönsten Surfer-Unterkünfte im Land – für Individualisten und Leute, die sehr alternativ wohnen möchten. 8670 Aljezur, 230 Carrapateira, Tel. 966 463 886, www.montedacunca.com

## ÜBERNACHTEN

**Amazigh Hotel in Aljezur.** Es ist auf junges Publikum abgestimmt, auf Surfer in erster Linie, aber auch auf alle, die die schönste Küste Europas aktiv erkunden wollen. Rua da Ladeira 5, Tel. 282 997 502, www.amazighostel.com

**Pensão das Dunas.** Mitten in Carrapateira, eine der besten Adressen weit und breit. Gemütlich, familiär, fair. Unter den meist jungen Gästen fühlen sich nicht nur Surfer wohl. Rua da Padaria 9, Tel. 282 973 118, www.pensao-das-dunas.pt

Das Museum im Haus des Künstlers José Cercas.

**Mitte:** Ein besonderes Naturerlebnis ist das Wandern mit Eseln.
**Unten:** Es lassen sich die Juwelen der Natur entdecken, darunter auch endemische Orchideen-Arten.



# 41 Costa Vicentina
## Eselwanderungen

**Eselwandern ist eine besonders attraktive Neuheit an der Costa Vicentina. Sofia von Mentzingen hat sich darauf spezialisiert und stellt ihr herrliches, über 100 Jahre altes Anwesen, die Quinta Vale das Amoreiras, ganz und gar in den Dienst am Esel. Das Landhaus liegt inmitten eines 50 Hektar großen Waldgebiets mit Kiefern, Korkeichen, Erdbeerbäumen und Zistrosen, eingebettet in die Ausläufer der Monchique-Berge, keine 3 km von Aljezur entfernt. Zusammen mit ihrer Freundin Elsa, die sich auf regionales Kunsthandwerk spezialisiert hat, bietet sie eine Urlaubsform der ganz besonderen Art an.**

Die Natur der Costa Vicentina ist eine einzige Schatzkammer. An der Küste reihen sich die Naturwunder nur so aneinander. Aber auch das Landesinnere mit seinen Hügeln, die zur Serra de Monchique und ihren höchsten Erhebungen der Algarve ansteigen, bietet eine Vielzahl an unsäglich schönen Tälern und Wäldern. In den Bächen sprudelt ganzjährig das süße Wasser und je nach Jahreszeit erlebt man eine üppige Blütenpracht.

Der prallen Natur begegnet man am intensivsten zu Fuß, und zwar im regionaltypischen, d. h. sehr gemächlichen Tempo: dem Tempo eines Esels. Die Esel sind freundlich, sanftmütig, geduldig, robust, kooperativ – um nur einige ihrer Vorzüge zu nennen. Es ist ein unvergessliches Ereignis, welch innige Beziehung sich zwischen Mensch und Tier während der Wanderung entwickelt. Die Faszination für Esel ist ein Phänomen jenseits der Altersgrenzen. Beim Wandern mit den ruhigen Vierbeinern kann man die Seele baumeln lassen und

Die Costa Vicentina, hier bei der Praia do Amado, ist unvergesslich schön und unberührt.

einfach entspannen. Eselwanderungen sind natürlich auch für Kinder eine unvergessliche Begegnung mit der Natur und werden gerne für therapeutische Zwecke genutzt. Nach ein paar Streicheleinheiten, einer Handvoll Möhren und anderen gegenseitigen Aufmerksamkeiten können vor allem Kinder auf ihrem Lieblingsesel reiten. Und sofern das Gewicht des Reiters es zulässt, dürfen die Erwachsenen gerne auch einmal auf dem Esel reiten. Es werden auch Kunst-Workshops angeboten.

## Der Naturpark

Der Naturpark Sudoeste Alentejano e Costa Vicentina wurde 1988 eingerichtet und umfasst rund 75 000 Hektar Er erstreckt sich entlang der gesamten Atlantikküste im Südwesten Portugals, der Costa Vicentina, über eine Länge von 80 km.

Es gibt verschiedene einzigartige Biotope zu entdecken. Fischadler und Weißstörche bauen ihre Nester in die Felsen der Küste. Der Fischotter hat hier einen seiner letzten natürlichen, marinen Lebensräume in Europa.

## Infos und Adressen

INFORMATION

Vale das Amoreiras, Apartado 19, Aljezur. Tel. 282 998 331, www.eselwandern-algarve.blogspot.com, burros.artes@gmail.com.

**Angebote.** Sofia hat ein vorbildliches Programm zusammengestellt: Eselwandern als Kurztouren (1½ Stunden, ½ Tag oder 1 Tag) durch das Hinterland von Aljezur zur Küste. Die 1½ stündige Tour für bis zu 4 Personen mit 2 Eseln und Führerin kostet 45 €. Die einwöchige Tour führt durch den Naturpark Sudoeste Alentejano e Costa Vicentina, an der Atlantikküste entlang zum Cabo de São Vicente. Eine Alternative ist die Tour hinauf in das Monchique-Gebirge. Faszinierend! Sie dauert zwei Tage. Es gibt auch mehrwöchige Touren. Man übernachtet in darauf eingestellten Pensionen und Privathäusern. Individuelle Touren sind jederzeit möglich. Erfahrene können auch alleine mit dem Esel losziehen. Esel-Kutschenfahrten (bis 4 Personen) sind möglich und kosten 70 € pro Stunde. Weitere Preise auf Anfrage.

Viele Menschen besuchen die Algarve, um Natur zu erleben, am besten auf individuelle Art und Weise. Vor allem an der Westküste hat man dazu die Möglichkeit, wie hier bei den Eselwanderungen.

Spuren des Glücks finden sich besonders an den Traumstränden zwischen Arrifana und Amoreira.



# 42 Arrifana bis Amoreira

## Die schönsten Strände

**Irgendwo in der Welt sieht man ein Tal, einen Berg, einen See, eine Bucht – und dieses Bild prägt sich ein wie ein Urbild von der Schönheit dieser Welt. Zu romantisch? Kaum. Viele, die an der Costa Vicentina im äußersten Europa waren, erinnern sich selbst nach Jahrzehnten noch an das Wilde, Ungestüme und doch so Friedliche, das diese Küste umgibt.**

Ein Kilometer südlich von Aljezur zweigt eine Straße ab und geht steil bergauf. Nach 1 km geht es an einer T-Kreuzung links nach Arrifana, rechts nach Monte Clérigo.

## Arrifana

Arrifana, das klingt nicht nur schön - das ist ein Traum! Über 1 km lang ist die Halbmondbucht, die sich 7 km südlich von Aljezur ausdehnt. Die 600 m lange und etwa 50 m breite Sandbucht ist von Schieferfelsen umgeben. Auch der feine Sand ist dunkler als an anderen Stränden der Umgebung. Die Bucht ist windgeschützt. Am eindrucksvollsten ist die Bucht von oben, sozusagen aus der Vogelperspektive zu sehen.

Man sollte dem Zeichen »Castelo« am Ortseingang folgen. Dann gelangt man zunächst zu einem Platz mit drei Restaurants, von hier aus ist die Aussicht schon sehr eindrucksvoll. Verrostete Reste einer Liftanlage deuten an, dass früher der Fischfang viel bedeutsamer war. Kistenweise zog man hier den Fang vom unten versteckten Fischerhafen nach oben. Nun 300 m weiter bis zum Endpunkt der Straße bzw. der Stelle, wo es links und sehr steil zum Hafen hinabgeht, fahren. Das *castelo* ist anscheinend von maurischer Herkunft und war Teil der Verteidigungsbauten längs der Küste zur Sicherung des bedeutsamen Hafens von Aljezur. Fast 80 m tiefer rauschen die Wellen gegen senkrecht ansteigende Klippenwände. Das ist der Anblick gen Norden. Gen Süden erstreckt sich weit unten die über 1 km lange und perfekt als Halbmond geformte Bucht, die im Süden von einer Felsnadel bewacht wird. Und nun zum Hafen: Gehen oder man fährt das kurze Stück Straße hinab. Im Sommer ist hier die Lissabonner Szene vom Praia do Guincho fast komplett präsent. Da wird das Parken schwierig. Man lässt das Auto am besten gleich oben stehen und geht auf dem Serpentinenweg zu Fuß hinab zum *praia*.

## Monte Clérigo

Die Zufahrt zu diesem Dorf ist direkt von Arrifana/Vale da Telha möglich oder von der oben genannten Kreuzung südlich von Aljezur. Sobald man die niedlichen bunten Häuschen entdeckt, die am Dünenhang hinter einem kleinen Platz stehen, will man gar nicht mehr weg von hier. Der Platz ist von drei Restaurants bzw. Snackbars gesäumt – und vom Strand. Der langgezogene Praia de Monte Clérigo ist breit und sehr flach auslaufend. Übrigens haben hier auch Behinderte guten Zugang. Der Strand ist ca. 800 m lang und genauso breit ist auch die Düne aus hellem, feinen Sand. Ziemlich windig ist es am Praia de Monte Clérigo und deshalb ist auch die Brandung ziemlich stark. Für Wellenreiter sind das die besten Vorraussetzungen. Aber Achtung, im Wasser können sich Felsen befinden. Am Südende reichen Basaltflächen weit ins Meer hinaus. Bei Ebbe lässt sich die pechschwarze Felsfläche mit dem leuchtend grünen Algenbewuchs erkunden. In den vielen Gumpen wimmelt es von kleinen Fischen und Krebsen. Einige der Uferfelsen sind mit unzähligen Fossilien

AUTORENTIPP!

**MAURISCHER FRIEDHOF**

Das Castelo von Arrifana hat etwas. Der Ausblick in Richtung Norden und die fast senkrecht aufregenden Klippenwände sind gigantisch, und der in Richtung Süden auf die Halbmondbucht lässt vermuten, dass dieser Ort in alten Zeiten ein heiliger war. Das war er auch: Erst kürzlich fand man heraus, dass es sich hier um ein islamisches Kloster mit Wachturm handelte. Es muss ein wichtiger Bestandteil der Verteidigungsanlage gewesen sein, die seinerzeit den Hafen von Aljezur sichern half. Man fand Reste einer *ribat*, einer Moschee mit 21 Gräbern mit arabischen Schriftzeichen. Die Stätte soll nun als nationales Denkmal geschützt werden. Übrigens ist der Platz zwischen den Mauerresten und den Klippenabgründen einer der schönsten Picknickplätze der ganzen Algarve.

Monte Clérigo aus der Ferne.

verziert – ein faszinierender Anblick. Monte Clérigo ist fraglos einer der schönsten Ausflugsorte an der Westküste.

## Amoreira

Man hat es wirklich schwer an dieser Küste. Welcher Strand ist der schönste? Viele sagen, Amoreira ist es. Die Zufahrt beginnt bei Aljezur. Einen Kilometer nördlich Richtung Lissabon fahren, dann links abbiegen und im breiten Flusstal weiterfahren. Bald naht eine Fischfarm.

Wo Dünenhügel aufragen, beginnt der Strandbereich. Die Dünen reichen bis zum Aljezur-Fluss, der sich bei Flut zu einem seeähnlichen, azurblauen Gewässer ausweitet. Bei Flut wie bei Ebbe strömt das Wasser erstaunlich kraftvoll. Nicht nur Kinder rutschen von den Dünen aufkreischend vor Vergnügen ins Wasser. Hier verläuft sich der Betrieb, man kann kilometerweit umhergehen und die faszinierende Vegetation der Dünenlandschaft betrachten. Aber bitte nichts pflücken!

Der nördliche Bereich hat spitze Felsen. Auch im Wasser befinden sich hier Felsbrocken. Zum Glück ist dieser Abschnitt aber ausgeschildert. Von dieser Gefahrenzone abgesehen kann man ausgezeichnet baden. Der Sand ist sehr fein und sauber. Außerdem wird der Strand bewacht. Das Strandrestaurant ist gut und preiswert. Hier sitzen die Gäste oft mehrere Stunden lang, schauen, sinnieren, träumen. Oder sie betrachten den »müden Mann«. So heißt die pechschwarze Felsformation an der Nordflanke der herrlichen Bucht. Hält man den Kopf nach links, erkennt man das Profil, den Hals und die Brust. Ein mehrere 100 m langer Riese liegt da unendlich friedlich ausgestreckt und sonnt sich. Fotografieren ist natürlich erlaubt.

**Oben:** Genau hinschauen lohnt sich, denn die Vegetation bei den Klippen ist reich und faszinierend.
**Mitte:** Die Halbmondbucht Arrifana.
**Unten:** An der Westküste hat man gute Chancen, auch einmal einen Strand für sich zu haben.

# Infos und Adressen

## ESSEN UND TRINKEN

**O Sargo.** Der Jordanier Bilal Shatnawi verwandelte das Restaurant O Sargo in ein Stelldichein für die Freunde der orientalischen, aber auch soliden portugiesischen Küche. Bei gutem Wetter sitzt man draußen direkt am Strand, bei schlechtem Wetter hinter Panoramascheiben. Zu den orientalischen Spezialitäten zählen Falafel, Hummus, Babaganovsh und eine Reihe toller Salate. Natürlich darf der Namensgeber *sargo*, die Seebrasse, nicht fehlen. Praia de Monte Clérigo Tel. 963 440 397.

**Restaurante da Praia.** Romantischer kann ein Lokal nicht liegen. Gleich über dem Traumstrand von Arrifana lässt es sich hier gar wunderbar schlemmen, Tintenfisch mit Süßkartoffeln, gegrillter Thunfisch in süß-saurer Kruste, *picanha*-Steak. Praia da Arrifana, Tel. 282 998 527, www.restaurantepraiaarrifana.com.

Zum Algarve-Wein serviert man Herzhaftes.

## ÜBERNACHTEN

**Muxima.** So heißt ein alternatives Ferienzentrum, in dem Sofia Faustino und Jorge Andrade herrlich schöne, individuell eingerichtete Häuschen und Wohnungen vermieten. Bei der Straße von Aljezur nach Arrifana gelegen und etwas schwierig zu finden – aber es lohnt sich! Muxima zählt zur Organisation »Casas Brancas«. Tel 282 995 420, www.muxima-montesferreiros.com.

## AKTIVITÄTEN

Peer Hartmann bietet Kurse und Aktivitäten an. Er hat sich auf Surfen, Radfahren und Klettern spezialisiert. Für Familien schnürt er ganz spezielle Pakete. Er hat einen Shop in Vale de Telha zwischen Arrifana und Aljezur. Tel 913 533 363, info@algarve-adventure.com.

Auf dem Holzpfad kommt man zum Strand von Monte Clérigo.

**Mitte:** Die blauen Fenster- und Türrahmen sollen die Fliegen, aber auch böse Geister fernhalten.
**Unten:** Der Müller in seiner renovierten Mühle.



# 43 Odeceixe

## Ein Provinznest mit Flair

**Auch nach Monaten ohne einen einzigen Regentag kommt das Flüsschen Seixe aus der Serra angesprudelt und trennt auf den letzten Kilometern vor seiner Mündung die Provinzen Algarve und Alentejo. Fährt man vor dem 1000-Seelen-Städtchen Odeceixe über die Seixe-Brücke, ist man also drüben. Und hier in der Algarve liegt ein ganz besonderes Nest mit einem eigenwilligen und sehr angenehmen Flair.**

Odeceixe ist eine Gemeinde im Kreis Aljezur mit einer Fläche von 42 km² und knapp 930 Einwohnern. Sie wurde 2001 zur Stadt erhoben. Sie liegt am Fluss Ribeira de Seixe und im Naturschutzgebiet des Sudoeste Alentejano e Costa Vicentina. Es gibt eine Pfarrkirche, die 1880 geweiht wurde, mit einem manuelinischen Triumphbogen und einem neoklassizistischen Chor. Im oberen Teil des Ortes steht eine noch voll funktionsfähige Windmühle.

In Odeceixe wird nach alter Manier hart gearbeitet. Esel und Mulis müssen helfen, wenn Süßkartoffeln, Mais und Erdnüsse geerntet werden. Das sind neben der Fischerei die wichtigsten Produkte und Einnahmequellen der Region. Nicht mehr viel, aber immerhin. Der Mais und das Korn aus den Tälern wurden – und werden – in der Windmühle gemahlen. Des Müllers Tochter hat unten im Dorf das Restaurant »Gabão« eröffnet. Sie gehört einer anderen Generation an. Sie hat jahrelang in der Schweiz gearbeitet und – wie man sagt – es als *emigrante* zu etwas gebracht. Dann ist sie zurückgekommen und möchte nun den Qualitätstourismus an der Westküste ankurbeln. Denn die Krise der letzten Jahre führte dazu, dass der herrliche

Dorfplatz mit den grünen Häusern nicht mehr von florierenden Restaurants gesäumt ist. Zwei sind nun geschlossen. Gäbe es das nahe Gabão nicht, wäre nur wenig los in diesem Ort.

In jüngsten Jahren haben sich in dieser Umgebung einige deutsche, holländische und englische Leute angesiedelt, die einen »grünen« Tourismus organisieren. Dazu zählt die zentrale Vermietung von Ferienhäusern. Da kann man ausgezeichnete Häuser inmitten der traumhaft schönen Natur finden - im Internet stöbern lohnt sich.

## Strandspaziergänge

Das von Odeceixe 5 km entfernte Dörfchen Praia de Odeceixe breitet sich bilderbuchartig direkt am Strand auf einem Uferhöcker aus. Der Strand ist ebenso breit wie lang: etwa 500 m. Die Nordflanke besteht aus den Ruinen von der Erosion zernagter Klippen und gibt der Bucht ein unverkennbares Profil. Weil der Strand so leicht erreichbar ist, ist er auch für Familien gut geeignet. Touristen mit Wohnmobilen finden herrlich schöne Abstellplätze oberhalb der Bucht, mit Blick auf ebendiese und den endlosen Atlantik. Eine Einbahnstraße windet sich zu den Klippen hoch. Oben angekommen, sollte man den Wagen abstellen und zu Fuß in südlicher Richtung losziehen. Etwa 100 m über dem Meeresspiegel breitet sich eine Dünenlandschaft aus - mit einigen sumpfigen Stellen neben den mit Wacholderbüschen bewipfelten Sandhügeln. Geht man etwa 1 km am Klippenweg entlang, dann sieht man sie: Storchennester thronen auf Felsen, kaum breiter als ein Kamin. Der Klippenpfad geht weiter bis zum Praia da Amoreira und streift die abgelegenen Strände bei Rogil. Das ist einer der schönsten Wege der Costa Vicentina.

## Infos und Adressen

### ESSEN UND TRINKEN

**Restaurante Taberna do Gabão.** Fernado und Silvia Candeias haben ein altes Haus in fast scheunenhafter Manier umgebaut und darin das Restaurant eingerichtet. Hier wird typische Regionalküche aufgetischt: Teufelsfischreis, Bohneneintopf mit Krake und Gerichte mit Fleisch vom Schwarzen Schwein. Die Mousse au Chocolat ist der Knüller zum Abschluss. Rua do Gabão 9, Tel. 282 947 549.

**A Barca Tranquitanas.** Stimmungsvolles Lokal ein paar Kilometer jenseits der Algarve-Provinzgrenze im Alentejo, genauer in Zambujeira do Mar, direkt am Fischerhafen. Wunderbare Speisen aus Oktopus, Fischsuppe oder *migas*-Gerichte (Brotbrei). Entrada da Barca, Tel. 283 961 186.

### ÜBERNACHTEN

**Reguengo.** Die alternativ angehauchte kleine Ferienanlage liegt im Tal des Seixe-Flüsschens. Hier ist alles geboten, von Yoga über Massage bis zu Bio-Essen. Apartado 62, S.Téotonio, Tel. 282 911 901, www.reguengo.de

Es gibt ein paar Läden in Odeceixe.

# DAS LANDESINNERE

**Vorangehende Doppelseite:** Blick vom Picota-Berg und der Straße Caldas de Monchique.
**Mitte:** Eine schnuckelige Kirche im Bergdorf Alferce.
**Unten:** Korkeichen mit dicken Rinden in der Serra de Monchique.





# 44 Picota-Berg

## Hügellandschaften

**Auf einsamen Wegen und Straßen lassen sich die Berg- und Hügellandschaften bei Monchique und Silves gut mit dem Auto, zu Fuß oder mit dem Rad erkunden. Man erhält Einblicke in Lebensformen, die vom Aussterben bedroht sind und begibt sich mitten hinein in eine erstaunlich intakte und faszinierende Natur.**

Bevor es hinauf in die Berge geht, sollte man den Wagen auftanken, denn unterwegs gibt es nur in Monchique Tankstellen. Ziel des Tages sind die abenteuerlichen Straßen am Südhang des Picota-Bergs. Es beginnt an der Straße EN 266 von Portimão hinauf nach Monchique, und zwar gleich 100 m hinter der Einfahrt nach Caldas de Monchique, wo man zum Restaurant »Rouxinol« scharf rechts abbiegt, dann aber nicht auf den Parkplatz, sondern weiter steil bergauf fährt. Nach ein paar engen Kurven geht es weiter in Richtung Fornalha/Alferce. Man durchfährt eine waldige Gegend voller Eukalyptusbäume und Korkeichen. Dann und wann sieht man riesige Granitfelsen. Die Ausblicke auf die Südküste, die sich bei der Fahrt präsentieren, sind herrlich. An einigen Stellen erhält man auch einen Blick auf den neuen und größten Stausee der Algarve »Barragem de Odelica«. Man fährt etwa 5 km weiter bis man auf die T-Kreuzung mit der Straße EM 1073 stößt, die hinab zur Ribeira de Odelouca führt. Links abbiegen und weiter geht es bergauf in Richtung Alferce/Monchique.

## Der Picota-Südhang

Nach 2,5 km erreicht man einen Abzweig nach Picota. Hier biegt man links ab und fährt steil

# Unterwegs auf den Bergstraßen

Ⓐ **Start.** 200 m hinter dem Badeort Caldas de Monchique liegt an der EN 124 das Restaurant Rouxinol. Unmittelbar dahinter rechts abbiegen, in Richtung Fornalha/Alferce.

Ⓑ **Fornalha.** Die Fahrt führt einen zunächst durch Eukalyptus- und Korkeichenwälder bis zum Dörfchen Fornalha. 300 m weiter stößt man auf die Straße EM 1073 Alferce–Ribeira de Odelouca. Links abbiegen und weiter bergauf bis zur Abzweigung »Picota« fahren. Wieder geht es steil bergauf.

Ⓒ Corte Grande. Hier kann man einen Abstecher zur ältesten Korkeiche der Welt einlegen. Sie ist zu finden beim letzten Haus des verlassenen Dorfes Olheiro. Zurück auf der Bergstraße, biegt man links ab und fährt auf etwa 600 m Höhe weiter westwärts. Hierbei genießt man die schönsten Aussichten auf die Südküste, die die Algarve zu bieten hat.

Ⓓ **Monchique.** Nach 7 km erreicht man die Bergstadt Monchique. Den Ort mit seinen Plätzen und Gassen, der Kirche und dem Convento São Francisco sollte man in Ruhe erkunden. Weiter geht es an der Stelle, wo man in Monchique eingetroffen ist, und weiter bis zum 8 km entfernten Bergdorf Alferce.

Ⓔ **Alferce.** Kurz vor dem Ort muss man links in Richtung Lisboa abbiegen, der neuen, einsamen Straße bis kurz vor São Marcos da Serra (schon in der Nachbarprovinz Alentejo gelegen) folgend und dann nach Silves abbiegen. Die Straße führt durch einsames, herb-schönes Hinterland. Man kann von hier auch gleich bis Silves fahren (siehe Seite 248).

AUTORENTIPP!

**DIE ÄLTESTE KORKEICHE DER WELT**

Das Dorf Corte Grande liegt auf einer Zwischenstufe im Aufbau des Picota-Berges. Die Aussicht auf die Küste der Algarve und die vielen topfrunden Hügel des Vorgebirges ist unvergesslich! Etwas oberhalb erkennt man ein weißes Bauernhaus, das einzige, das noch bewohnt ist – von Senhor Joaquim und seiner Frau Julia. Der Weg, den alle Besucher suchen, führt direkt vor ihrem Haus abwärts. Keine 100 Meter weiter ist man am Ziel. Verfehlen kann man sie kaum, die tausendjährige Korkeiche, die älteste und sicherlich dickste der Welt. Es braucht sieben Frauen und Männer mit ausgestreckten Armen, sie zu umschließen. Ihre Rinde wird immer noch geschält, wie man an den dick aufgemalten Ziffern erkennen kann. In der Gegend rund um Corte Grande gibt es eine Reihe weiterer majestätisch schöner und uralter Korkeichen. Die Eichen aus Monchique sollen übrigens den besten Kork abgeben, was sich im Preis widerspiegelt – die bis 2 m langen Rindenstücke sind die teuersten im Land.

bergauf. Man befindet sich nun schon in der Gipfelregion des 750 m hohen und zweithöchsten Berges Südportugals. Weiter geht es in Richtung Westen, quer zum Hang, mit den schönsten Ausblicken, die die Algarve zu bieten hat! Man begegnet kleinen Dörfern, wie Corte Grande und Maia, und erblickt zahlreiche verlassene Gehöfte. Dann überquert man den Picota-Bergrücken und rollt hinab nach Monchique, stets mit Blick auf den 902 m hohen Fóia-Berg, der sich hier besonders eindrucksvoll darstellt. Nach etwa 9 km kommt man in Monchique an eine Kreuzung neben dem neuen Supermarkt Intermarché. Hier muss man gleich rechts nach Alferce abbiegen, also bevor man nach Monchique hineinfährt.

Will man den Ort Monchique besuchen, fährt man anschließend hierher zurück. Nun also nach Alferce: eine 8 km lange und schöne Fahrt an der Nordflanke des Picota-Berges. Am Ortseingang von Alferce links abbiegen in Richtung Lissabon/Albufeira. Eine faszinierend einsame Strecke. Unterwegs kommt man nahe an das Ufer des Stausees »Barragem de Odelouca«, der fast bis São Marcos da Serra reicht. Die Straße verbindet sich mit einer, die aus Odemira herführt. Geradeaus weiter, nach circa 2 km dann rechts ab in Richtung Silves. Man überquert den Ausläufer des Stausees. Und wieder geht es durch eine einsame, aber ganz anders anmutende, eigenwillig herb-schöne Landschaft bis zum Städtchen Silves. Die verlassenen alten Häuser erinnern an das einsame Leben der Menschen vor zwei Generationen. Unterwegs gibt es zahllose Stellen für wildromantische Picknicks. Außerdem lassen sich hier die besten Motive für herrliche Fotos einer eigenwilligen, einsamen und wunderschönen Natur finden. Mit ein wenig Glück zeigt sich der Iberische Luchs oder man begegnet Ginsterkatzen und Rehen.

# Infos und Adressen

## INFORMATION

Informationen erhält man in den *turismo*-Büros von Monchique und Silves, siehe Seiten 245 und 254.

## ESSEN UND TRINKEN

Es gibt am Wegrand dieser einsamen Strecken keine Restaurants, keine Geschäfte. Man fährt in der Tat durch ein nahezu unbesiedeltes Hinterland, was einen Teil der Faszination dieser Strecke ausmacht. Wer essen gehen will: kurz vor und hinter Caldas de Monchique ist das sehr wohl möglich. Da gibt es kleine Lokale, z. B.:

**Restaurante Casa Cinzas.** Traditionelle portugiesische Küche. Geöffnet von 10–22 Uhr. Pocilgais, Tel. 282 912 221.

**Foz do Banho.** Es liegt linkerhand vor dem Kreisverkehr des Badeortes Caldas de Monchique, Spezialität: *cataplanas* mit Fisch oder Fleisch, *frango piripíri* (gegrilltes Hähnchen) natürlich auch, aber das gibt es hier in allen Lokalen. Ausgesprochen schmackhaft ist das deftige Gericht *cozido* mit Schweinfleisch, Kohl und Kartoffeln, Tel. 282 913 860.

Im Badeörtchen Caldas de Monchique selbst kann man sehr gemütlich auf dem zentralen Platz im Schatten hoher Platanen Kaffee trinken und Kuchen essen.

## ÜBERNACHTEN

Direkt im Bereich der Bergstaßen gibt es – bis auf Caldas de Monchique und Monchique selbst – keine Übernachtungsmöglichkeiten.

## AUSFLÜGE

Wenn sich einer in der Serra de Monchique perfekt auskennt, dann ist es Lúcio Feio, der mit seinen Alternativtours ausgezeichnete Wandertouren und Biketouren zuverlässig organisiert. Er bietet eine fixes Programm an, ist aber auch in der Lage, maßgeschneiderte Ausflüge zu organisieren, zu Fuß, mit dem Fahrrad oder Kajak.
Tel. 965 004 337, www.alternativtour.com.

Traumhaft gelegene Bergbauernhöfe, von denen viele heute verlassen und verfallen sind.

**Mitte:** Der Picota-Berg ist von Granitfelsblöcken übersät.
**Unten:** Überall plätschern Bäche in der Serra de Monchique.





# 45 Monchique

## Im Blumengarten der Algarve

**Der Fóia-Bergrücken in der Serra de Monchique bringt es auf über 900 m Höhe, Nachbar Picota auf 750 m - hoch genug allemal, um den Wolken aus Nordwest eine breite Barriere zu bieten, die das Vorrücken dunkelschwerer Regenwolken sehr effektiv vereitelt. Die Wolken stauen sich an der Nordseite, während die Region südlich davon, die Algarve also, in der Sonne badet. Sie ist Europas sonnenreichste Region.**

In der Serra aber gibt es mehr Wolken, mehr Niederschlag. Folglich wächst auf dem guten Boden nahezu alles wie in einem Treibhaus. Hier schmecken die Kartoffeln besser als anderswo, die Orangen sind die süßesten schlechthin und Zitronen lassen sich wie Orangen essen. Thymian, Myrthe und Oregano duften im Sommer, Pfifferlinge und andere Pilze schießen im Herbst aus dem Boden, im Februar blühen Mimosen, im Mai sind die Wiesen von Mohn und bunten Blumen in allen Farben betupft. Das ganze Jahr über haben die Bauern zu tun. Naturliebhaber freuen sich über die unglaubliche Vielfalt der Flora und Fauna im Blumengarten der Algarve.

## Caldas de Monchique

Die Serra hat nicht nur viel Wasser von oben. Das kostbare Nass kommt auch aus vulkanischer Tiefe. Beliebt war das Quellwasser der Serra schon bei den Römern, die im 6 km südlich von der Bergstadt gelegenen Vorort Caldas de Monchique das Baden und Heilwassertrinken pflegten. 20 Millionen Liter schießen pro Jahr aus sechs Quellen. Der subterrane See liefert das Wasser auch in die

Quellen von Fonte Santa beim Stausee von Odelouca und beim Dörfchen Malhada Quente bei Alferce. Überall hat es die gleiche Komposition und enthält neben Bikarbonat und Fluor auch Schwefel und eignet sich für die Behandlung von Atemwegen, Verdauung und Rheuma. Morgens hat es fast 32 °C, abends sinkt die Temperatur rätselhafterweise auf 27 °C. Caldas wurde vor ein paar Jahren gründlich renoviert und hat etwas von seinem morbiden Charme verloren. Nun ist alles sauber und perfekt. Aber lauschig immer noch. Am zentralen Platz sitzt es sich gar wunderbar im Schatten hoher Bäume, und ringsum steigen die Berghänge steil an, teils als riesige blanke Granitfelsmassen, bisweilen von Wasserrinnen durchzogen, wie an der großen Kurve oberhalb des Ortes. Für Romantiker und Liebhaber der *saudade* ist Caldas ein Muss.

## Wanderungen und Radfahren

Die Heiligen Quellen sind lohnenswerte Ziele für Wanderungen oder Fahrradausflüge. In allen Monaten sieht man die Radler die Straße von Portimão nach Monchique hochstrampeln, auf dass sie später mit strahlenden Gesichtern die 30 km lange Abfahrt runtersausen. Ein dichtes Wegenetz umspannt die beiden Berge Fóia und Picota. Der Wanderweg Via Algarviana führt mitten hindurch. Es locken Korkeichenwälder, steile Täler, Römerwege, verlassene Dörfer umgeben von terrassierten Feldern, die die Berglandschaft mit geometrisch kurvenden Mustern in sattem Smaragd bemalen. Hier ist die Welt in Ordnung.

## Flora und Fauna

Wer sich zu Fuß in den Blumengarten der Algarve begibt, begegnet einer äußerst reichen Flora und Fauna. Neben den majestätisch schönen und teils

**Oben:** Bemalte Kacheln schmücken eine Hauswand im Zentrum von Monchique.
**Unten:** Wunderschöne Picknickplätze, wie hier am Barranco de Pisões.

**Oben:** Beim Wandern versteht man, warum schon die Römer die Serra de Monchique als Blumengarten der Algarve bezeichneten.
**Mitte:** Die Beeren des Erdbeerbaums.
**Unten:** Typische Korkeichenwälder.

sehr großen Korkeichen sind es auch andere Bäume, die im Mikroklima der Serra zu Superformaten heranwachsen. Am Fóia findet man im Mai gleich unterhalb der Straße kurz vor dem Gipfel wilden Rhododendron. Im Oktober reifen die wie Erdbeeren aussehenden *medronho*-Beeren und baumeln an den immergrünen Büschen. Beim Wandern sieht man Rebhühner und Adler, Smaragdeidechsen oder Kaninchen. Für solche Spaziergänge sollte man nicht die Donnerstage oder Sonntage während der herbstlichen und winterlichen Jagdsaison wählen – da erschrickt man gehörig über das Ballern der Jäger. Die Terrassenstufen sind mit Granitmauern befestigt und trotzen erfolgreich der Zeit und den Naturkräften. Viele sehen wie hingemalt aus!

## Terrassenlandschaft

Manche Berghänge erhalten durch die Terrassenstreifen gigantische geometrische Muster auferlegt, wie oben am Fóia. Und dann der Blick hinab zum Atlantik: im Süden die liebliche, im Westen die wilde Küste. Die zahllosen Hügel davor wirken wie ein versteinertes Meer. Herrscht Klarsicht, schimmern im Südwesten die hellen Klippen von

### MAL EHRLICH

**ORIENTIERUNG AUF EIGENE FAUST**

Wollen die Verantwortlichen verhindern, dass mehr Menschen die Serra genießen? Oder ist es einfach Ignoranz, dass es kaum markierte Wanderwege gibt? Dass nicht einmal die älteste Korkeiche der Welt angezeigt wird? Täglich treffen Hunderte von Menschen ein, die die Natur des Küstengebirges gern intensiv erleben möchten. Aber es fehlt an zuverlässigem Infomaterial und Hinweisschildern. Besucher müssen sich selbst orientieren.

Sagres und der Leuchttum São Vicente, im Osten glänzen die Ausläufer der Ria Formosa. Der Terrassenbau ist typisch für die gesamte Serra. Er und die geschickte Bewässerungstechnik sind ein Erbe der maurischen Agrikultur. Mit Terrassen machten die Bauern das steile, aber fruchtbare Gelände erst nutzbar. Die handtuchbreiten Terrassenstufen wurden in leichter Schräglage so angelegt, dass man das Wasser aus einer Rinne vor der hinteren Wand zu jedem Ackerstück, jedem Baum lenken konnte. War eine Terrasse richtig geschwemmt, kam die nächste an die Reihe.

## Regionale Besiedlung

Unter Prinz Heinrich dem Seefahrer begann die Besiedlung der Bergregion ab etwa 1430 in großem Stil: Entdeckten Seemänner bislang nicht bekannte Küstenstriche im Westen Afrikas, neue Flüsse oder bislang nie gesehene Inseln wie Madeira oder die Azoren, wurden sie von ihrem Prinzen reich belohnt. Mit Land. Nicht nur die Kapitäne, sondern auch Matrosen wurden freie Bürger, viele zu Bauern. Sie rodeten das Küstengebirge und schafften sich von Alvor aus den Weg hinauf in die von Urwäldern überzogene Serra. Einige dieser Wälder sind noch erhalten. Die endemische Mischung aus Korkeiche, Schirmpinien und Erdbeerbaum (*medronho*), Lorbeer und stacheligen Büschen kehrt überall dort zurück, wo Menschen keine Hand mehr anlegen.

## Die Stadt Monchique

In der Kuhle zwischen den Bergen Fóia und Picota hat sich das schnuckelige Städtchen Monchique breit gemacht. Die meisten Touristen fahren auf dem Weg zum Fóia schnurstracks durch. Hält man aber an, kann man sich treiben lassen. Es ist eine Freude, durch die Gassen zu schlendern, auf

AUTORENTIPP!

**ALGARVISCHE KAMINE**

Die algarvischen Kamine – zylindrisch oder prismenförmig, quadratisch oder rechteckig, einfach oder aufwendig – sind ein pittoreskes Symbol der Region und Kulturerbe der langen maurischen Besiedlung. Es gibt keine zwei gleichen Kamine, denn die Ziermotive waren immer abhängig vom Bauzeitpunkt und vom Geldbeutel der Besitzer. Die Kamine erfüllten nicht nur ihren Zweck, sondern hatten auch einen dekorativen Wert. Die einfachste und funktionalste Feuerstelle befand sich immer in der Küche. Im Inland der Algarve, besonders in Querença, Martinlongo, Alte, São Bras de Alportel und Monchique, aber auch an zahllosen anderen Orten, kann man prächtig schöne und jahrhundertealte Kamine betrachten. Sie sind Symbole der volkstümlichen Kunst, Beweis der Fähigkeit des Maurers und Stolz und Aushängeschild jeden Eigentümers.

Blick vom Picota-Berg zum Fóia-Berg, an den sich Monchique schmiegt.

AUTORENTIPP!

**DIE SCHERENSTÜHLE AUS MONCHIQUE**

In Serra-Städtchen kann man die einzigartigen *Cadeiras de Tesoura*, die Scherenstühle, in mehreren Kunsthandwerks- und Souvenirläden kaufen. Heutzutage werden sie hauptsächlich aus dem Holz von Erlen hergestellt. Das Holz ist leicht, aber hart und kann sehr gut verarbeitet werden. Früher stellte man die Scherenstühle aus Akazien- oder Kastanienholz her. Die Herkunft dieser eigenwilligen Stühle, die in ihrem Aussehen einer Schere ähneln und zusammenklappbar sind, wird in der römischen Epoche vermutet. Manche nennen sie auch »römische Stühle«. Nach wie vor werden sie in Monchiques Schreinerbetrieben produziert und auch dort verkauft, z. B.

**Casa dos Arcos**
an der Estrada Velha an der steilen Ausfahrt aus Monchique.
Tel. 282 911 071.

Das Knotenportal der Hauptkirche von Monchique lockt Besucher an.

Treppen in die oberen Bereiche des Städtchens zu spazieren oder bis zum leider ungestört zerfallenden Franziskanerkonvent aus dem 17. Jahrhundert zu gehen. Eines dürfte auffallen: Es mangelt an Jugend. Hauptsächlich alte Leute sitzen auf den Bänken und stehen in Gruppen vor der Kirche mit dem berühmten »Knotenportal« im manuelinischen Stil beieinander.

Die dreischiffige Kirche wurde in der ersten Hälfte des 16. Jahrunderts erbaut, daher auch das Portal. Auch das Rundfenster darüber ist manuelinisch. Der Hauptaltar birgt die Figur der Mutter Gottes der Empfängnis, die aus den Werkstätten des Meisters der portugiesischen Kirchenkunst, Joaquim Machado de Castro (1731–1822), stammen soll. In einem angeschlossenen kleinen Museum für Kirchenkunst, dem Museu de Arte Sacra, kann man weitere geschnitzte Figuren sehen. Nicht nur bei Beerdigungen, sondern zweimal täglich füllt sich die Kirche. Die Leute aus Monchique gelten als die frommsten der ganzen Algarve, die ansonsten nicht annähernd so fromm ist wie die Leute im Norden Portugals. Aber es werden halt immer weniger. Die Bevölkerungsstruktur ist in raschem Wandel begriffen. In den letzten 20 Jahren hat sich die Bevölkerung im Hinterland stark reduziert. Wo vor 30 Jahren noch 17 000 Menschen lebten, sind es heute gerade mal 6000 im gesamten Serra-de-Monchique-Distrikt. Im Städtchen selbst sieht man verfallende leere Häuser, vor allem jedoch in den Tälern ringsum. Die Jugend ist zur Küste weggezogen, wo das Geld lockt. Niemand will mehr in der Landwirtschaft arbeiten, zu mühselig ist das Schaffen auf den Terrassen, wo keine Traktoren eingesetzt werden können. Zuzug entsteht ausschließlich durch die Ausländer. Fast ein Sechstel der Bevölkerung machen die ausländischen *residentes* aus, die die alten Bauernhäuschen zu Villen mit Meeresblick und üppigem Park und Gemüsegarten umbauen.

## Gemeinden in der Serra de Monchique

In Portugal sind die Landkreise in *freguesias* (Gemeinden) aufgeteilt. In der Serra sind das neben Monchique die Gemeinde Alferce im Osten und Marmelete im Westen. Insgesamt umfassen sie eine Fläche von ca. 153 km². 5370 Einwohner leben im Landkreis Monchique.

Alferce ist ein toller Ort. Er scheint wie aus einem anderen Jahrhundert. Da gibt es nichts Großartiges, die Kirche ist hübsch und barock, aber es ist die Stimmung in diesem Bergdorf, die romantische Besucher durchaus ansprechen kann. Denn sie ist herb und so gar nicht auf Gefallen aus, und das hat was. Ähnlich ist Marmelete, größer freilich, mit Blick auf die Süd- und die Westküste. Marmelete ist ein Ort, in dem sich die Einheimischen und die Ausländer bestens verstehen. Es gibt einen kleinen Supermarkt, eine Bankfiliale und zwei Kneipen. Die meisten Ausländer oben auf dem Berg sind eher alternative Leute, und so sehen sie auch aus. Einige backen Brot und verkaufen es an der Südküste, einige sind gesuchte Handwerker, bauen Kamine, installieren Solaranlagen, einige sind Künstler, andere Lebenskünstler. Die Stimmung ist geprägt von reichen Schweinezuchtbauern, tüchtigen Handwerkern und unverkennbaren Esoterikern.

Der Reichtum des Kreises Monchique endet nur wenige Kilometer weiter: deutlich sichtbar an der Straßendecke der EN 267, die Monchique mit Aljezur verbindet. Plötzlich wird die gute Straße zu einer miserablen. Seit vielen Jahren wartet man

**Oben:** Das Bergstädtchen ist voller überraschender Anblicke.
**Mitte:** Gassen und Plätze zeigen sich in Monchique ganz in weiß.
**Unten:** Den Ort am Hang des Fóia-Berges durchziehen viele Treppen.

Am zentralen Platz Largo dos Chorões stehen Bronzefiguren.

AUTORENTIPP!

**PARQUE DA MINA**

Auf halbem Weg zwischen Portimão und Monchique liegt gleich an der Hauptstraße EN 266 im Tal Vale de Boi dieser Themenpark. Im Mittelpunkt steht das prachtvolle Steinhaus aus dem 18. Jahrhundert, das über der Straße fast denkmalartig aufragt. Hier lebte eine der reichsten Familien der Serra. Das Haus und die Einrichtung zeigen eindrucksvoll, wie früher bürgerlicher Wohlstand aussah. Im Themenpark ist eine stillgelegte Kupfermine aus dem 17. Jahrhundert das Highlight, aber auch eine Destille, mit der man den lokalen selbstgebrannten Schnaps *medronho* herstellte. Alte Fahrzeuge, ein museumsreifer Traktor, Stallungen und viele Tiere runden das Ganze ab. Auf Spaziergängen entdeckt man die faszinierende Pflanzenwelt der Serra.

**Parque da Mina**
CCI 171 Vale de Boi, Caldas de Monchique. Tel. 282 911 622, www.parquedamina.pt

vergeblich auf eine Ausbesserung der schwer unterspülten Straße. Wäre sie in gutem Zustand, würden sehr viel mehr Besucher der Westküste via Monchique anfahren, führt diese Strecke doch durch eine einzigartig schöne Landschaft voller topfrunder Hügelkuppen und herrlicher Ausblicke auf die Costa Vicentina, die Westküste. Sie zählt zu den schönsten Strecken der gesamten Provinz.

## Produkte vom Schwein

Wer in seinem Urlaub selbst kochen möchte, sollte auch einmal Fleisch oder die Wurstprodukte des *pata negra* probieren, wie *chouriço* bzw. den Schinken *presunto* vom schwarzen Schwein. Das schwarze Schwein ist eine heimische, halbwilde Schweinerasse, die sich überwiegend von Eicheln ernährt. Diese geben dem Fleisch seinen nussigen Geschmack. Vor allem in der Region um Lissabon sowie hier an der Algarve im Süden Portugals wird es gezüchtet. Im Geschäft Loja do Porco Preto von Idália Duarte in der Rua Sepra Pinto 18 kann man sicher sein, dass das Schwein schwarz war und in Monchique aufgezogen wurde.

# Infos und Adressen

## INFORMATION

**Posto de Turismo Monchique.**
Di–Sa 9–13 und 14–18 Uhr, So/Mo geschlossen, Largo São Sebastião. Tel. 282 911 189.

## ESSEN UND TRINKEN

**Restaurante Tasca do Petrol.** An der Straße von Monchique nach Marmelete. Das Lokal Tasca do Petrol war vor wenigen Jahren noch ein 10 m² winziger Supermarkt mit Bartheke. Jetzt ist es ein äußerst beliebtes Ausflugslokal für Gäste, die auf deftig-rustikale, echte Monchique-Küche schwören: Schweineohren, Schweinebäckchen, Schweinshaxen, Kaninchen, Bohneneintöpfe, alles schmeckt wie »von Muttern zubereitet«.
Corgo do Vale, Tel. 282 955 117.

**Abrigo da Serra.** 1 km weiter in Richtung Marmelete und direkt an der Straße gelegen ist das Lokal Abrigo da Serra jeden Sonntagmittag zum Bersten voll. Die Einheimischen bevölkern den Restaurantsaal, die Touristen die Terrasse. Preiswerte, zuverlässig gut zubereitete Serra-Gerichte. Probieren sollte man eines der Gerichte mit egal was vom Schwarzen Schwein und die in Knoblauchöl gebratenen Shrimps. Gralhos 136, Marmelete, Tel. 282 955 160.

**Restaurant Charette.** Mitten in Monchique liegt das Charette. Hier genießt man seit Jahrzehnten gut bürgerliche portugiesische Küche. Wild, Eintöpfe und Gegrilltes dominieren die Speisekarte. Gediegen-rustikale Einrichtung. Rua Samora Gil 30-34, Tel. 282 912 142, Mi geschlossen.

**Restaurante a Rampa.** Das höchstgelegene Lokal auf der Straße von Monchique hoch zum Fóia-Gipfel.. Hier gibt es *frango piripíri* (Hähnchen in scharfer Sauce gegrillt). Köstliches Essen, wunderschöne Aussicht von der Terrasse auf die Südküste, einfache und unprätentiöse Einrichtung. Caminho da Fóia, Tel. 282 912 874.

## ÜBERNACHTEN

**Quinta Algarve.** Ein ehemaliges Herrenhaus, wie es schöner nicht sein könnte, renoviert und umgestaltet zum Gästehaus. Wer eine Alternative weg vom Touristentrubel und inmitten schönster Natur sucht, ist hier genau richtig untergebracht. Quinta das Relvinhas, Caminho da Foia, Tel. 282 913 108, www.quintaalgarve.com.

**Albergaria do Lageado.** Im romantischen Caldas de Monchique liegt diese kleine Pension mit Pool und Restaurant. Optimaler Ausgangspunkt zum Erkunden der Serra. Caldas de Monchique.
Tel. 282 912 616, www.albergariadolageado.com.

**Luxusresort Longevity.** Die Architektur und die schiere Größe dieses Resorts unmittelbar vor Caldas de Monchique und direkt an der EN 267 gelegen, ist vielen ein Dorn im Auge. Andere fühlen sich in diesem ganz auf Wellness abgestimmten hochmodernen Resort sehr wohl. Longevity wirbt mit sehr günstigen Sonderangeboten. Lugar do Montinho, Monchique, Tel. 282 240 100, www.longevitywellnessresort.com.

## REGIONALE PRODUKTE

**Kunsthandwerk.** Leonel Telo stellt in seinem Atelier mit Shop ausgezeichnete Keramik her. Zwischen Hauptplatz Largo 5 de Outubro und der Markthalle Mercado Municial führt eine kleine Treppe zu seinem lauschigen Haus.

**Medronho.** Am Largo 5 de Outubro gleich neben dem Nachbau eines maurischen Schöpfbrunnens *nora* befindet sich ein kleiner Laden, wo die 16 *medronho*-Hersteller der Serra ihre Produkte verkaufen. Auch Honig und Marmelade von regionalen Herstellern können hier probiert werden.

## AKTIVITÄTEN

**Wandertouren.** Sehr gut geführte Wanderungen und Fahrradtouren, Klettern am Fóia und Kajaktouren bietet Lúcio von Alternativtour, Sítio das Relvinhas, Apartado 122, Monchique,
Tel. 282 913 204 oder Tel. 965 004 337.
Auch der deutsche Serra-Kenner Uwe Schemionek bietet geführte Wanderungen an, jeden Mo und Do, Tel. 966 524 822, algarve@wandern-mit-uwe.de.-

# 46 Medronho
## Regionales Gebräu

**Wie winzige Weihnachtsglöckchen sehen die weißen bis hellrosa-farbigen Blüten aus. Und wie Erdbeeren die Früchte. Daher auch der Name: Erdbeerbaum. Seine besondere Eigenart: Wie Orangen und Zitronen trägt er Blüten und Früchte zur gleichen Zeit.**

Der Erdbeerbaum ist kein Baum, sondern ein in der Regel 3 bis 5 m hoher Strauch, der durchaus auch Höhen von 8 bis 10 m erreichen kann. Er ist immergrün, die Rinde rissig, das Holz rötlich und hart. Er gedeiht am besten in dieser sauberen Luft der Algarve. Er kommt aber im gesamten Mittelmeerraum und auch auf den Kanaren und Azoren vor. Nur in der sonnigen Algarve verwandelt man die reifen hübschen Früchte in ein Getränk: *medronho*, ein starkes, vielbegehrtes Feuerwasser. In den Serras bedecken die Sträucher ganze Hügel. Sie vertragen sich gut mit fast allen anderen Pflanzen, am besten freilich mit Lorbeer, Korkeichen und Zistrosen. Neuerdings wird der *medronho* auch in Städten angepflanzt – der Erdbeerbaum hat sich als eine besonders resistente Pflanze gegenüber Abgasen erwiesen.

## Die Ernte

Im November werden die »Erdbeeren« gepflückt. Erleichtert wird die Arbeit durch die Tatsache, dass die Früchte ähnlich wie Kirschen dicht beieinander an den Ästen baumeln. Man pflückt sie und lässt sie über die Hand in eine am Gelenk angehängte Blechkanne rieseln. Erschwert wird die Arbeit durch den Umstand, dass die Sträucher wild wachsen, bisweilen an steilen und felsigen Stellen, die nur mühselig zu erreichen sind. Aber

**Mitte:** Ausblick vom Fóia-Berg. Hier sieht man das Dörfchen Barbelote. Dahinter befindet sich der schönste Wasserfall der Algarve.
**Unten:** Im Frühling blüht wilder Rhododendron im Gipfelgebiet des über 900 m hohen Foía.

geduldig und hoffnungsvoll sammeln die Männer tagelang und füllen mit den Beeren ganze Fässer.

## Die Zubereitung

Es werden Hefe und Wasser dazugegeben und das Gefäß verschlossen. Dann beginnt der Fermentierungsprozess. Die Temperatur steigt an, Blasen steigen auf und es riecht nach überreifer Frucht. Nach ungefähr 40 Tagen wird die Maische abgeschöpft, dann gärt die duftende Flüssigkeit weiter und wird schließlich destilliert. Das Resultat hat den unverkennbaren Geruch und Geschmack der Erdbeerbaumfrucht und ist stark: 45 bis 55 Prozent Alkoholgehalt. Der Schnaps altert gut und wird dabei immer besser. Angeblich erreicht er nach sieben Jahren seinen geschmacklichen Höhepunkt.

In der Serra wird ein gutes Essen immer mit einem Gläschen *aguadente* abgeschlossen, in der Regel zum Espresso. Schüttet man einen Spritzer in den Espresso, heißt das *uma bica com cheirinho* (ein Espresso mit Geschmäckchen). Er wird bei Zimmertemperatur gereicht, aber manche bevorzugen ihn eiskalt. Es gibt auch eine süße Variante: Man mischt den Schnaps mit Likör, und fertig ist der »Brandymel«. Einfach mal probieren!

Es haben sich 16 *produtores* in einer Assoziation zusammengeschlossen. Sie lassen ihren *medronho* von einer Prüfstelle in Lissabon analysieren und erhalten ein Gütesiegel. Damit wird nun der sagenumwobenen Schnaps einem breiten Publikum zugänglich gemacht. In Supermärkten kann man den Schnaps nicht kaufen – da muss man schon nach Monchique fahren oder zur *adega cooperativa* in Lagoa. Der Laden der Assoziation in Monchique befindet sich am zentralen Platz gleich neben dem Schöpfbrunnen *nora*.

## Infos und Adressen

### EINKAUFEN

**Loja do Mel e do Medronho.** Am zentralen Platz Largo dos Chorões in Monchique gibt es einen Laden, in dem alle 16 lizensierten Hersteller von Medronho ihre Produkte verkaufen. Man bekommt dort darüberhinaus auch andere Produkte aus der Algarve zu kaufen, beispielsweise Honig. Einfach vorbeischauen! Largo dos Chorões, geöffnet 10–19 Uhr.

**Oben:** Frühling in Monchique.
**Unten:** Medronho-Beeren reifen im Spätsommer und Herbst heran.

# 47 Silves
## Hängende Gärten am Rio Arade

**Die rotbraune Burganlage von Silves ist eine der stattlichsten Portugals. Sie ist geradezu ein Symbol majestätischer und militärischer Prachtbauten. Schon zu römischen Zeiten überspannte sie in einer kleineren Version den Rio Arade, der bis hierhin schiffbar war. Und das auch für große Segler, die von Ferragudo aus die Flutwelle nutzend auf dem Rio Arade flussaufwärts fuhren. Nach den Römern kamen die Mauren und machten aus diesem Ort ihre Metropole.**

Maurische Hauptstädte befanden sich immer im Landesinneren an einem beschiffbaren Fluss in einer fruchtbaren Region, die sich gut bewässern lässt. Silves, von den Mauren Xelb genannt, war solch eine Hauptstadt. Natürlich dauerte es Jahrzehnte, bis die Mauren ihre Hauptstadt Xelb so hergerichtet hatten, wie die Architekten des Kalifen es anempfohlen hatten: Hängende Gärten wurden rund um die erheblich vergrößerte Burg-

### MAL EHRLICH

**ES STINKT**

Wenn Korkrinde als Vorbereitung für die Verarbeitung stark erhitzt und gewaschen wird, stinkt das gewaltig. Die Korkfabrik sorgt zwischen Algoz und Silves für eine Menge stinkenden Rauchs, der je nach Windrichtung die Menschen belästigt. Trotz zahlloser Proteste pufft der Kamin unablässig weiter. Die Manager meinen, eine Filteranlage sei so teuer, dass die Firma schließen müsse, würde man sie zur Luftreinigung zwingen. Also dürfen sie ganz und gar ungehindert weiter stinken.

**Mitte:** Der Mauerkranz der mächtigen Burg und die Kathedrale Sé bestimmen den Anblick der ehemals maurischen Hauptstadt.
**Unten:** Fast überall in Silves zeigt sich die Kathedrale.

anlage angelegt und es wurde eine Moschee gebaut. Dazu gehörte in einer islamischen Metropole immer auch eine Akademie für die Lehre des Korans, für Mathematik, Sternenkunde, Geometrie und Medizin. In den zahllosen Orangenhainen sind die Spuren der maurischen Epoche heute noch unübersehbar. Die Apfelsinen von Silves galten im Imperium Portugal als die besten. Selbst heute, wo Großteile der portugiesischen Landwirtschaft Not leiden, werden die Früchte aus Silves auf den Märkten im ganzen Land, von Barcelos bis Malveira, zu guten Preisen verkauft. Die Mandelbäume werden dagegen vernachlässigt. Stämme, Äste und Blattwerk werden in wenigen Jahren absterben, wenn man sie nicht pflegt. Dabei ist die Mandelblüte im Januar und Februar eine Pracht der besonderen Art.

## Die Kreuzritter

Von inneren Streitigkeiten der führenden Familien geschwächt, wurde das Maurenreich anfällig. Jetzt sahen die Portugiesen die Chance, die Mauren-Metropole einzunehmen. Nach diversen Anläufen gelang es in der Mitte des 13. Jahrhunderts mit der Hilfe von Kreuzrittern aus Nordeuropa. Diese befanden sich auf dem Weg zur Rückeroberung von Jerusalem und passierten zufällig die portugiesische Küste. Die Gelegenheit, maurisches Gold und Schmuck zu plündern, ließen sie sich nicht entgehen, hatte der Papst doch den Krieg gegen die Ungläubigen auch auf europäischem Boden als heilig erklärt. Nachdem die Burg eingenommen war, wüteten die Ritter auf die denkbar unchristlichste Art: Sie metzelten fast die gesamte Einwohnerschaft nieder, rissen Häuser und Gartenmauern ein, legten Brände. Die gesamte maurische Metropole wurde zerstört. Wer überlebte, zog an die Küste oder floh nach Marokko.

AUTORENTIPP!

### DIE LEGENDE VON DEN SCHNEEWEISSEN MANDELBLÜTEN

Ein maurischer Prinz heiratete einst eine wunderschöne Prinzessin aus einem nordischen Land und baute ihr einen prächtigen Palast in Xelb. Bald vermisste die Dame den Winterzauber ihrer Heimat, den rieselnden Schnee. Da ließ der Prinz Abertausende von Mandelbäumen aus Nordafrika beischaffen und rund um die Metropole anpflanzen. Als seine Teuerste im folgenden Februar wieder Sehnsucht nach dem Schnee bekam, führte er sie eines morgens ans Fenster und zeigte hinab auf die Felder. Sie waren weiß von Milliarden Blütenblättern mit leicht rosa Schimmer, als ginge soeben die Sonne über einem Gletscher auf. Die Mandelblüte zieht im Februar Tausende von Touristen an, die das Schauspiel von Abertausend blühenden Bäumen bestaunen wollen. Es gibt sie rund um Silves, vor allem an der Straße nach Algoz - aber überall in der Algarve schimmert die Blütenpracht, rosa und sacht.

Gassen und Treppen durchziehen Silves.

**Oben:** Lauschige Plätze werden von Einheimischen und Touristen stark frequentiert.
**Mitte:** Die Sandstein-Kathedrale Sé.
**Unten:** Im Inneren ist die Kathedrale schlicht und von Licht durchflutet.

## Sé de Silves

Die Kathedrale Sé de Silves ist im Grundriss eines Kreuzes auf den Ruinen einer Moschee erbaut, 39 m lang, 16 m breit und 18 m hoch. Sie ist eine der wenigen Kathedralen der Algarve, die das Erdbeben von 1755 überstand. Der rote Sandstein, der für Silves so typisch ist, wurde auch hier verwendet. Grês de Silves heißt er. Als eine verkleinerte Kopie des Portals der Kathedrale von Alcobaca nördlich von Lissabon entpuppt sich das Spitzbogenportal der Ostseite. Der Haupteingang aber ist das barocke Portal der Südseite aus dem Jahr 1791. Gotisch sind der Chor und die hochschlanken Fenster sowie das Kreuzrippengewölbe. Auffällig ist auch die Schlichtheit des Kirchenraums: Nur eine Madonna mit Kind schmückt den Altar. Im Querschiff finden sich Gräber für Bischöfe und Kreuzritter, zwei Sarkophage sind im Nebenraum aufgebaut. Der Leichnam von König João II. (1465–1495) war hier bis 1499 bestattet und wurde dann zum vielleicht schönsten Kirchenbau Portugals, der Kathedrale Batalha, überführt. Eine Grabplatte zeugt davon in der Sé de Silves. Die eindrucksvolle Sandstein-Kathedrale wurde 1983 zum Weltkulturerbe ernannt.

## Die Burganlage

Der Burghof umfasst 12 000 $m^2$. Während eines Rundgangs innerhalb der Burgmauern kann man die Lustgärten und die unterirdischen Nahrungsspeicher, Vorläufer unserer heutigen Silos, anzuschauen. Im Norden befindet sich eine große und ziemlich tiefe Zisterne, die heute für wechselnde Ausstellungen genutzt wird.

Es gibt auch eine maurische Zisterne. Sie ist über 10 m hoch und beeindruckt mit vier Säulen, die ein prächtiges Gewölbe tragen. Sie versorgt Silves noch heute mit Wasser. Die »Zisterne der Hunde«, wie sie auch genannt wird, ist 60 m tief. Zahlreiche Legenden ranken sich um dieses eindrucksvolle Wasserloch. Dank zahlreicher archäologischer Ausgrabungen wird die Vergangenheit von Silves wieder lebendig.

## Fábrica do Inglês

Nach dem endgültigen Einzug der Christen kehrten einige Mauren zurück nach Xelb bzw. nach Silves, wie es fortan hieß. Bei der für das Mittelalter typischen Lautverschiebung von V nach B und umgekehrt wird die Wortverwandtschaft deutlich. Die Portugiesen ließen die Mauren gewähren.

Einen auch nur ähnlichen Aufstieg wie zur Maurenzeit hat es aber nie mehr gegeben, auch wenn die Korkindustrie, die *Fábrica do Inglês,* im 20. Jahrhundert viele Arbeitsplätze schuf und einen gewissen bürgerlichen Wohlstand ermöglichte. Die Fabrik schloss in den 1970er-Jahren. Man machte daraus einen Veranstaltungsort mit dem Publikumsmagneten eines Korkmuseums. Leider ging das Projekt 2010 bankrott. Das herrlich schöne Museum, das völlig zurecht internationale Auszeichnungen erhielt, bleibt geschlossen. Seit den 1980er-Jahren sorgt der Tourismus für einen neuen und nahezu ungebrochenen Wohlstand.

## Bummeln in Silves

Silves hat sich in jüngsten Jahren ganz schön herausgeputzt, ohne überkandidelt zu wirken. Die Gassen sind neu gepflastert, viele Stadthäuser wurden stilvoll und nicht überperfekt renoviert. Für Leute, die einen Ausflug ins Hinterland der Algarve unternehmen wollen, ist ein Besuch dieses Städtchens unbedingt ein Muss. Vielleicht begeht man die Burganlage, wobei es bisweilen stört, dass

AUTORENTIPP!

**ETWAS FÜR KENNER**

Das Restaurant O Barradas ist exzellent geführt – von einem deutsch-portugiesischen Paar. In diesem zwischen Lagoa und Silves gelegenen Landhaus herrscht eine sehr angenehme Atmosphäre. Kenner schätzen dieses Haus, weil die Köche es verstehen, die Algarve-Küche mit einem internationalen Kick zu versehen. Ausgezeichnetes Rindersteak *mirandesa* (Rindersorte aus dem Norden Portugals) und exzellente Frischfischgerichte. Auf die hausgemachten Kartoffeln mit viel Knoblauch, Olivenöl und Oregano schwören die Gäste, auf die Auswahl an guten portugiesischen und Algarve-Weinen nicht weniger. Der Wirt berät ausführlich und mit viel Fachwissen.

**O Barradas Restaurante**
Tägl. geöffnet, aber nur abends, Mittwoch Ruhetag, die Chefs sprechen Deutsch. Venda Nova
Tel. 282 443 308.

Einige Häuser in Silves sind direkt an die Stadtmauer gebaut.

**Oben:** Die Mittelalterlichen Tage im August locken Zehntausende an. **Unten:** In Silves kann man in jedem Restaurant, wie hier in der Casa Velha, auch draußen sitzen.

man hier und da recht hohen Eintritt bezahlen muss. Aber das Authentische von Silves ist nicht hinter den Zinnen und in der Zisterne der Burg versteckt. Das Sympathische dieses Städtchens entpuppt sich beim kostenlosen Schlendern. Da gibt es zum Beispiel Geschäfte mit Ladeneinrichtungen von 1930, urgemütliche *tascas* und Kaschemmen, dass einem das Herz aufgeht. In der Markthalle gegenüber der Römischen Brücke herrscht reger Betrieb, vor allem samstags, wenn die Bauern der Umgebung rund um die Halle ihre Waren feilbieten: Setzlinge, Knoblauchzöpfe, Hühner und Hasen. Laut geht es da zu und niemals hektisch. Wer eher zügig durch die herrlichen Gassen eilt, um diese oder jene Kapelle zu finden und auf einer Liste abzuhaken, dem bleibt vieles verschlossen. Märchenhaftes enthüllt sich durch geduldiges Erspüren.

## Cruz de Portugal

Wenn man die Straße nach São Messines entlanggeht, kommt man kurz vor dem Ortsausgang an ein Wegekreuz. Das Kreuz Portugals ist ein außergewöhnliches Kreuz unter einer außergewöhnlichen, 3 m hohen Dachkonstruktion, die eher an deutsche Kirchenbauten des 14. Jahrhunderts erinnert. Das aus hellem Kalkstein bestehende Kreuz zeigt auf der Vorderseite Christus am Kreuz und auf der Rückseite die Kreuzabnahme. Es stammt aus dem 15./16. Jahrhundert und ist mit spätgotischen und manuelinischen Elementen verziert. Wahrscheinlich wurde es zur Begrüßung von König Afonso V bei der Rückkehr eines Feldzuges gegen Tanger und Arzila in Marokko gebaut, bei dem viele deutsche Söldner mitkämpften. Möglicherweise beauftragte der König deshalb einen deutschen Baumeister, der dieses beeindruckende Denkmal schuf. 1910 wurde es zum Nationalmonument erhoben.

## Dias Medievais

Jedes Jahr Anfang August verwandelt sich die ganze Stadt in einen mittelalterlichen Marktplatz. Silves' Mittelalterliche Tage sind eine große Attraktion. Viele Besucher kommen in entsprechenden Gewändern nach Silves und nehmen an dem Treiben teil. Berber und Schlangenbeschwörer, Musikanten und ulkige Typen sorgen täglich bei einem Umzug gegen 18 Uhr für Spaß unter Zehntausenden von Besuchern. An zig Essständen gibt es gegrillte Sardinen, Spanferkel, Wildschwein und algarvischen Wein aus Tonbechern. Bezahlt wird mit alten Talern.

## Die Umgebung von Silves

Was wäre Silves ohne seine Umgebung! Da ist zum Beispiel der Stausee Barragem do Funcho. Am besten erreicht man ihn vom relativ kleinen Arade-Stausee (Barragem do Arade) aus. Am Anstieg zur Staumauer stößt man auf eine Kreuzung ohne Markierung. Biegt man rechts ab, erreicht man bald das Dörfchen Vale Fuzeiros. Hier links abbiegen zum ausgeschilderten Barragem do Funcho und es geht hinauf in eine einsame, hügelige Gegend. Zistrosen, Heidekraut, *medronho*-Büsche und ein paar mickrige Korkeichen gedeihen trotz des heißen Klimas. Oben auf einer Hügelkette angekommen, gewinnt man eine tolle Aussicht auf den vielfach verzweigten Stausee und auf verlassene Dörfer, die auf Halbinseln verstreut liegen. Eine ungeteerte Straße führt unten am Ufer entlang bis in die Gegend des hübschen und betriebsamen Provinzstädtchens São Bartolomeu de Messines. Falls es einmal weniger schönes Wetter haben sollte, kann man hier das Casa Museu João de Deus besuchen. Man taucht ein in die Welt des portugiesischen Dichters de Deus (1830–1896) und steht direkt in seinen privaten Räumen.

AUTORENTIPP!

**SWING IM CAFÉ INGLÊS**

An der Treppe zur Burg von Silves, direkt an der Burgmauer und neben der Kathedrale gelegen, findet man in einem über 100 Jahre alten Haus einen ganz besonderen Ort: eine Bar, ein Restaurant und Café in einem. Die Dekoration besteht aus Originalen des 19. Jahrhunderts und fügt sich ebenso fantastisch wie die Kerzen auf der Terrasse in das Gesamtbild ein. Die Terrasse hat eine feine Aussicht auf die Stadt. Monatlich wechselnde Ausstellungen ebenso wie Livemusik gehören zum festen Programm des Café Inglês. Es ist nicht übertrieben, wenn begeisterte Gäste behaupten, hier gäbe es die beste Musik weit und breit. Die Küche ist eher einfach. Auf der Terrasse wird ausschließlich Pizza gegessen, und die ist ausgezeichnet. Dazu passt natürlich bestens ein Gläschen Algarve-Wein. Der Genuss der Musik und der herrlichen Atmosphäre – das sind die Ingredienzien, die dem Café Inglês eine treue internationale Stammkundschaft besorgen.

**Café Inglês**

Livemusik gibt es jeden Freitag- und Samstagabend ab 20.30 Uhr, an Sonntagen ab 15.00 Uhr. Rua do Castelo, Tel. 282 442 585, www.cafeingles.com.pt

# Infos und Adressen

## INFORMATION

**Posto de Turismo Silves.** Mo–Fr 9–18 Uhr, Sa/So 9–13 und 14–18 Uhr, an der EN 124, Parque das Merendes, Tel. 282 098 927.

## ESSEN UND TRINKEN

**Casa Velha.** Am Weg zur Burg vor dem Rathaus zu finden. Gute Spieße, z.B. mit Teufelsfisch (*tamboril*), Gambas, Lamm oder Huhn. Mittags ist der Tagesteller besonders empfehlenswert. Rua 25 de Abril 13, Tel. 282 445 491.
**Churrasqueira Valdemar.** Hier soll es das beste gegrillte Hähnchen frango piri-piri geben. Uriges, sehr beliebtes Lokal. Preiswert außerdem! Am Mercado Municipal, Tel. 282 443 138.
**Marisqueira Rui.** In der ganzen Algarve bekanntes Fisch-Restaurant, das jeden Tag seinem Ruf gerecht wird. Mittagstisch etwas preiswerter. Tel. 282 442 682, Rua Comendador Vilarinho (hinter dem Markt).
**O Alambique.** An der Straße von Silves nach Algoz liegt beim Dorf Poço Barreto dieses außergewöhnlich stilvoll-gemütliche Restaurant. Chefin Marlen Schmid kocht selbst, und das mit Herz und Seele. Wunderbare Lammgerichte, exzellente vegetarische Spezialitäten mit Kräutern aus dem eigenen Garten, selbstgebackenes Brot. Jedes Detail stimmt. Poço Barreto, www.alambique.de Tel. 282 449 283.
**O Barradas.** Mitten im Orangenhain: ausgezeichnete Küche und Weine, angenehmes Ambiente. Für Kenner und Genießer lohnt sich die Fahrt! Venda Nova (an der Straße von Lagoa nach Silves), Tel. 282 443 308.
**Recanto dos Mouros.** An der Nordseite des Burgberges finden Sie dieses wohl beste Restaurant der Umgebung. Exzellente regionale Küche, klasse Spezialitäten, frisch Gegrilltes, dazu einen *vinho verde* oder einen kräftigen Algarve-Wein. Dieses Ausflugslokal ist garantiert einen Ausflug wert. Stadtviertel Monte Branco, Mi geschlossen, Tel. 282 443 240.

Am Platz Praça do Município gegenüber der Casa Velha kann man sich niederlassen.

## ÜBERNACHTEN

**Casa das Oliveiras.** Dieses kleine und familiär geführte Gästehaus liegt ein paar Kilometer außerhalb von Silves bei dem ländlichen Ort Montes da Vala, hat nur 5 Zimmer, schön eingerichtet, preiswert. Bill und Isa bewirten die Gäste freundlich und geben gute Tipps. Rua de Vale da Lama, Tel. 963 136 938, www.casa-das-oliveiras.com.
**Quinta Tapada do Gramacho.** Die restaurierte und modern eingerichtete *quinta* wird von den dänischen Besitzern Imko und Karen liebevoll geführt. Ein fantastischer Platz und mitten in der Natur bei Silves und am Rio Arade gelegen. Hier können auch Gruppen von bis zu 25 Personen unterkommen! Die Anfahrt ist etwas schwierig, am besten vorher die Webseite konsultieren: www.tapadadogramacho.com, Sítio Tapada do Gramacho, Estômbar, Tel. 919 667 048.

**Quinta da Figueirinha.** Mitten in einem Orangenhain liegt dieses Landgut. Besitzer Dr. Gerhard Zabel legt größten Wert auf Biodynamik in allen Aspekten seines über 30 Hektar großen Anwesens, wo die Gäste in gemütlichen Zimmern untergebracht werden. Zwischen Lagoa und Silves gelegen. Urbanização Quintas de Monteiro, Tel. 282 440 700, www.qdf.pt.

**Colina dos Mouros.** Das 53-Zimmer-Haus liegt gegenüber der Burg und ist das einzige herkömmliche Hotel in und bei Silves. Etwas altmodisch, aber als Zwischenstation gut geeignet. www.colinahotels.com, Rua Bernardo Marques. Tel. 282 340 473.

## SEHENSWÜRDIGKEITEN

**Castelo de Silves.** Die größte Militäranlage der Algarve, aus dem roten Sandstein der Umgebung erbaut, thront auf einem Hügel am Nordrand des Rio Arade. Die mächtigen Mauern und die 11 Türme lassen sie wie aus 1001 Nacht aussehen. Juli bis Sept. 9–19 Uhr, Sept. bis Juli 9–17.30 Uhr, Eintritt: 2,78 €, Tel. 282 445 624, Kombi-Ticket mit Eintritt in das Archäologische Museum 3,86 €.

**Archäologisches Museum.** Unbedingt einen Besuch wert ist dieses Museum mit Fundstücken aus diversen Epochen. Rua da Portela de Loulé 14, 10–18 Uhr (ganzjährig), Tel. 282 440 838, Eintritt 2,06 €, Kombi-Ticket mit Eintritt in die Burg 3,86 €.

**Casa da Cultura Islâmica e Mediterrânica.** Kulturzentrum »Haus der Islamischen und Mediterranen Kultur«. Largo da República, Jardim Cancela de Abreu, Mo–Fr 9–13 und 14–17 Uhr, Sa/So geschlossen, Tel. 282 440 800.

Ein Café am Praça do Município.

Ein Rundgang auf der Stadtmauer zeigt die vielen archäologischen Funde und belohnt mit einem herrlichen Ausblicke in die Landschaft.

**Mitte:** Im Barrocal gibt es zahllose Felder und Obstgärten.
**Unten:** Steinkreuz und Kirche im malerischen Querença



# 48 Barrocal
## Landliebe

**Nördlich von Loulé lockt ein verträumtes Hinterland, das sich mittels zweier Straßen entdecken lässt: Über Cruz da Assumada dirkt nach Salir oder nach Querença und von dort weiter nach Salir. Für dieses Highlight nimmt man am besten die Letztere: Loulé in Richtung Centro de Saúde verlassen, dann auf der EN 396 weiterfahren. Man durchquert Wälder, saftig grüne Täler und fährt vorbei an Orangenhainen und Äckern. Der Barrocal ist Bauernland.**

Bei der Wanderung zur Fonte Benémola kommt man auch an einem alten Kalkofen vorbei. Früher gab es solche *fornos* an vielen Stellen. Ein *forno* ist wenig größer als ein alter Brotbackofen. Der Name Barrocal bezieht sich auf Kalk. Denn *cal* ist das portugiesische Wort für Kalk. In dieser Gegend gibt es auch eine Reihe ergiebiger Wasserquellen. Sie sind in der Regel als *fonte* ausgeschildert. Eine der besonders reizvollen ist kurz vor Querença die Fonte Filipe. Abbiegen und auf einem betonierten Feldweg ca. 2 km bis zu einem Parkplatz fahren. Hier wurde eine uralte Wassermühle liebevoll restauriert. Das Wasser fließt in *levadas* daher, schmale Kanäle, die etliche Tausend Liter fassen und Becken füllen.

## Quirliges Querença

Das Zentrum des Dörfchens Querença ist, wie könnte es anders sein, die Kirche, die Igreja Matriz. Sie stammt aus dem 16. Jahrhundert und hat ein Portal im manuelinischen Stil. Sehr simpel sieht das aus und gleichzeitig harmonisch und schön, wie die gesamte Fassade, die durch das Nebeneinander des niedrigen Turms und der bogenhaften Fassade geradezu kulissenhaft wirkt. Als Nachbarn hat die Kirche das sehr populäre »Restaurant Querença«. Parkplätze sind also Mangelware, außerdem hat man die Gehsteige mit Pfosten versehen, so dass sie nicht mehr vollgeparkt werden können. Am besten lässt man diesen Trubel hinter sich, denn es erwartet einen eine herrliche, etwa 4½ km lange Wanderung:

## Fonte Benémola

Bei dem Dörfchen Corta Garcia ist die Fonte Benémola an der EN 396 ausgeschildert. Nach der Brücke über das Flüsschen der Fonte Menalva am Bach weiterfahren, bis man nach links auf einen unbefestigten Weg abbiegt. Entlang des Flüsschens von Fonte Menalva geht es durch typische Barrocal-Landschaft: Obst- und Ackerland, Wälder mit Korkeichen sowie Hügel voller Zistrosen. In der Nähe des Wassers ist die Vegetation dicht und üppig und besteht aus Oleander, Mimosen, Schneeballpflanzen, Tamarisken, Eschen und Silberpappeln. Es gibt Gumpen und langsam fließende Streckenabschnitte, Felsen und Steine im Bachbett. Der Bach bietet Bachschildkröten, Ottern, Eisvögeln und anderen Tieren einen idealen Lebensstandort. Die Artenvielfalt ist außergewöhnlich groß! Und weil das Flüsschen von mehreren Quellen gespeist wird, fließt es sogar im Hochsommer – auch nach mehreren regenlosen Monaten. Unterwegs stößt man auf einen Kalkofen (siehe Autorentipp) und eine Korbflechterei, wo auch anderes Kunsthandwerk angeboten wird. Zurück auf der EN 396 weiter in Richtung Barranco do Velho fahren. An einer T-Kreuzung geht es rechts (ostwärts) zu diesem 3 km entfernten Dorf, das mit seinen wenigen Häusern und zwei Kneipen die Metropole einer sehr einsamen Region darstellt, oder links (westwärts) zum 11 km entfernten Salir.

# Infos und Adressen

### ESSEN UND TRINKEN

**Restaurante Fonte Nova.** Dieses Restaurant hat zwar noch keine Goldmedaillen gewonnen, aber man wird satt im Hinterland. Rua Praça 2, Alte, Tel. 289 478 177.

**Restaurante de Querença.** Viel Trubel, typische Algarve-Küche am Largo da Igreja, Tel. 289 422 540.

**A Tia Bia.** Urige Kneipe/Restaurant in Barranco do Velho. Schmackhafte Gerichte, typisch deftige Hinterlandküche! Sonntags wird's hier voll. Tia Bia ist nicht nur das Kommunikationszentrum, sondern auch das einzige Hotel im weiteren Umkreis. Estrada Nacional 2, Salir, Tel. 289 846 425.

**Restaurant Ti Rosa.** Will man in Cachopo Essen gehen, hat man keine Wahl: Man geht zu Ti Rosa. Cabeça Gorda, Tel. 281 326 088.

### ÜBERNACHTEN

**Hotel Monte dos Avós.** Ruhig gelegen ist dieses schöne Landhaus in der Rua da Eira in Querença. Die sechs Zimmer sind entsprechend ihrer Pflanzennamen eingerichtet.Pool, Garten. Tel. 936 616 222, www.montedosavos.net

**Quinta da Várzea.** Das Haus in Querença ist einem landwirtschaftlichen Betrieb angeschlossen. Früher wurde hier *medronho* gebrannt. quintadavarzea.co.uk/home.php, Tel. 289 414 443.

**Casa do Torreão.** Die liebevoll eingerichtete und ebenso geführte Casa do Torreão liegt am Castelo von Salir. Schöne Zimmer, Pool und eine herrliche Aussicht auf den Tafelberg Rocha da Pena - was will man mehr? Tel. 962 840 831, www.casado torreao.com

Der Barrocal ist ein etwa 20 km breiter Gürtel zwischen Küstenstreifen und den Bergen des Hinterlandes nördlich von Albufeira und Loulé.

**Mitte:** Das Portal der Hauptkirche von Alte.
**Unten:** Alte verdankt seine Existenz den kräftigen Quellen, die immer herrlich frisches Wasser geben.



# 49 Alte, Rocha da Pena, Salir

## Wo Adler kreisen

**Begrenzt im Norden von den Hügelketten der Serra de Caldeirão, führt die Straße EN 124 von Messines ostwärts durch ein stilles Bauernland, Teile des Barrocal, zu interessanten Ausflugszielen. Hübsche Orte und ein wunderschönes Wander- und Naturschutzgebiet liegen auf dem Weg, jeweils etwa 10–20 km voreinander entfernt: Alte, Rocha da Pena, Salir, Barranco Velho und Cachopo. Das Hinterland der Algarve zeigt sich hier von einer besonders angenehmen Seite. Ein Aspekt steht im Vordergrund: die Natur wahrnehmen.**

Dieser Ort wird immer beliebter, nicht zuletzt wegen der Anfahrt – immer mehr Touristen wollen auch das stille Hinterland entdecken, das sich wie ein Gürtel nur knappe 15 km hinter dem Küstenstreifen von Ost nach West erstreckt. Manche meinen, Alte ist das typischste und gemütlichste aller Algarve-Dörfer mit seinen weiß getünchten Häusern, mit den vielen Blumentöpfen und den blühenden Büschen, den reich geschmückten

### MAL EHRLICH

#### BÜRGERSTEIGE HOCHGEKLAPPT

Besucht man ein Konzert, eine Ausstellungseröffnung oder geht abends schön essen, ist man auf ein Auto angewiesen. Denn der öffentliche Transport mit Bus und Bahn macht um 20 Uhr Schluss. Danach geht nichts mehr. Besonders für junge Leute, die an und für sich flexibel sind und gern auch mal im Nachbarort etwas unternehmen würden, ist das sehr unangenehm.

Kaminen, holprigen Kopftsteinpflastergassen und schlichten, aber harmonischen Hausfassaden.

Schon den Römern gefiel es hier. Wahrscheinlich nutzten sie die *fonte pequena* und *fonte grande* (Kleine und Große Quelle) für Thermen, waren sie doch wahre Wasser-Fanatiker. Die Quellen nähren das Flüsschen Ribeira de Alte, an dem einst das Korn der Umgebung in acht Wassermühlen gemahlen wurde. Besichtigen kann man leider nur noch die Moinho da Aboboda aus dem 13. Jahrhundert. Früher wuschen die Dorffrauen an den Quellen ihre Wäsche – jetzt hat man Tische und Grillplätze im kühlenden Schatten von Bäumen errichtet. Hier finden oft Familienfeiern statt. Picknicks, Sardinen grillen, Plaudern und Trinken bzw. das alles zusammen, das ist der Portugiesen liebste Urlaubs- und Wochenendbeschäftigung, und das seit eh und je. Interessant ist die dreischiffige Dorfkirche. Sie stammt aus dem 13. Jahrhundert und wurde von der Frau eines Noblen errichtet, der unverletzt vom 8. Kreuzzug zur Befreiung Jerusalems heimkehrte. Die Kirche wurde mehrmals erweitert und umgebaut, vor allem im 16. und 18. Jahrhundert. Es gibt einen manuelinischen Bogen, und die Wände sind mit *azulejos* aus dem 18. Jahrhundert dekoriert. In der zugehörigen Kapelle São Sebastião finden sich rare 16.-Jahrhundert-Kacheln aus Sevilla.

## Wandern im Rocha da Pena

Auf der EN 124 geht es weiter in Richtung Salir. Hinter Benafim zeigt sich schon das nächste Etappenziel: der bis 479 m hohe Tafelberg Rocha da Pena. Felsklippen von über 50 m Höhe ragen an seiner Westfront auf. Ein wunderschöner Berg, ein mystischer noch dazu. Er steht unter Naturschutz und bietet einen der besten Aussichtspunkte über

AUTORENTIPP!

**FLORA UND FAUNA IN DER SERRA DO CALDEIRÃO**
Wer gerne Naturbeobachtungen macht und in der freien Natur die Ruhe genießen möchte, für den ist die Serra do Caldeirão genau das Richtige. Die abgelegene Gegend ist reich an Flora und Fauna. Es gibt hier recht viele wilde Tiere, wie *lontra* (Otter), *lobo-ibérico* (Iberischer Wolf), *lince-ibérico* (Iberischer Luchs), Rehwild, *javali* (Wildschwein), coelho (Kaninchen), *lebre* (Hase), *gineta* (Wildkatze). Bei den Vögeln fallen besonders auf: Schlangenadler, Steinadler und Schwarzstörche. Immer beliebter wird im Zusammenhang mit der Erkundung von Flora und Fauna das Orientierungswandern. Die Serra ist dafür eine ideale Region. Alles, was man dazu braucht, ist eine detailreiche Landkarte (von www.via.algarviana.com herunterladen), einen Kompass, gute Laune, gute Kleidung und festes Schuhwerk sowie Trinkwasser, Proviant, Sonnenschutz etc. Man muss alle Punkte passieren, die vor dem Start auf der Karte markiert wurden. Ob mit der Familie oder in Freundesgruppen, zu Fuß oder auch mit dem Fahrrad - das Orientierungswandern garantiert ein klasse Freizeitvergnügen in ständigem Kontakt mit der Natur.

**Oben:** Klippenartige Felswand am Tafelberg Rocha da Pena.
**Mitte:** Mittägliche Ruhe in einem der Dörfer bei Pena.
**Unten:** Typische Barrocal-Architektur – die weiß getünchten Häuser.

die Landschaft des Barrocal, der Felsalgarve. Man kann ihn und seine Umgebung auf einem Rundwanderweg erkunden. Im Naturschutzgebiet gedeihen über 500 Pflanzenarten, darunter die Zwergfächerpalme, die einzige wild wachsende Palme in Europa, und die *narcissus calcicola*, eine wilde Narzissenart, und viel echtes Johanniskraut. Augen auf in Richtung Himmel: Hier gibt es einige Habichtadler, die durch die Lüfte kreisen, Fledermäuse nisten in den Berghöhlen.

## Mittelalterliches in Salir

Salir wird häufig mit dem bekannteren Ort Alte genannt, der ca. 13 km östlich von Salir liegt. Das Provinzstädtchen selbst liegt an der Kreuzung der Straßen in Richtung Ost-West (Barranco do Velho–Messines) und Nord-Süd (Lissabon–Faro). Salir und auch Alte gelten als typische alte Dörfer im Hinterland der Algarve. Doch Salir ist anders. Es gibt keine Souvenirläden, auch keine Touristenbusse. Das Dorf ist nicht so hergerichtet wie Alte, dafür eben ursprünglicher. Das ältere Viertel an den Kastellmauern sollte man sich unbedingt anschauen. Dazu einfach an der Mouro Bar Castelo vorbeigehen. Dahinter beginnt der Spaziergang an den Mauerresten. Man kann das alte Viertel einmal umrunden. Der Weg endet schließlich in einem der schmalen Gässchen.

Salir ist noch weitgehend in seinem ursprünglichen Zustand erhalten. Der neue, größere Teil liegt unterhalb der Kirche und des sichtbaren Wasserturms. Die Reste einer maurischen Burg finden sich auf einem Hügel. Von hier ist die weite Umgebung gut zu überblicken. Im Sommer lebt die gute alte Zeit bei einem mittelalterlichen Festival auf. Dann wird die Burg mit bunten Stoffen geschmückt, und ein mittelalterlicher Markt zieht Tausende von schaulustigen Käufern an. Die

# Bergauf, bergab rund um den Rocha da Pena

Für den Rundweg braucht man gut und gerne drei Stunden. Am besten man lässt sich mehr Zeit, damit man unterwegs die herrlichen Ausblicke genießen kann – und auch die vielen kleinen Dinge, wie seltene Pflanzen und schöne Steine. Sonnenschutz und Trinkwasser nicht vergessen! Der Weg ist überall klar zu erkennen, schließlich zählt er zu den beliebtesten der Algarve. Nur am Bergkamm wird er sehr steinig, bleibt aber erkenntlich.

Ⓐ **Startpunkt.** Die 6,4 km lange Strecke beginnt am einzigen Café im Dörfchen Penina, dem Café Grutas. Hier erhält man einen kostenlosen, auch deutschsprachigen Prospekt mit einem Plan des Wanderwegs.

Ⓑ **Rocha da Pena.** Steil geht es von hier aus bergauf zum 479 m hohen Tafelberg. Oben auf dem 2 km langen Plateau angekommen, schimmern im Westen dunkelviolett das Küstengebirge Serra de Monchique, im Osten die Hügelkette von Mértola und der Küstenberg São Miguel bei Faro.

Ⓒ **Steinwall.** Ein Pfad führt nahe am Klippenrand längs zu einem mächtigen, über 800 m langen und gut erhaltenen Steinwall von 5–8 m Höhe, der die Hochebene überzieht. Er wurde wahrscheinlich vor ca. 5000 Jahren angelegt und könnte der Restbestand einer gigantischen Kultstätte oder Teil einer Festung gewesen sein. Es lassen sich leider nur Spekulationen dazu anstellen. Unterwegs erlebt man eine reiche Flora und Fauna. Ein Picknick oben am Klippenrand bei fantastischem Panoramablick bildet den Höhepunkt der Wanderung.

Ⓓ **Ziel.** Hat man ein kleines Tal durchquert und ist danach wieder angestiegen, erreicht man einen zweiten, jedoch niedrigeren Wall. Ab hier geht es sachte hinab zum Ausgangspunkt, dem Dorf Penina.

Man findet etwa Orchideen, Disteln und Kakteen.

Für Pflanzenliebhaber: Es gibt 500 verschiedene Arten zu bestimmen.

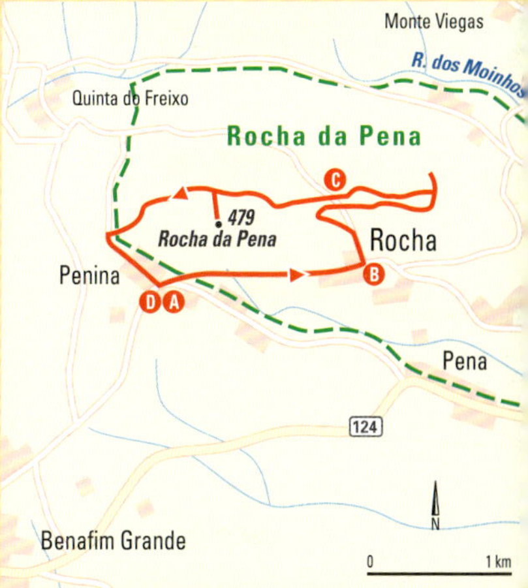

AUTORENTIPP!

**DER URWÜCHSIGE CHARME VON CACHOPO**

Dieses Serra-Dorf gilt als das schönste im Nordosten der Algarve. In der Tat ist es eines der ältesten und zeigt heute noch deutlich die Spuren einer prähistorischen Besiedlung. Doch nicht nur Bauten blieben erhalten, sondern auch Handwerke, Sitten, Bräuche. Die Herstellung von Waldhonig oder das Verarbeiten von Korkrinde zu Schöpflöffeln, Kellen, Bechern oder Schalen und das Destillieren der Beeren des *medronho*-Busches zum Feuerwasser *medronho* – hier lebt es noch. Immer noch streicht man die Häuser im Mai mit weißem Kalk, Tür- und Fensterrahmen indes im leuchtenden kobaltblau, blutrot, gelb oder grün. Das soll böse Geister und lästige Fliegen draußen halten. Kamine werden so prächtig wie nur möglich gestaltetet, und aus manchem Stall im Hinterhof hört man die schwarzen Schweine grunzen. Mindestens 3000 Jahre alt sind die runden Häuser *casas circulares*, auch *palheiros* genannt, erbaut aus Stein und gedeckt mit Stroh. Sie dienten als Lagerräume. Einige Ruinen von Windmühlen zeugen von Zeiten, da viel Weizen angebaut wurde, und die Quelle Fonte Férrea suchte man auf, weil man sich von ihrem Wasser die Heilung zahlreicher Leiden versprach.

Im kleinen Núcleo Museológico do Cachopo (keine festen Öffnungszeiten) sind interessante Werkzeuge ausgestellt. Cachopo lässt sich in einer halben Stunde durchbummeln und ist ein eindrucksvoller Stopp auf der Fahrt durchs Hinterland.

Tatsache, dass man in der Burg keine *alcaçova* (Haus des Burgkommandeurs) fand, gibt Grund zur Annahme, dass man den militärischen Bau erst im 12./13. Jahrhundert als Verteidigungsposten gegen die christlichen Überfälle in der Region hochzog, ausgeführt von den Rittern des mächtigen Santiago-Ordens. In unmittelbarer Nähe der Burg fand man übrigens zahlreiche Fundamente von maurischen Wohnhäusern.

## Ausflüge in die Umgebung

Auf der EN 124 geht es zügig weiter nach Barranco do Velho, ein Dorf inmitten der einsamen Serra do Caldeirão, wo Puppen und Möbel aus lokalem Holz die wichtigsten Attraktionen darstellen. Von der Serra do Caldeirão sieht die Algarve wie eine riesige Treppenlandschaft aus, denn es scheint, als ob Stufen bis hinab zum Meer führten. Die Landschaft ist leicht hügelig. Man findet Stechginster, Zistrosen und andere Wildpflanzen. Die Serra do Caldeirão ist zwar nicht höher als 600 m, aber das größte Gebirge der Algarve.

Wen es noch weiter in die herrliche Einsamkeit treibt – auf der EN 124 fährt es sich durch Täler vorwiegend durch Eukalyptuswälder sehr kurven- und eindrucksreich zum Dorf Cachopo. Drei Handvoll Häuser bilden das Zentrum des äußerst spärlich besiedelten Waldgebiets. Cachopo hat nicht mehr als 1000 Einwohner und ist ein gemütliches Bergdorf in der Serra. Man kann hier durch kleine Gassen schlendern. Außerdem gibt es eine Kirche zu bewundern. Jedes zweite Wochenende findet in Cachopo ein Markt für lokale Produkte und Kunsthandwerk statt. Weiter nordwestlich gerät man schon in den Kreis von Alcoutim, eine alternative Strecke also, will man das Gebiet des Grenzflusses Rio Guadiana vom Westen her (siehe Highlight 1, Seite 30) erkunden.

# Infos und Adressen

## ESSEN UND TRINKEN

**O Rosmaninho.** An der Straße in Richtung Salir (zwischen Alte und Benafim) liegt beim kleinen Dorf Sarnadas dieses Landgasthaus. Viel Betrieb gibt es nicht, schade, denn man kann hier supergut essen: Lamm oder Zicklein aus dem Ofen, Wildschwein, Wildhase. Trotzdem telefonisch vorbestellen, Tel. 289 478 482.

**Restaurante Adega da Nave.** Ente mit Reis, Wildschwein, Landhuhn gekocht im eigenen Blut (*cabidela*) und andere Barrocal-Spezialitäten haben die Brüder João und Marco Paulo Martins auf ihrer Karte und sich damit viele Freunde erkocht. Im Dorf Nave do Barão bei Salir, Tel. 289 489 841, Sonntagabend und Mo geschlossen.

## UNTERKUNFT

**Hotel Alte.** Das einzige Hotel der Umgebung liegt beim Dorf Alte. Das 3-Sterne-Haus hat 30 Zimmer und ist auch für längere Aufenthalte und zum Erkunden des Hinterlands der Algarve gut geeignet. Das angeschlossene Restaurant wird seinem Namen »O Cataplana« mit leckeren *cataplana*-Gerichten gerecht. Estrada de Santa Margarida 12, Tel. 289 478 523, www.altehotel.com

Dörfliches Leben im Barrocal.

**Casa da Mae.** Das Haus stammt aus den 1920er-Jahren und liegt östlich von Salir am Rande eines kleinen Dorfs in herrlichster Natur. Graciete und Duarte renovierten es im Jahr 1995. Ein kleines Tourismus-Etablissement von hoher Qualität mit 7 Zimmern. Für Walker und Fahrradfahrer ein toller Standort. Nach dem Radfahren kühlt man sich im großen Pool ab. Ameijoafra, Salir, Tel. 289 489 179, www.casadamae.com

In jedem Dorf gibt es gut besuchte Straßencafés.

Einblicke in das Museu do Trajo in São Bras de Aportel.

**Mitte:** Ene verlkachelte Wand im Herzen von São Bras de Alportel. **Unten:** Man nennt das Provinzstädtchen auch die Kork-Hauptstadt.



# 50 São Bras de Alportel

## Der Charme der Provinz

**Das 12km östlich von Loulé gelegene Städtchen São Bras de Alportel ist das Kork-Zentrum der Algarve. Es ist umrahmt von weiten und lichten Korkeichen-Wäldern, in welchen auch viele Büsche und andere Baumarten, wie Schirmpinien, gedeihen. Das Umland ist ausgesprochen reizvoll und harmonisch, wie das Algarve-Dorf Barranco Velho. Die Straße EN 2 führt mitten hinein in die Korkeichenwälder und zum Aussichtsberg »Bispo«, der 480 m hoch ist.**

Leider wird heute nicht mehr viel von dem natürlichen Rohstoff Kork verarbeitet. Das Gros der Rinde geht nach Lissabon. Immerhin funktionieren hier in Alportel noch vier Korkmanufakturen. Doch was das beschauliche Städtchen so anziehend macht, sind zwei kleine Museuen – das kleine Trachtenmuseum Museu dos Trajos und das Korkmuseum.

## Korkmuseum

Das sympathische Museum ist in der Residenz eines reichen Korkhändlers untergebracht, ein Gebäude, das repräsentativ ist für den bürgerlichen Reichtum gegen Ende des 19. Jahrhunderts. Eindrucksvoll sind die schmiedeeisernen Verzierungen am Dach und an der Rückseite des Gebäudes. Im Museum finden sich Trachten und Gegenstände des täglichen Lebens, auch Geräte aus alten Stallungen und der Feldarbeit. Die Abteilung für Kork und seine Weiterverarbeitung ist die einzige ihrer Art in der Algarve, nachdem das herrliche Korkmuseum in Silves leider schließen musste. Im Garten gibt es ein altes Schöpfrad, eine maurische *nora*, außerdem sind alte Kutschen und Fahrzeuge ausgestellt. Das alles hat etwas Niedliches an sich, zeigt aber auch, wie die Menschen bis vor ein, zwei Generationen hart arbeiten mussten, wollten sie in dieser Gegend überleben. Im Museum etablierte sich ein sogenannter Freundeskreis, der regelmäßig Kunstausstellungen und kulturelle Events veranstaltete. Das Museum wurde damit zu einem beliebten kosmopolitischen Treffpunkt für Leute aus der ganzen Algarve und kann durchaus als eine der wichtigsten privaten kulturellen Einrichtungen der Algarve angesehen werden.

## Die Provinz erschnuppern

Die Stadt zu durchbummeln und ihre eigenwillige Atmosphäre zu erschnuppern, macht Spaß. Hautnah kommt man ihr, wenn man sich in ein Café setzt und bei einer *bica* und einem *bolo* die Menschen beobachtet. Hier geht es fast immer sehr gemächlich zu. Auffallend ist in São Bras de Aportel der hohe Anteil an Ausländern, die sich reibungslos in das Geschehen und Zusammenleben mit den Einheimischen eingliedern.

## Igreja Matriz

Der stattlich breite einschiffige Bau der Hauptkirche Igreja Matriz wurde im 15. Jahrhundert errichtet. Als der Ort Mitte des 16. Jahrhunderts dank zunehmenden Handels aufgewertet wurde, baute man prompt die Kirche noch weiter aus und der Bischof von Faro ließ einige Vergoldungen am Altar vornehmen - Portugal war durch seine Kolonien in Afrika und Asien reich geworden. Am Kirchplatz Largo da Igreja ist die Aussicht auf die Südküste und die Barrocal-Landschaft besonders bezaubernd. Weite Teile der Algarve-Südküste liegen vor dem staunenden Betrachter ausgebreitet. Ein Blick lohnt sich!

AUTORENTIPP!

**WANDERN AUF DEM WEG DER QUELLE**

Fährt man auf der Straße EN 270 von São Bras de Alportel in Richtung Tavira kommt man zu einer Kreuzung. An einer Kreuzung zur ausgeschilderten Fonte da Mesquita (Quelle der Moschee) abbiegen. Hier beginnt der 9 km lange Rundweg, für welchen man ca. 3 Stunden vorsehen sollte. Auf alten Feldwegen gelangt man zur Anhöhe Bugia und gewinnt einen schönen Überblick über die typische Barrocal-Landschaft mit ihren vielen Obstgärten. Die Wälder sind durchsetzt von Korkeichen, es riecht nach Thymian. Johannisbrotbäume und Steineichen spenden Schatten. So gelangt man zum Flüsschen Bengado. Die nächste Anhöhe heißt Favas und belohnt wieder mit schönen Ausblicken. Nach 2 km kommt man an einer Mühle vorbei und kurz dahinter ist man zurück am Ausgangspunkt.

Die berühmte römische Straße.

**Oben:** Das Museum von São Bras de Alportel ist liebevoll ausgestattet.
**Mitte:** Die Farben im Inneren sind typisch für Hinterland-Villen.
**Unten:** Die Schöpfbrunnen wurden von Mauren in die Algarve gebracht.

## Die römische Straße

Nahe der Kirche gibt es eine römische Straße (*calçadinha romana*), die immerhin fast 1,5 km lang ist. Holprig ist sie, aber in tadellosem Zustand und nahe der Kirche gelegen. Da die römische Straße als Sehenswürdigkeit nicht zu verpassen ist, ist sie ausgeschildert. Auf zwei Trassen hat man diese römische Straße freigelegt. Hier kann man auch einige archäologische Funde sehen. Außerdem lässt es sich ganz in Ruhe durch alte Zeiten wandeln, denn wahrscheinlich wird man hier nur wenige Menschen treffen.

## Der bischöfliche Palast

In São Bras de Alportel gibt es auch einen bischöflichen Palast, den Palácio Episcopal. Um der sommerlichen Gluthitze in Faro zu entkommen, ließen sich die Bischöfe im kühleren Alportel eine Residenz bauen, es wurde ein Palast. Mit der Gründung der Republik im Jahr 1910 wurde dieser Bischofspalast den Bewohnern zugänglich gemacht, indem in dem Gebäude eine Grundschule gegründet wurde. Heute ist nur noch ein Teil des Gebäudes vorhanden und nicht mehr für die Öffentlichkeit zugänglich. Einst war es ein prunkvoller Palast samt Innenhof, Kapelle, Obstbäumen, Palmen und Brunnen. Im 20. Jahrhundert zog die Modernisierung mit dem Bagger ein. Unglaublich, was da angerichtet wurde!

Übrig geblieben ist der Paço da Paixão, der Brunnen der Leidenschaft, der eine Ahnung von der einstigen Pracht vermittelt, die übel in Mitleidenschaft gezogen wurde. Es ist ein Barockbrunnen mit acht Brunnenröhren und einem Pavillon. Man kann nur noch den Park der ehemaligen Bischofsresidenz besichtigen, in dem sich heute das städtische Schwimmbad befindet.

# Infos und Adressen

## ESSEN UND TRINKEN

**Restaurante Vila Velha.** Ein bisschen provinziell prätentiös, aber ein ambitionierter und guter Koch, gediegenes Ambiente. Ein guter Mix. Rua Gago Coutinho, Tel. 289 098 520.

**Restaurante Fonte da Pedra.** Beliebtes Lokal in der Ortsmitte, man kann auch draußen sitzen. Traditionelle Algarve-Küche, Avenida da Liberda, Tel. 289 841 413.

**Sabores do Campo.** Nennt sich ein Lokal »Geschmack des Landes«, muss es schon Ausgezeichnetes, wahrhaft Typisches auftischen. Ziegenkäse mit Honig als Vorspeise? Oder gefüllte Champignons? Zum Hauptgang Schweinemedaillons mit Feigen? Viele Gäste schwören darauf! Sítio Poço dos Ferreiros, Tel 289 849 346.

Relikte einer anderen Zeit.

Das Trachtenmuseum ist unbedingt sehenswert.

## ÜBERNACHTEN

**Moinho Vila Quinta Dos Ferreiros.** Nur wenige Gehminuten vom Trachtenmuseum entfernt, befindet sich dieses kleine Privathotel. Nur 1 Zimmer, ausgerüstet für 4 Personen. Garten mit Fruchtbäumen, Pool. Will man die echte Algarve kennenlernen, ist das eine richtig gute Adresse. Tel. 289 598 190.

**Estalagem Sequeira.** Das 33-Zimmer-Bed-&-Breakfast-Haus befindet sich mitten im Ort. Rua Doutor Evaristo Sousa Gago 9, Tel. 289843 444.

**Residencial Sao Bras.** Ebenfalls zentral liegt diese Pension, ist sauber, aber bescheiden. Tel. 289 842 213, Rua Luís Bivar 27.

## SEHENSWÜRDIGKEITEN

Die vielen niedrigen weißen Häuser in den Gassen des Städtchens sind im typischen Algarve-Volksstil erbaut und stellen an und für sich die wichtigsten Sehenswürdigkeiten dieses Industrieortes dar. Ein Bummel durch den Ort wird zum Nachfühlen der städtischen Entwicklung, die von der Verarbeitung der Korkrinden bestimmt wurde und heute noch deutlich spürbar und sichtbar ist.

**Igreja Matriz.** Rua Doutor Vitorino Passos Pinto, Römisches Sträßchen (*calçadinha*), gleich unterhalb der Igreja Matriz, Geöffnet Sa 18–20 Uhr, So 10.30–12 Uhr, Tel. 289 842 125.

**Museu do Trajo.** Rua 1 de Maio, geöffnet Mo–Fr 10.30–11 und 17.30–18.30 Uhr, Tel. 289 840 100, www.museu-sbras.com.

# REISEINFOS

# Algarve von A–Z

## Anreise

Die Anreise mit dem Flugzeug ist am schnellsten und angenehmsten. Wer früh bucht, kann von günstigen Flügen profitieren. Vor allem in der Nebensaison gibt es Schnäppchenangebote. Der Flughafen von Faro ist nicht sehr groß und recht übersichtlich (www.ana.pt). Wer schon im Vorfeld ein Auto gemietet hat, kann es direkt am Flughafen in Empfang nehmen. Taxis und Shuttlebusse ins Zentrum und zum Bahnhof von Faro stehen vor dem Flughafen bereit.

Die Anreise mit dem Auto kann bei einem längeren Aufenthalt sinnvoll sein. Man sollte beachten, dass die Autobahnen in Portugal gebührenpflichtig sind. Es gibt Autobahnen, bei denen man direkt beim Auffahren ein Kärtchen ziehen muss und die Gebühren beim Abfahren zahlt. Es gibt aber auch solche, bei denen Sie ein »Via Verde«-Gerät benötigen, welches an Tankstellen und bei der Post erworben werden kann. Zu letzteren zählt auch die Algarve-Autobahn A 22. An den Auffahrten sind blaue Schilder aufgestellt, die das Symbol eines Autos und das Euro-Zeichen zeigen. Ab hier beginnt eine zahlungspflichtige Fahrtstrecke. Es gibt keine Schranken oder Zahlstellen, die Autonummern werden elektronisch erfasst und die Kosten vom Konto des Autofahrers abgebucht. Dafür ist der Erwerb eines Gerätes nötig, das gut sichtbar an der Windschutzscheibe befestigt wird. Dieses Gerät kann man bei allen Postämtern erwerben, man muss jedoch ein Konto bei einer portugiesischen Bank haben. Für Touristen empfiehlt sich eher der Erwerb einer Prepaid-Karte, erhältlich an Grenzübergangsstellen und bei Postämtern. Das Ganze ist ein ziemliches Durcheinander.

**Vorangehende Doppelseite:** Ein 18,-Jahrhundert-Haus an der römischen Brücke in Tavira.
**Oben:** Faros Innenstadt und das Hafenbecken
**Unten:** Ornamente im Kopfsteinpflaster in der Fußgängerzone in Faro.

Es ist durchaus erwägenswert, die Autobahnen zu meiden und dafür etwas mehr Zeit einzukalkulieren. Mit einem Mietwagen braucht man sich überhaupt nicht darum zu kümmern – die Mautgebühren werden in die Schlussabrechnung integriert und man kann einfach drauflos fahren.

## Autofahren

Portugiesische Autofahrer sind ziemlich gelassen. Die Verkehrsregeln entsprechen den deutschen. Vorsicht ist bei mehrspurigen Kreisverkehren geboten. Parkplätze und -häuser in Städten sind gut ausgeschildert, Parken im Halteverbot kann zu saftigen Bußgeldstrafen führen. Die Strände verfügen meist über große Parkplätze, die im Sommer natürlich ziemlich voll sind. Gibt es keinen anderen Hinweis, beträgt die zulässige Höchstgeschwindigkeit in Städten 50 km/h, außerorts 90 km/h und auf der Autobahn 120 km/h. Beim Tanken sollte man wissen, dass Gasóleo Diesel ist, Gasolina 95 Normalbenzin bedeutet und Gasolina 98 Superbenzin heißt.

## Autovermietung

Wider Erwarten sind die Mietpreise meist günstiger, wenn man von zu Hause über das Reisebüro oder online bucht. Wenn ein Mietwagen nur für wenige Tage vor Ort für Ausflüge gebucht werden soll, ist das in vielen Hotels und in allen Touristenzentren problemlos möglich.

## Einkaufen

Zwischen Mini-Laden, der noch aussieht wie vor 50 Jahren, und Rieseneinkaufszentrum gibt es alles. Große Supermärkte haben sieben Tage die Woche und häufig bis 23 Uhr geöffnet. Besonders empfehlenswert sind Wein, Gemüse, Käse und

**Oben:** Prächtige Stahlseilbrücken überspannen den Rio Guadiana und den Rio Arade.
**Unten:** Gassen werden gern für Straßencafés genutzt, wie hier in Faro.

**Oben:** Fliegende Händler finden sich vor allem in Albufeira, Portimão und Loulé.
**Mitte:** Restaurantbesitzer legen Wert auf Stil und Ambiente.
**Unten:** Frische Feigen kann man in der Algarve sogar selbst pflücken.

Frischfisch. In jeder Stadt gibt es eine Markthalle mit frischem Obst, Gemüse, Fisch und Fleisch von regionalen Erzeugern und Fischern, die meist von Montag bis Samstagmorgen geöffnet haben. Bummeln kann man in den Stadtzentren und den großen Einkaufszentren, in denen sich ein Laden an den anderen reiht.

## Essen und Trinken

Fisch- und Meeresfrüchte oder deftige Fleischgerichte – die portugiesische Speisekarte ist sehr vielfältig. Auf Vegetarier ist sie leider immer noch nicht gut eingestellt. Aber die meisten Restaurants stellen gern auf Wunsch Menüs zusammen. Zum Mittagessen sind immer günstige Tagesgerichte, das sog. *prato do dia* zu empfehlen.

Man kann sich sicher sein, dass die Zutaten frisch sind. Denn die Restaurantinhaber persönlich oder ihre Lieferanten des Vertrauens gehen meist auf den Wochenmärkten einkaufen.

In der sonnigen Algarve gibt es natürlich eine Vielzahl herrlicher Weine. In Restaurants werden sie flaschenweise zu 0,75 oder 0,375 l angeboten. Der Hauswein *vinho de casa* wird üblicherweise auch im Glas ausgeschenkt. Nicht zu verachten ist auch das portugiesische Bier. Sagres oder Super Bock sind die gängigsten Marken. Portugiesen trinken in Restaurants ein *imperial*, das ist ein kleines Bier, damit es nicht absteht. Wer ein großes Bier möchte, bestellt eine *caneca*.

Kaffee bekommt man zu jeder Tages- und Nachtzeit. Wenn man einen *café* oder eine *bica* bestellt, bekommt man einen Espresso. Wer einen Kaffee mit Milch möchte, bestellt am besten einen *galão* oder eine *meia de leite*. Und der portugiesische Kaffee ist eigen, aber sehr schmackhaft.

## Feste und Feiertage

**1. Januar:** Neujahrstag. In der Silvesternacht organisieren fast alle Städte ein Feuerwerk. Privates Böllern ist jedoch verboten.
**Faschingsdienstag:** Umzüge in verschiedenen Städten, ganz vorne dran Loulé.
**Karfreitag**
**Ostersonntag**
**25. April:** Dia da Liberdade. Feiertag zum Gedenken der fast unblutigen Nelkenrevolution im Jahr 1974, die Portugal die Demokratie brachte.
**1.Mai:** Tag des Arbeiters. Erstes großes Picknick des Jahres.
**10. Juni:** Dia de Portugal. Nationalfeiertag.
**Fronleichnahm**
**15. August:** Maria Himmelfahrt.
**5. Oktober:** Dia da República. Der Tag der Ausrufung der Republik; viele Straßen sind danach benannt (Rua 5 de Outubro).
**1. November:** Allerheiligen.
**1. Dezember:** Restauração Portuguesa. Da wird dem Ende der spanischen Fremdherrschaft gedacht, die von 1580 bis 1640 andauerte.
**8. Dezember:** Mariä Empfängnis.
**25. Dezember:** Weihnachten. Wie bei uns, so kommt zu diesem Anlass die ganze Familie zusammen. An Heiligabend isst man *bacalhau* (Stockfisch), am Weihnachtsfeiertag Truthahn. Die Geschenke werden in der Nacht vom 24. zum 25. nach Mitternacht geöffnet.

## Geld

Gegen relativ geringe Gebühren kann man am Bankautomaten Geld abheben. Und Geldautomaten (*multibanco*) findet man überall. In den meisten Restaurants, Supermärkten und Läden kann man mit Kreditkarte bezahlen. In einigen Cafés dagegen nicht immer.

**Oben:** Beim Bummeln durch die Gassen kann man die Schönheit der Orte erleben.
**Mitte:** Hochzeiten sind Staatsereignisse.
**Unten:** In der Karnevalszeit gibt es in jeder Stadt Umzüge.

**Oben:** Die Algarve hat besonders heiße Sommer.
**Mitte:** Ein Ausflug mit der Fähre in die Ria Formosa lohnt sich sehr.
**Unten:** Das verschachtelte Städtchen Albufeira ist im Sommer eine Hochburg der Strandgänger.

## Gesundheit

Notfallnummer: 112

Apotheken haben in der Regel wochentags von 9 bis 19 Uhr geöffnet, nachts und an den Wochenenden gibt es in jeder Stadt eine Apotheke mit Notfalldienst. Welche Apotheke Notdienst hat erfahren Sie unter anderem an der Hotelrezeption, in der Zeitschrift »Entdecken Sie Algarve«, sowie an der Tür jeder Apotheke.

Mit der europäischen Krankenversichertenkarte hat man die in Portugal geltenden gesetzlichen Ansprüche im Krankheitsfall. Da das portugiesische Gesundheitssystem etwas komplizierter ist und außerdem mit langen Wartezeiten zu rechnen ist, liegt es nahe, eine Reisekrankenversicherung abzuschließen. Im Krankheitsfall kann man dann eine Arztpraxis frei wählen, dort muss man in Vorleistung treten, bekommt jedoch nach Einreichen der Arztrechnungen bei der Krankenkasse die Ausgaben zurückerstattet.

Wer ein Krankenhaus aufsuchen muss, dem empfehle ich eines der privaten Krankenhäuser. In Faro (Tel. 289 892 000), Lagos und Alvor gibt es private Krankenhäuser, in denen Englisch und häufig auch Deutsch gesprochen wird. Die Adressen findet man unter www.hpalg.com oder in der Zeitschrift »ESA – Entdecken Sie Algarve« .

Das Hospital Particular do Algarve hat in Alvor seinen größten Standort. Hier findet man Allgemeinmediziner und Spezialisten. Der Standard ist hoch und durchaus mit deutschen Einrichtungen vergleichbar. Estrada de Alvor, Tel. 282 420 400. Ähnlich ist die Einrichtung in Lagos, das Hospital Particula São Conçalo. Hier arbeiten auch einige deutsche Allgemein- und Fachärzte. Avenida Dom Sebastião, Tel. 282 790 700, www.hpplagos.pt.

Wer deutschsprachige Arztpraxen sucht, findet vom Augenarzt bis zum Zahnarzt alles an der Algarve. Einfach in der monatlichen Zeitschrift »ESA – Entdecken Sie Algarve« nachschauen. Die Zeitschrift kann man in jedem Touristenbüro erhalten. Deutschsprachige Arztpraxen sind auch unter www.algarve-portal.com zu finden.

## Hunde

In den Sommermonaten ist das Mitbringen von Hunden an den überwachten Stränden nicht erlaubt. In Restaurants und Cafés haben Hunde generell absolutes Hausverbot. Bei der Buchung des Hotels sollte man dringend darauf achten, ob Hunde überhaupt erlaubt sind.

## Kinder

Die Portugiesen sind außerordentlich kinderfreundlich. Auch im Hotel und Restaurant werden sie mit offenen Armen empfangen und verwöhnt. Viele Hotels bieten ein gutes Kinderprogramm an. Einfach vorab anfragen.

Aber auch ohne die Kinderbetreuung lässt sich mit dem Nachwuchs allerhand entdecken. Und Geld kann man mit Kindern natürlich auch sparen. In Museen haben Kinder bis 3 Jahre meist freien Eintritt und bis 12 Jahre 50 % Ermäßigung.

In der Algarve gibt es eine Reihe von Attraktionen, die gezielt für Kinder und Familien konzipiert wurden, allen voran die Zoomarine und die Wasservergnügungsparks, die allerdings ganz schön ins Geld gehen, wenn man das öfter als einmal erleben will.

**Oben:** Bei Flut verwandelt sich das Haffland der Ria Alvor in einen riesigen Lagunensee.
**Unten:** Das Rathaus von Faro in der Cidade Velha.

Es gibt drei große Wasservergnügungsparks: Aqualand, EN 125, Sítio das Areias, Alcantarilha, Tel. 282 320 230, www.aqualand.pt. Slide&Splash, EN 125, Vale de Deus, Estômbar, Lagoa, Tel. 282 340 800, www.slidesplash.com. Aquashow, Semino, EN 396, Quarteira, Tel. 289 389 396, www.aquashowpark.com.

## Klima und Reisezeit

Ein milderes und sonnigeres Klima als in der Algarve gibt es in Europa nicht. Zwischen Juni und Mitte September ist die Regenwahrscheinlichkeit äußerst gering, und man kann zuversichtlich sein, dass herrliches Strandwetter herrscht. Die Brise vom Atlantik sorgt dafür, dass auch im Hochsommer fast nie extreme Temperaturen das Leben einschränken. Außerdem ist die Luftfeuchtigkeit im Sommer sehr gering, was dazu führt, dass fast nie drückende schwüle Hitze vorherrscht. Am meisten los ist im August, da machen halb Lissabon und Nordportugal Urlaub an der Algarve.

Die Sonne sollte nicht unterschätzt werden. Die Portugiesen gehen für gewöhnlich morgens bis 12 Uhr und nachmittags ab 16 Uhr an den Strand,

**Oben:** Ein herrliches Vergnügen für die ganze Familie sind die Wasservergnügungsparks.
**Unten:** Im August sind die drei großen Wasservergnügungsparks in Alcantarilha, Estômbar und Quarteira alle voll.

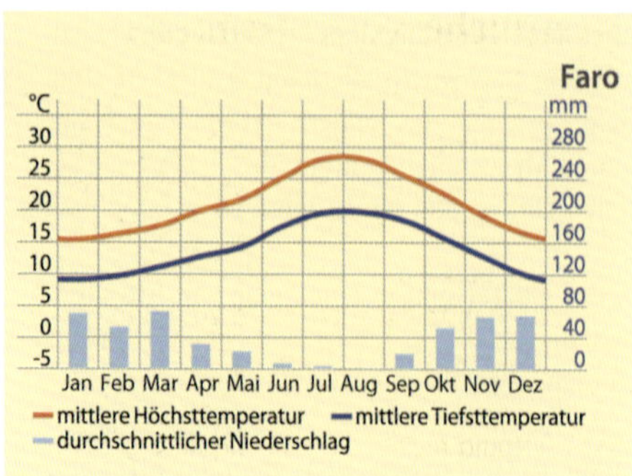


Klimadiagramm für Faro

damit meiden sie die heißesten Sonnenstunden und schonen die Haut. Wer nicht nur Badeurlaub machen will, ist in der Algarve im ganzen Jahr gut aufgehoben. Im Herbst oder Frühling regnet es natürlich häufiger, richtig kalt wird es aber selten. Oft kann man auch im Oktober oder November noch im vom Sommer aufgeheizten Meer baden. Wer im Winter kommt und eine Wohnung mieten möchte, sollte darauf achten, dass diese mit einer Heizung ausgestattet ist. Die hohe Luftfeuchtigkeit, die im Winter herrscht, lässt auch milde Temperaturen in einer unbeheizten Wohnung unangenehm werden.

## Medien

Das Monatsmagazin »ESA – Entdecken Sie Algarve« erhält man in den meisten Zeitungsläden. Neben interessanten Artikeln, durch die man einen ganz anderen Einblick in die Region bekommt, findet man auch einen Veranstaltungskalender und Adressen von deutsch-sprachigen Ärzten vor. Die beste Übersicht über kulturelle Veranstaltungen bietet die Homepage www.artealgarve.net. In großen Zeitungsläden gibt es deutsche Zeitungen und Magazine.

## Öffentliche Verkehrsmittel

Es gibt eine Bahnlinie quer durch die ganze Algarve. Die Züge fahren von Vila Real de Santo António bis nach Lagos. Außerdem gibt es eine schnelle Verbindung nach Lissabon. Es ist zu beachten, dass einige Bahnhöfe außerhalb der Städte liegen, hier muss man mit Bus oder Taxi zum Bahnhof fahren. Dagegen liegen die Bahnhöfe von Lagos, Portimão, Faro, Olhão, Tavira und Vila Real de Santo António recht zentral. Fahrpläne gibt es unter www.cp.pt oder in den Touristeninformationen. Das Hauptbusunternehmen der Algarve ist

**Oben:** In Albufeira warten die Wassertretboote auf eifrige Fahrer.
**Mitte:** Am Atlantik kann man die Welt vergessen.
**Unten:** Auf zu den Inseln Ilha da Calutra, Armona und Faro mit der Fähre, z. B. ab Olhão.

**Oben:** Der Alfa-Schnellzug von Faro ist in drei Stunden in Lissabon.
**Unten:** In der Ria Formosa die Lagunenlandschaft entdecken.

EVA Transportes. In Faro, Portimão, Albufeira und Lagos gibt es gut funktionierende Stadtbusse. Fahrpläne unter www.eva-bus.com und in den Touristeninformationsstellen.

## Öffnungszeiten

Supermärkte haben häufig sieben Tage die Woche und bis spät abends geöffnet. Andere Läden meist von 10 bis 13 und 15 bis 19 Uhr. Museen und Burgen schließen an Montagen. Banken öffnen werktags von 9 bis 15 Uhr durchgehend. In Restaurants gibt es warme Mahlzeiten in der Regel mittags zwischen 12 und 15 Uhr und abends zwischen 19 und 22 Uhr.

## Post

Die Post CTT hat in der Regel von 9–12.30 Uhr und von 14–18 Uhr geöffnet. Der normale Versand von Postkarten und Briefen ins europäische Ausland kostet 68 Cent. Häufig können Briefmarken auch zusammen mit Postkarten erworben werden.

## Taxi

Taxis in Portugal sind beige, schwarz oder grün. Es gibt keine zentrale Taxirufnummer, die relevanten Nummern für die Umgebung sollte man im Hotel nachfragen. Es ist ratsam, sich vor Fahrtantritt nach den Fahrtkosten zu erkundigen. Fast alle Taxifahrer sprechen Englisch, einige auch Deutsch.

## Telefonieren

In Zeitungsläden, den sog. *papelarias* kann man Telefonkarten erwerben. Zu empfehlen ist z. B. »Easytalk« von PT für 5 €. Die Minute vom portugiesischen Festnetz ins deutsche Festnetz kostet 16 Cent. Trotz Handygeneration findet man die Telefonzellen doch noch recht sinnvoll und einfach zu nutzen. Wer länger bleibt, kann auch eine günstige Pre-Paid-Karte von einem portugiesischen Mobilfunkanbieter für sein Handy erwerben. Die gängigsten sind Vodafone, TMN und Optimus. Die Ländervorwahl Portugals ist 00351.

## Trinkgeld

Wenn Sie zufrieden waren, dann ist es üblich, ein Trinkgeld zu hinterlassen. Die Höhe kann man selbst festlegen.

## Übernachtung

Angebote gibt es viele, vom Campingplatz zum 5-Sterne-Hotel, die Palette ist riesengroß und das Reisebüro stellt gern individuelle Reisen und Übernachtungsangebote zusammen. Dementsprechend sind natürlich auch Preise und Standards variabel. Das aktuellste Angebot findet man natürlich auch im Internet. Am besten liest man vor der Buchung einige Berichte von anderen Urlaubern über das entsprechende Hotel bzw. die Pension, z. B. www.tripadvisor.de.

**Oben:** Störche mitten in Silves.
**Unten:** Die Algarve bietet neben den großen Hotels auch viele kleine und private Unterkünfte.

# Kleiner Sprachführer

## ALLGEMEIN

**Hallo** olá (ugs.)
**Guten Morgen (bis 12 Uhr)** Bom dia
**Guten Tag (ab 12 Uhr)** Boa tarde
**Guten Abend, gute Nacht** Boa noite
Bom dia, boa tarde und boa noite können auch zum Abschied gesagt werden
**Auf Wiedersehen** Adeus
**Bitte** se faz favor
**Danke** Frauen sagen obrigada, Männer obrigado
**Gern geschehen** de nada
**Entschuldigen Sie** Desculpe
**Ich heiße...** Chamo-me...
**Ich komme aus...** Venho de...
**Wie geht es Ihnen?** Como está?
**Danke, sehr gut.** Muito bem, obrigado/a
**Ich spreche kein Portugiesisch** Não falo português.

## UNTERWEGS

**Wo ist...?** Onde é...
**Entschuldigung, wo ist...?** Desculpa, onde está...?
**links** à esquerda
**rechts** à direita
**geradeaus** a direito
**nah** próximo
**fern** distante
**Gibt es hier in der Nähe...?** Existe ... aqui perto?
**geöffnet** aberto
**geschlossen** fechado
**die Touristeninformation** a agência de turismo
**der Hauptbahnhof** a estação central
**die U-Bahn** o metro
**die Bushaltestelle** a paragem de autocarro
**der Flughafen** o aeroporto
**das Museum** o museu
**die Kirche** a igreja
**das Hotel** o hotel
**Hilfe!** Socorro!
**die Polizei** a polícia
**der Arzt/die Ärztin** o/a médico/a
**die Toilette** o WC/o quarto de banho
**der Eingang** a entrada
**der Ausgang** a saída

## ÜBERNACHTEN

**Ich habe ein Zimmer reserviert** Eu reservei um quarto.
**Haben Sie ein freies Zimmer?** Você tem um quarto de reposição?
**Ich suche ein Zimmer für ... Personen.** Estou procurando um quarto para ... pessoas.
**das Einzelzimmer** o quarto individual
**das Doppelzimmer** o quarto duplo/de casal
**mit Bad** com quarto de banho
**mit Dusche** com quarto de duche
**mit Frühstück** com pequeno-almoço
**mit Halbpension** com meia pensão
**für eine Nacht** por uma noite
**für eine Woche** por uma semana
**das Gepäck** a bagagem

## ESSEN UND TRINKEN

**Ich möchte einen Tisch für ... Personen reservieren** Gostaria de reservar uma mesa para ... pessoas.
**Frühstück** pequeno-almoço
**Mittagessen** almoço
**Abendessen** jantar
**Die Rechnung bitte.** A conta se faz favor
**Ich bin Vegetarier.** Eu sou vegetariano.
**Kellner** empregado de mesa
**Tagesgericht** prato do dia
**Gedeck (gewöhnlich Brot, Butter, Oliven)** couvert
**Vorspeise** entrada

**Erster, zweiter, dritter Gang** primeiro, segundo, terceiro prato
**Nachspeise** sobremesa
**Speisekarte** ementa
**Weinkarte** carta de vinhos
**Rotwein** vinho tinto
**Weißwein** vinho branco
**Bier** cerveja
**Wasser (mit - ohne Kohlensäure)** água (com – sem gás)
**Glas** copo
**Flasche** garrafa
**Messer** faca
**Gabel** garfo
**Löffel** colher
**Orangensaft** sumo de laranja
**Apfelsaft** sumo de maçã
**Tee** chá
**Espresso** café oder bica
**Kaffee mit Milch** café com leite oder galão
**Olivenöl** azeite
**Essig** vinagre
**Salz** sal
**Pfeffer** pimenta
**Brot** pão
**Oliven** azeitonas
**Butter** manteiga
**Kartoffeln** batatas
**Pommes** batatas fritas
**Reis** arroz
**Nudeln** massa
**Fleisch** carne
**Hühnchen** frango
**Schwein** porco
**Rind** novilho
**Kalb** vitela
**Truthahn** peru
**Fisch** peixe
**Dorade** dourada
**Meeresfrüchte** marisco
**Garnelen** camarão
**Muscheln** amêijoas
**Gemüse** legumes
**Obst** fruta
**Eis** gelado
**Salat** salada
**Milch** leite
**Suppe** sopa
**Haben Sie einen Tisch für ... Personen?** Você tem uma mesa para ... pessoas?
**Ist dieser Tisch noch frei?** Esta tabela ainda está disponível?
**Herr Ober!** Por favor!
**Die Speisekarte, bitte.** O menu, por favor.
**Ich möchte...** Eu quero...
**Guten Appetit!** Bom apetite!
**die Rechnung** o cálculo/aconta
**Das ist für Sie.** Isto é para si.
**die Serviette** o guardanapo
**Prost!** Saúde!

## EINKAUFEN

**das Geschäft** o negócio
**der Markt** o mercado
**der Supermarkt** o supermercado
**die Bäckerei** a padaria
**die Apotheke** a farmácia
**Ich hätte gerne...** Eum queira...
**Wie viel kostet das?** Quanto custa?
**Das gefällt mir (nicht).** Eu (não) gosto disso.
**Ich nehme es.** Eu levá-la.
**teuer** caro
**billig** barato
**die Größe** o número/o tamanho
**bezahlen** pagar
**das Geld** o dinheiro
**die Kreditkarte** o cartão de crédito
**der Geldautomat** o multibanco

## ZAHLEN

**0 – 10** zero, um, dois, três, quatro, cinco, seis, sete, oito, nove, dez
**100** cem
**1000** mil
**¼** um quarto
**½** metade/um meio/uma meia

## WOCHENTAGE

**Montag** Segunda-feira
**Dienstag** Terça-feira
**Mittwoch** Quarta-feira
**Donnerstag** Quinta-feira
**Freitag** Sexta-feira
**Samstag** Sábado
**Sonntag** Domingo

# IMPRESSUM

Verantwortlich: Annemarie Heinel, Joachim Hellmuth, Stephanie Iber
Satz/Layout: Géraldine Barette Design, Berlin;
Lektorat: Lektorat Lofing, Berlin
Umschlagsgestaltung: Fuchs-Design, Sabine Fuchs, München
Kartografie: Kartographie Huber, Heike Block, München
Repro: Repro Ludwig
Herstellung: Bettina Schippel
Printed in Slovenia by Korotan, Ljubljana

★★★★★

**Sind Sie mit diesem Titel zufrieden? Dann würden wir uns über Ihre Weiterempfehlung freuen.**
Erzählen Sie es im Freundeskreis, berichten Sie Ihrem Buchhändler, oder bewerten Sie bei Onlinekauf.
Und wenn Sie Kritik, Korrekturen, Aktualisierungen haben, freuen wir uns über Ihre Nachricht an Bruckmann Verlag, Postfach 40 02 09, D-80702 München oder per E-Mail an lektorat@verlagshaus.de.

Unser komplettes Programm finden Sie unter www.bruckmann.de

Alle Angaben dieses Werkes wurden von den Autoren sorgfältig recherchiert und auf den aktuellen Stand gebracht sowie vom Verlag geprüft. Für die Richtigkeit der Angaben kann jedoch keine Haftung übernommen werden.

Bildnachweis: Alle Bilder des Innenteils und des Umschlags stammen von Kay Maeritz, außer: Algar Seco Parque: S. 141 M., 141 u.; Dan Birch/Danbirchphoto.com: S. 124 M., 125 o., 126 o., 126 M., 126 u., 127 o.; Guillaume Leroux: S. 127 M.; Martin Sörensen: S. 283 M.; Quinta dos Vales/Helios Ramos: S. 124 u., 127; Bildagentur Picture Alliance, Frankfurt a.M.: S. 203 u. (Arco Images GmbH), 132 u. (Avers, L.), 210 M. (Euroluftbild.de); pixelio: S. 137 o. (Raschke, W.); Praia Verde Resort, www.praiaverde.pt: S. 281 M.; Rolf Osang: S. 140 u., S. 142 M., 146 u., 223, 246 M., 256 m.; shutterstock: S. 274 o. (AMA), 140 o. (egallardo), 7 u., 277 M. (Elenapavlova), 128 u., 135 M. (Elwell, C.), 275 o. (Lange, P.), 114 (Louro, L.), 150 (luismonteiro), 282 o. (Majgier, D.), 247 u. (Marques), 152 u. (Marek, K.), 7 M. (Neto, C.), 136 u. (Pires, I.), 6 o. (Quadrio, L.), 204 M. (ricardomiguel.pt), 172 u. (Rodrigues, M.), 169 (Sergey, U.), 116 M. (Victoria, G.), 277 u. (Varela, F.B.), 261 (visceralimage); Sonel Hotels: S. 183 u.; Images of Portugal: S. 23

Umschlag
Vorderseite:
Ganz oben: Wilden Oleander findet man in der gesamten Algarve (shutterstock/Baldwin, L.).
Mitte links: Fischer in Salema (Picture Alliance/Arco Images/Frank, R.).
Mitte rechts: Bootstour an der Ponta da Piedade
Hauptbild: Carvoeiro liegt an der malerischen Praia do Carvoeiro (Bildagentur Huber, Garmisch-Partenkirchen/Luca, D.).
Rückseite:
Links: Gegrillte Makrelen mit Olivenöl (shutterstock/ Rodrigues, M.).
Rechts: Eselwandern an der Costa Vicentina (Osang, R.).

Die Deutsche Nationalbibliothek verzeichnet diese Publikation in der Deutschen Nationalbibliografie; detaillierte bibliografische Daten sind im Internet über http://dnb.d-nb.de abrufbar.

2. aktualisierte Neuauflage

ISBN 978-3-7654-5886-6